SV

Band 482 der Bibliothek Suhrkamp

Das Schrîyantra

Heinrich Zimmer
Kunstform und Yoga im indischen Kultbild

Herausgegeben von Friedrich Wilhelm

Suhrkamp Verlag

Erste Auflage 1976
© 1926 by Frankfurter Verlags-Anstalt AG, Berlin
Alle Rechte beim Suhrkamp Verlag Frankfurt am Main
Druck: Poeschel & Schulz-Schomburgk, Eschwege
Printed in Germany

Nâdevo Devam Arcayet
(Nur Göttliches mag Gott verehren)

Das Motto ist ein anonymes Zitat in Bhâskarrâyas
Kommentar zum Nityâschodaschikârnava.

Vorwort

Heinrich Zimmer (1890-1943) ist der Sohn von Heinrich Zimmer (1851-1910). Der Vater war Universitätsprofessor in Greifswald, Keltologe, Indogermanist, Verfasser eines bis heute anerkannten Werkes über die vedische Kultur »Altindisches Leben«. Erbe und Gabe des Geistes bestimmten des jüngeren Zimmer Bildungsweg von Jugend an und Haus aus. Er studierte Kunstgeschichte und Indologie in Berlin und verfaßte seine Dissertation »Studien zur Geschichte der Gotras« (1914) auf Anregung des Indologen Heinrich Lüders. Er nimmt als Leutnant am ersten Weltkrieg teil, habilitiert sich 1918 in Greifswald und wird 1922 Privatdozent in Heidelberg, bald außerordentlicher Professor. Zimmers Hauptwerke entstanden in Heidelberg. In den Jahren 1924 und 25 schrieb er »Kunstform und Yoga im indischen Kultbild« (erschienen 1926). 1929 erscheint Zimmers »Spiel um den Elefanten«. Diese Veröffentlichung enthält neben einer Übersetzung der Mātangalīlā des Nīlakantha (einer indischen Elefantenkunde) eine zusammenfassende Darstellung der indischen Zeugnisse über den Elefanten. Innerhalb der Propyläen-Weltgeschichte erscheint sein Beitrag »Die Inder bis zum Einbruch des Islam«, der erstmals die Bedeutung der vorarischen Kultur für die indische Geschichte herausarbeitet. In den dreißiger Jahren veröffentlicht Zimmer seine Rekapitulationen des indischen Mythos: »Ewiges Indien«, »Indische Sphären«, »Weisheit In-Indiens« und »Maya – Der indische Mythos« – sie sind die bedeutendsten Versuche, die indische Sagenwelt dem deutschen Leser zu erschließen. In ihnen ist der Einfluß der Neoromantik wie der modernen Psychologie (C. G. Jung) gleichermaßen spürbar. Während Rückert die indi-

schen Sagen zu Tode gereimt hat, erweist sich Zimmers einfühlsame Prosa, die der neoromantischen Wortwelt verpflichtet ist, dem Sanskrit-Original am angemessensten. Nicht nur die Form, auch der Geist der Neoromantik kommt dem Indophilen entgegen. Die Welt des »Reigens«, des »Wir-spielen-immer-wer-es-weiß-ist-klug« ist heimlich vertrautes Wissen. Andererseits: Wenn Zimmer die einzelnen Verkörperungen des Gottes Vischnu (als Fisch, Schildkröte, Eber usw.) als kollektive Rückerinnerungen an urzeitliche Entwicklungsstufen deutet, wenn er den Archetypen und Sinnbildern des Mythos auf den Grund geht, dann tritt der Einfluß C. G. Jungs deutlich zutage. Der erste persönliche Kontakt mit C. G. Jung kommt 1932 zustande. Zimmer hält Vorträge auf den Symposien der Eranos-Gesellschaft in Ascona, die in den Eranos-Jahrbüchern erscheinen: »Zur Bedeutung des indischen Tantra-Yoga« (1933/34), »Indische Mythen als Symbole« (1934/35), »Die indische Weltmutter« (1938/39), »Tod und Wiedergeburt im indischen Licht« (1939/40).
Zimmer sendet an Thomas Mann seinen Aufsatz »Die indische Weltmutter«, der darin das Motiv für seine indische Legende »Die vertauschten Köpfe« (1940) findet und zugleich aus Zimmers Buch »Maya« eine Fülle von Fakten und Formulierungen übernimmt – beide Arbeiten Zimmers finden sich mit den Unterstreichungen Thomas Manns im Thomas-Mann-Archiv Zürich.
1938 wird Heinrich Zimmer die Lehrbefugnis an der Universität Heidelberg entzogen, weil er mit Christiane, der Tochter Hugo von Hofmannsthal, verheiratet ist. Über Oxford emigriert Zimmer mit seiner Familie in die USA, wo er zunächst an der John Hopkins University in Baltimore, ab 1941 an der Columbia University in New York liest. Die fremde Sprache, das Englische, erweist sich bei ihm geradezu als Stimulanz, alles noch einmal zu

denken, auf andere Art noch einmal Mensch zu sein. Hier schreibt er an mehreren Werken, die erst nach seinem Tode in Zimmers Muttersprache übersetzt werden. Prof. Eschmann (einer seiner Übersetzer ins Deutsche) charakterisiert Zimmers Stimmklang vortrefflich als »jene Mischung von Melancholie und Hoffnung, gütigem Zynismus und nachsichtiger Kritik, ärgernder Weisheit und dichterischem Schwung.«

Zu seinen letzten Arbeiten gehören »The Art of Indian Asia«, »Mythen und Symbole in indischer Kunst und Kultur«, ein Traktat über Hindu-Medizin und sein großes (nicht ganz beendetes) Werk »Philosophie und Religion Indiens«, eine Darstellung des indischen Glaubens und Denkens. Zugleich enthält es eine realistische, weil psychologische Interpretation der altindischen Staatslehre. Die zeitlosen Facetten der Gewalt, Spielformen des bitteren Ernstes, werden eindrucksvoll gespiegelt. Soviel ist deutlich: Zimmer war nicht nur Gegner des Staates, dem er entkam, auch aller anderen, denen die Mittel nicht das Ziel sind. Zimmers amerikanische Zeit war materiell nicht geebnet, aber die Luft, die er atmete in Roosevelts Staaten, war frei von politischem Terror, und die Sprache, die er schrieb, zwang ihn nicht, seine Gedanken zu verbergen. Als er am 20. März 1943 an einer Pneumonie stirbt, steht er auf der Höhe seines außerordentlichen Intellekts, noch nicht auf dem Gipfel jenes Ruhmes, den er postum erklimmt.

»Erschütterung brachte der plötzliche Tod Heinrich Zimmers, des geistvollen Indologen und Gatten der Christiane Hofmannsthal, aus dessen großem Buch über den indischen Mythos ich den Stoff zu den ›Vertauschten Köpfen‹ geschöpft«, schrieb Thomas Mann in der »Entstehungsgeschichte zum Dr. Faustus«.*

---

* Zu Zimmers Leben vgl. den Nachruf von H. v. Glasenapp in: Zeitschrift der Deutschen Morgenländischen Gesellschaft Band 100, 1950, pp. 49 ff. Eine

Schon 1928 war ihm (und Frau Christiane) Carl Jacob Burckhardts Hommage zuteil geworden: »Nun habe ich Ihren Schwiegersohn, Heinrich Zimmer, kennengelernt. Von mächtiger Anlage des Geistes, fast fieberhaft rasch im Kombinieren und Assoziieren eines staunenwerten Wissens. Alles bei ihm ist weiträumig, frei. Er ist nun einmal wieder ein Deutscher im schönsten Sinn. Christiane wirkt sehr glücklich. Möge sie es immer bleiben. Sie ist gemischt aus einer wundervollen gütigen Einsicht und aus einer immer schon zum Verzicht bereiten Objektivität« (Brief an Hugo von Hofmannsthal vom 2. 8. 1928).
In dem vorliegenden Bande wird Heinrich Zimmers lange vergriffenes Werk »Kunstform und Yoga im indischen Kultbild«, Berlin 1926, neu aufgelegt. Der Zeitraum der zwischen dieser und der ersten Auflage liegt, ist ein verbindlicher Maßstab für den Wert dieses Werkes, denn wenig Nennenswertes ist seither zu diesem Thema erschienen, und Zimmers geistreiche Illumination dieses schwierigen Stoffes hat in einem halben Jahrhundert nicht an Leuchtkraft eingebüßt. Zimmer selbst schrieb über dieses Werk später in seinen »Notizen zu einem Lebenslauf«: »Ich schrieb das Buch nicht für Fachgelehrte und auch nicht als Beitrag zu Spezialuntersuchungen über die Materie. Ich mußte es schreiben, um zu mir selbst und auf meinen richtigen Weg zu gelangen. Es gewann mir viele Freunde, von denen ich manche persönlich kenne. Als erste Studie über Mandalas und ähnliche Diagramme zog es die Aufmerksamkeit von C. G. Jung auf sich; andererseits spürten die ausgezeichneten Archäologen der französischen Schule, daß hier etwas im Prinzip Neues geboten

autobiographische Skizze Zimmers, die auch die Beziehungen zu C. G. Jung analysiert, erschien postum in: Merkur 7, 1953, 1, pp. 39 ff. unter dem Titel »Notizen zu einem Lebenslauf«.
Die Beziehungen zwischen Thomas Mann und Heinrich Zimmer behandelt F. Wilhelm, »Thomas Mann über seine indische Legende«, in Euphorion Band 64, 1970, pp. 399 ff.

wurde. Eine umfangreiche Monographie über Boro Budur von einem französischen Gelehrten basiert auf einigen in diesem Buch enthaltenen Hinweisen.« (p. 50).
Zimmers »richtiger Weg« bedeutete seine Abkehr von der rein philologischen Textinterpretation, ein Schritt, der ihm die Animosität allzu strenger und enger Philologen zuzog. Zimmer schrieb: »Ich muß gestehen, daß das Indien, das mir durch meine Lehrer und die meisten verfügbaren Bücher dargeboten wurde, nicht den Erwartungen und Vorstellungen entsprach, die ich selbst allem gegenüber hegte, was indisch war. Der landläufigen Auffassung Indiens fehlte es an Farbe, Tiefe, Intensität, Substanz und Leben. Jahre hindurch suchte ich nach dem »wirklichen« Indien, »meinem« Indien, dem Indien Schopenhauers.
Den ersten Zugang fand ich durch das großartige Lebenswerk von Arthur Avalon: die gewaltige Reihe tantrischer Texte mit den ihnen ebenbürtigen Einführungen in den Inhalt...« (ebenda p. 53).
Zimmer gedenkt hier des englischen Indologen Arthur Avalon alias Sir John Woodroffe, dessen Forschungen auf dem Gebiet der indischen Geheimlehren bahnbrechend waren und Zimmers Arbeit entscheidend befruchteten.
Dem westlichen Leser ist nicht immer in Erinnerung, daß die großen indischen Religionen (Hinduismus und Buddhismus) um die Jahrtausendmitte nach Christi Geburt eine tiefgreifende Wandlung erfahren haben. Beide Hochreligionen entwickeln unter dem Einfluß des vorarischen Zauberglaubens eigene Geheimlehren, die in einer eigenen Textgattung, den Tantras, ihren Niederschlag fanden. Kultbilder (yantra, mandala und pratimā), Zauberformeln (mantra) und Gesten (mudrā) werden zu Hilfsmitteln des Yoga, deren sich der Yogin (d. i. der den Yoga besitzende) bedient, um die Alleinheit zu erfahren und die Welt zu überwinden. Bestimmte hinduistische

Sekten beziehen sogar den Genuß von Rauschtrank (mada) und den Geschlechtsverkehr (maithuna) als Erlösungsmittel ein. Die uralte Muttergöttin (Devī, Kālī oder Pārvatī), die seit alters her durch blutige Opfer verehrt wird, wird nunmehr als weibliche Kraft (Schakti) begriffen, und der Glaube an sie (und andere weibliche Gottheiten) wird in der modernen Religionswissenschaft »Schaktismus« genannt. In dem monistischen Weltbild des Schaktismus gibt es zwei Aspekte: Gott Schiwa als statisch-unwandelbare und seine weibliche Ergänzung, die Schakti, als aktiv-tätige Erscheinungsform des All-Einen.
Für den späten Buddhismus ist die Erscheinungwelt, der Kreislauf der Wiedergeburten ebenso illusionistisch wie das Nirvāna, welches das Heilsziel des alten Buddhismus war. Welt und Nirvāna sind jetzt nur noch zwei Aspekte der Leerheit (Schūnyatā), und das Heilsziel liegt im Erkennen der Leerheit. Wie der späte Hinduismus kennt auch der späte Buddhismus das Nebeneinander und Ineinanderübergehen von volkstümlichen Zauberriten und philosophischer Esoterik.
Heinrich Zimmer befaßt sich detailliert mit den Kultbildern, die linear-geometrisierend (yantra), figural ausgefüllt (mandala) oder dreidimensional-plastisch (pratimā) sind. Mit Hilfe der tantrischen Texte entschlüsselt er die Formensprache und Symbolbedeutung der verschiedenen Vielecke, der konzentrischen Außenringe und des quadratischen Rahmens mit den vier »Toren«. Zimmer deutet sie als kosmische Ordnungsschemata, die auch dem Grundriß und Aufbau des buddhistischen Heiligtums Boro Budur (auf Java) zugrundeliegen. Durch die Skulpturen wird Boro Budur zu einem dreidimensionalen Mandala.
Um die Alleinheit zu erfahren, benutzt der Yogin ein Kultbild, das Hilfsmittel, nicht Kunstwerk für sich ist. Der betrachtende Yogin erzeugt in sich »ein Schaubild

der göttlichen Wesenheit« und projiziert es auf das Kultbild. Das Kultbild seinerseits ist Kopie des inneren Schaubildes. Im Kern ist das Kultbild identisch mit dem Kern des Yogin. Sinn jeder Andacht ist es, die Alleinheit zwischen Schauendem und Geschautem, zwischen »Seher« und »Gesicht« zu realisieren.

Überraschende Klarheit gewinnen wir dort, wo Zimmer die Grenze vom religiösen Bereich zur Naturwissenschaft überschreitet. Er vergleicht die Mandala-Kultbilder mit geographischen Karten, deren Symbolik festgelegt ist und zu deren Studium die Kenntnis dieser Symbolik notwendig ist. Im tieferen Sinne erschließen sich diese Karten aber nur dem, der das Land kennt, das sie darstellen (S. 129 ff.).

Mehr als ein Vergleich, fast eine Gleichsetzung ist der Hinweis auf die Formeln der Physik und Chemie, welche gleich den Yantra-Kultbildern Schlüssel zu Weltgeheimnissen sind, aber nur für den, der ihre esoterischen Zeichen zu lesen versteht und sein Wissen hineinprojiziert (S. 206 f.).

Den Unterschied zur westlichen Klassischen Kunst sieht Zimmer darin, daß die indische Plastik statisch in sich ruht. Der »tanzende Schiwa« ist nicht Tänzer in einem Augenblick des Tanzes, so wie die Aphrodite steingewordener Augenblick ist. »Für die indische Kunst ist der Mensch Gott, und sie ist geschaffen, damit er es erfahre und ihrer nicht mehr bedürfe.« Dagegen sucht nach Zimmer die Klassische Kunst das Wesenhafte darzustellen, Ideen und höhere Wahrheiten anschaulich zu machen: »Die klassische Kunst bringt ihre eigene Schönheit huldigend dem Auge der Götter und Menschen dar, in ihr verklärt sich das Leben und preist seine eigene Vollendung.« Westliche Kunst will von außen betrachtet, indische Kunst von innen geschaut sein.

Während Goethe auf die Maßstäbe der klassischen Kunst

festgelegt, die indische nur verächtlich machte (»tolle Höhlen-Excavationen«; »düstres Troglodytengewühl«), hatte Heine den Unterschied zwischen griechischem und indischem Denken fein erfaßt. Er stellte fest, daß die Griechen »das Geschehene beständig zur Fabel ausbildeten in immer bestimmterer Plastik. Bei den Indern hingegen bleibt die phantastische Umbildung immer noch das Symbol, das das Unendliche bedeutet und nicht nach Dichterlaune in bestimmteren Formen ausgemeißelt wird.« Der Vergleich, den Heine hier für die epische Dichtung anstellt, gilt gleichermaßen für die Kunst.

In einem Gedicht unseres Jahrhunderts wird durch das ironische Untereinander eines indischen Kultbildes und eines abendländischen Chronometers der Gegensatz zwischen östlichem und westlichem Denken dinghaft anschaulich:

>Gangesgott
>unter der Pendeluhr –:
>welcher Spott
>in deine Lotosflur!
>
>Schläge, Zeiten,
>Stunden und Stundensinn
>vor Ewigkeiten,
>Rätsel und Unbeginn! ...
>
>*(Gottfried Benn, »Interieur«)*

Für Gottfried Benn ist das Statische das Asiatische, und die plötzliche Präferenz des Asiatischen ist für ihn eine Absage an den bürgerlichen Vernunftglauben und Positivismus: »Die europäische Kunst schlägt eine Gegenkurve ein, sie regeneriert sich in den Tropen: Gauguin auf Tahiti, Nolde in Rabaul, Dauthendey in Java, Pierre Loti in Japan, Matisse in Marokko. Asien wird mythen- und

sprachwissenschaftlich erschlossen: Wilhelm widmet sich China, Lafcadio Hearn Japan, Zimmer Indien.«
Rilke hat die statische Ruhe eines Buddha-Bildes kongenial in Verse umgesetzt:

> Buddha in der Glorie
> Mitte aller Mitten, Kern der Kerne,
> Mandel, die sich einschließt und versüßt, –
> dieses alles bis an alle Sterne
> ist dein Fruchtfleisch: Sei gegrüßt.
> ...

In einem Brief vom 20. 9. 1905 aus Meudon-Val-Fleury (bei Rodin) verrät Rilke ähnlich indischen Kunstsinn: »Nach dem Abendessen ziehe ich mich bald zurück... unten vor dem Fenster steigt der Kiesweg zu einem kleinen Hügel an, auf dem in fanatischer Schweigsamkeit ein Buddha-Bild ruht; die unsägliche Geschlossenheit seiner Zurückhaltung ausgebend. C'est le centre du monde, sagte ich zu Rodin...«
Wenige Jahre vor Zimmers Buch erschien Hermann Hesses indische Dichtung »Siddhartha« (1922), in der das Alleinheitserlebnis nicht durch die Verehrung eines Kultbildes ausgelöst wird, sondern durch die andächtige Begegnung mit dem Heiligen Siddhartha. Govinda küßt Siddharthas Stirn, und »sieht«: »Er sah seines Freundes Siddhartha Gesicht nicht mehr, er sah statt dessen andre Gesichter, viele, eine lange Reihe, einen strömenden Fluß von Gesichtern, von Hunderten, von Tausenden, welche alle kamen und vergingen, und doch alle zugleich dazusein schienen... Nicht mehr wissend, ob es Zeit gebe... ob es Ich und Du gebe ... stand Govinda noch eine kleine Weile, über Siddharthas stilles Gesicht gebeugt, das er soeben geküßt hatte, das soeben Schauplatz aller Gestaltungen, alles Werdens, alles Seins gewesen war.« Im »Indi-

schen Lebenslauf« des »Glasperlenspieles« kommt der Held zu der Einsicht, daß »das ganze schöne und grausige, entzückende und verzweifelte Bilderspiel des Lebens« Maya, Blendwerk ist. Weder hier noch im »Siddhartha« erwähnt Hesse Drogen als mystische Mittel – und Zimmer behandelt zwar ausführlich religiöse Erfahrungen, die unter bestimmten Voraussetzungen durch den Liebesakt ausgelöst werden können, nicht aber die Drogen. Die wiederaufgeflammte Begeisterung für Hesses »Steppenwolf« ist seinen Rauschschilderungen mitzuverdanken. Die Belege, daß Drogen für die Entwicklung der indischen Religionen eine prägende Rolle gespielt haben, sind fadenscheinig und anfechtbar. Gewiß ist Indien nicht nur das Land, wo der Pfeffer wächst, sondern auch der Hanf, und man darf annehmen, daß in Indien seit Jahrtausenden Hanf und andere Drogen konsumiert wurden und daß auch einzelne dadurch mystische Erfahrungen (»Alleinheitserlebnisse«) hatten. Es hat aber noch niemand nachweisen können, daß Drogenkonsum die Aussagen der indischen Religionen oder auch nur der tantrischen Geheimlehren induzierte. Die moderne psychedelische Malerei wählt mitunter das Ordnungsschema des Mandala (Allen Atwell u. a.), was nicht zu dem Schluß verführen sollte, daß bestimmte Drogen die Kunstform des Mandala heraufbeschworen haben. C. G. Jung hat daraus hingewiesen, daß Patienten »ihre seelische Unordnung durch die Darstellung einer geordneten Einheit zu kompensieren« suchen. Für ihn sind die Mandalas Einheitssymbole des kollektiv Unbewußten.
Psychiatrie und psychedelische Kunst zeigen uns also auch heute noch die Wirkmächtigkeit dieser zeitlosen Kultbilder, deren indische Formspiele und Spielformen uns Heinrich Zimmer in diesem Bande profund erhellt hat.

Friedrich Wilhelm

EINLEITUNG

Indisches Kultbild und Klassische Kunst

Unser Wissen um indische Kunst wächst unablässig: Verschüttetes wird, wenn auch nur mählich und verstreut, zutage gefördert, und was von alten wie jüngeren Denkmalen sich des Lichts der Sonne freut, wird von einer immer größeren Schar begeisterter Liebhaber aufgenommen und der Allgemeinheit zugänglich gemacht. Die inhaltliche Bestimmung der Stücke wird genauer, das Verständnis ihres stilistischen Details verfeinert sich und spinnt das Netz geschichtlicher Beziehungen, die ihre Masse ordnen, immer enger. Zugleich wird unter denen, die sich mit indischer Kunst beschäftigen, eine Geste der Vertrautheit mit ihrem Stil und Wesen üblich, wie sie uns vor Denkmalen, die zum Erbe unserer eigenen Kultur gehören, gemäß sein mag, – angesichts dieser Zeugen einer anderen Welt bleibt sie einstweilen verwunderlich. Denn was wir zum Beispiel über das Wesen eines Haupttypus indischer Kunst, über das Kultbild, wissen: über seine Absicht und seinen mütterlichen Boden, ist bislang sehr wenig und reicht nicht hin, das Eigentümliche der Empfindung zu erklären, die uns befällt, wenn wir vor diese Erscheinungen, die einzig in ihrer Art sind, treten.

Man kann viel über indische Kunst hören und lesen und erfährt dabei auch vieles. Abgesehen von der unerläßlichen, rein ikonographischen Arbeit, die ihre inhaltlichen Bezüge klärt und damit den Grund zu aller weiteren Betrachtung legt, hat hier Stilanalyse, ästhetisch wertende Betrachtung und unmittelbare Ergriffenheit ein weites Feld gefunden. Aber wenn man ihre vielfältigen Äußerungen durchläuft, sucht man im ganzen vergeblich nach einer Antwort darauf, warum eine so vornehme Erscheinung indischer Kunst, wie das indische Kultbild, in seinem allgemeinsten formalen Habitus so ist, wie es ist, warum es uns – jenseits landschaftlicher Schranken Vorder- und Hinterindiens, des Nordens wie des Südens – mit einem ganz eigentümlichen Gestus begegnet, vor dem wir immer wieder in ebenso elementarer Ergriffenheit wie befangener Scheu stehen. Zwischen ihm und uns liegt es wie eine Schwelle, die zu überschreiten uns keine Füße gewachsen sind. Das Wissen um Namen und Bedeutung der hohen Wesen, die in ihm Gestalt werden, genügt augenscheinlich nicht, um uns jene Nähe und jene Vertrautheit mit ihnen zu verschaffen, die uns mit den großen Erscheinungen unseres eigenen künstlerischen Erbes verbindet. Wir fühlen: es hat mit ihrer eigentümlichen Form eine besondere Bewandtnis, zu deren Klärung ein Wissen um die Weltanschauungslehren, aus denen sie erwachsen, und die Symbolik ihrer Haltungen, ihrer Embleme und ihrer legendaren Situation allein nicht ausreicht. Nehmen wir diese geistigen Bezüge in uns auf, so werden wir zwar wissender um die Bedeutung dieser Bilder, ihr Geistiges wird uns verständlich, aber ihr Sinnliches: ihre formale Erscheinung und Wirkung, die in gewissem Umfange als Ausdruck eines Geistigen auch eine geistige Deutung zulassen, behalten einen ganz elementaren ungelösten Rest, der eben jene Spannung der Distanz zwischen uns und diesen Gebilden bedeutet. Diese Spannung wirklich überwinden hieße wohl aus unserer westlichen modernen Haut fahren, aber insofern wir liebende Betrachter dieser Zeugen einer anderen Welt sind, ist es uns aufgegeben, wenigstens begreifend diese Spannung zu lösen: zu klären, was mit uns geschieht, wenn wir ihnen gegenübertreten, und warum dann immer mit uns geschehen muß, was mit uns geschieht. Die Frage, die diese Spannung uns auferlegt, geht nicht um den besonderen Inhalt und den zeitlich wie landschaftlich bestimmten Stil einzelner dieser Kultbilder. Das Wissen um diese beiden Dinge gehört zu den notwendigen Voraussetzungen oder zur fruchtbaren Detailkenntnis, aber die Antwort, die aus diesem Wissen kommen kann, ist teils zu allgemein, teils zu speziell, als daß sie unsere Spannung lösen könnte. Sie gilt zum Beispiel in gleicher Weise von den großen Relieffolgen der indischen Götter- und Buddhalegende wie vom Kultbild, die doch in anderer Weise zu uns sprechen, als dieses. Eben daß es Kultbilder sind, vor die wir treten, bezeichnet die Richtung, in der die Lösung unserer Spannung liegen kann. Sie sind ja keine selbstgenugsamen Gebilde, kein reiner Ausdruck einer religiösen Weltanschauung, die unser Wissen sich zu eigen machen kann; sie sind zweckbestimmte Glieder eines seelisch-sakralen Prozesses. Es ist uns gewiß versagt, ihn zu üben, aber wenn wir ihn unserem Geiste vorführen könnten, mag es uns gelingen, die ganz eigentümliche Funktion jener Gebilde, die uns als selbstgenügsame Schönheit und als geistiges Symbol fasziniert haben, zu umschreiben und aus dieser ihrer Funktion heraus zu begreifen, warum sie sind, wie sie sind.

Diese Empfindung schmerzlicher Spannung und liebenden Befremdens angesichts des indischen Kultbildes ist bei uns freilich nicht ganz so allgemein verbreitet, wie es vielleicht natürlich wäre. Die augenblickliche Beschäftigung mit indischer Kunst befindet sich immer noch im Stadium der Gegensätzlichkeit zum Klassizismus, der sie in seinen Museen unter ethnographisches Material einordnete und naiv den Wertkanon des klassischen Stils an sie herantrug. Indem diese Haltung mit einem oft ungewollten Snobismus seine Begriffe resolut beiseite schiebt, gelangt sie zwar dazu, die ewige selbstgenügsame und ursprüngliche Bedeutung ihres Stoffes zu behaupten; aber, wenn sie sein Wesen umschreiben will, verliert sie sich bei seiner Behandlung gern entweder in subjektiver Begeisterungshymnik, die ihr Ergriffensein zum Gehalt der Bildwerke erhebt, oder bewegt sich in historischem Detail von Datierung, Stilbezügen und ideengeschichtlichem Hintergrund. Sie verschweigt sich gern das unvermeidliche Gefühl des Befremdens und die Stimmung ein anderes Reich zu betreten, die uns Westliche immer wieder befallen, wenn wir nach einer Pause wieder einmal einem indischen Bildwerk gegenübertreten, vielleicht weil sie in dauernder Berührung mit solchen sich an diese Empfindung des Befremdens gewöhnt hat und sie nicht mehr bemerkt. Diese Empfindung gehört dann schon mit zur Sphäre dieser Beschäftigung und würde, vom Bewußtsein zugegeben, den Mut zur Aussage schwächen, dessen man auf diesem schlecht erhellten Trümmerfelde unbedingt bedarf, wenn man den Ehrgeiz und die Neigung hat, etwas von sich aus deutend darüber verlauten zu lassen.

Nachdem der Absolutismus des klassischen Ideals, der sich bei der Geringschätzung indischer Plastik auf Verse des winckelmännisch blickenden Goethe von »Elefanten- und Fratzen-Tempeln, düstrem Troglodytengewühl und verrückter Zierrat-Brauerei« beziehen konnte, durch Revolutionen unserer Art zu sehen, bei uns beseitigt ist, nach denen auch ein drohender Neoklassizismus nur die Ruhepause einer biedermeierlichen Restaurationsepisode bedeuten könnte, ist nicht abzusehen, warum dieses Gefühl der Fremdheit, das als Begleiterscheinung des ersten Eindrucks eines indischen Kunstwerks weit verbreitet ist, nicht offen eingestanden sein soll, da es mit keiner abschätzigen Bewertung indischen Materials mehr verbunden sein kann. Verständnis aller Kunst setzt eine unbefangene Klärung des Eindrucks voraus, Ehrlichkeit, über keine seiner Komponenten hinwegzugleiten, Und wenn sich in uns bei Begegnung mit indischer Plastik noch immer wieder statt spontanen Ergriffenseins und unmittelbarem Kontakt ein milder Schauer ehrfürchtiger Verwunderung, ein unwillkürliches Leisegehen der Seele wie beim Betreten fremder, halbverhängter hoher Räume einstellt, uns fremde Fühlung überfällt, muß es fruchtbar sein, dieses sich immer wieder einstellende Eindruckselement festzustellen und anzuerkennen, anstatt es in kaum bemerter Aufwallung von Scham vor uns selbst, als unseres leidenschaftlichen Erkenntniswillens unwürdig und mit unserer Lust in diese große Welt einzugehen, unvereinbar, aus dem Lichtkreis des Bewußtseins zu verbannen, wenn es ihn betritt. Wir mögen mit indischer Kunst noch so vertraut tun und auch sein, wir können die Tatsache einstweilen nicht aus unserer Entwicklung bannen, daß wir an der klassischen Kunst sehen gelernt haben. Ihre Art zu sehen, beherrschte noch die impressionistische Kunst. Wir können es nicht aus unserer Gegenwart löschen, daß unsere Häuser, unsere Plätze in ihrer Form überwiegend klassisch geprägt sind, und unser Auge, wo wir gehen und stehen, sei es auch widerwillig und beleidigt von der Unnatur der meisten dieser kümmerlichen Derivate eines großen Stils, sich mit ihnen auseinandersetzen muß, und daß sein Stil, Künstlerisches zu sehen, dadurch in erster Linie klassisch geschult und bestimmt ist.

Löscht darum eine verbreitete Liebe zur indischen Kunst jede Erinnerung an klassische Bilder aus ihrem Bewußtsein, um ganz in ihrem verehrten Element zu schwimmen, um, wie man wohl sagt, es »aus sich heraus zu verstehen«, so muß einem Bewußtsein, das die Empfindung immer erneuter Verwunderung beim Anblick indischer Plastik unbefangen anerkennt, dieser Weg als nicht ganz befriedigend erscheinen, weil er ein wesentliches Eindruckselement bei seiner Arbeit des Verstehens glaubt ungestraft überspringen zu können, das für unser nicht frei gewähltes, sondern durch unsere geschichtliche Situation uns einmal auferlegtes Verhältnis zu ihr bezeichnend ist. Aus der Klärung dieses Elements der Verwunderung muß sich eine, wenn auch nur kleine Einsicht in die Eigenart indischer Plastik gewinnen lassen, um deren Erkenntnis es uns

bei aller Beschäftigung mit ihr zu tun ist. Diese Einsicht wird eine ganz vorläufige sein und kann zunächst, als in reiner Subjektivität der Erfahrung begründet, nur den Wert einer Anregung haben: sie veranlaßt, nach dem sachlich Gegebenen zu fragen, das die besondere Wirkung des indischen Kultbildes auf den ästhetisch eingestellten Betrachter erklärt, weil es den Boden für seine Erscheinung, wie sie erscheint, bildet. Diese Klärung kann sich nur an einer Gegenüberstellung klassischer Denkmäler mit indischen vollziehen, bei der unser verschiedenes Verhalten zu beiden Gruppen festgestellt und in einem gewissen Umfange gedeutet wird. Überflüssig, zu sagen, daß es sich bei den dafür notwendigen Formulierungen um keinerlei Bewertung der Gegenstände handelt.
Für diese Erhebungen scheint es nicht vonnöten, eine Umgrenzung des Begriffs der klassischen Kunst vorauszuschicken, die im Griechenland des fünften vorchristlichen Jahrhunderts entstand und als Stilphänomen seither in Europa eine unvergleichliche Rolle gespielt hat. Ihr Wesen ist bekannt und steht hier nicht in Frage, wo es sich zunächst nur um eine Kontrolle unseres Verhaltens vor Stücken ihres Bereichs handelt im Vergleich zur Wirkung indischer Kultbildplastik auf uns. Dazu genügt es, sich auf Stücke zu beziehen, deren klassischer Charakter unbestritten ist, etwa auf Polyklets Doryphoros, den Apollo des Belvedere, die Aphrodite von Knidos oder ihre mediceische Schwester und Reliefs wie den Abschied des Orpheus. – Unter der Masse indischer Kultplastik bilden die Buddha- und Heiligenbilder des nordwestlichen Grenzlandes Gândhâra einen besonderen Erscheinungskomplex zwischen den Lagern des klassischen Stils und des rein indischen Kultbildes, wie es ihrer zeitlichen und geographischen Mittelstellung zwischen der hellenistischen Kunst der Mittelmeerkultur und der nachchristlichen des eigentlichen Indien samt seinen östlichen Kultur-

provinzen entspricht. Sie sind Ausstrahlungen hellenistischer Kunst auf indischen Boden und haben mit dem echt indischen Kultbild formal noch wenig gemein. Der starke westliche Einschlag an ihnen erlaubt es, manche darunter kontrastierend gegen rein indische Ausprägungen desselben Motivs auszuspielen. Ist an ihnen nicht abzulesen, was die eigenartige Formgebung ihrer indischen Geschwister aufschließen kann, so scheint es mit dem Blick auf Indien geboten, sich von vornherein westlicher Gepflogenheiten zu entschlagen und Grenzen bisher geübter Betrachtung auszulöschen, die es für den Inder nicht gibt. Wo die Betrachtung der Form des indischen Kultbildes halt zu machen hat, kann nur ihr Gegenstand selbst bestimmen. Das menschenhaft gestaltete figurale Kultbild soll in seiner ganz eigentümlichen Formgebung begriffen werden, aber wenn es sich als kurzsichtig und ungerechtfertigt erweist, seine Erscheinung, westlicher Gewohnheit folgend, von anderen Gebilden zu trennen, die für das indische Auge ihm eng verwandt sind und in der Kultpraxis seine Stelle einnehmen können, so verschieden sie unserem ungeschulten Auge und unserem nichteingeweihten Geiste dünken mögen, – müssen die eigenen Wege indischer Auffassung bis an ihr Ende gegangen und das Feld der Betrachtung genügend erweitert werden, muß, wo für sie der mütterliche Boden Indiens annoch das Anschauungsmaterial versagt, das Erbe seiner Nachbarländer, die Saatgut von ihm übernahmen, herangezogen werden.

Betritt man einen Raum mit indischer Plastik, so ist man zunächst von der Stille betroffen, die ihn erfüllt, auch wenn er stark bewegte Gestalten enthält. Sie atmen eine Ruhe aus, die sich auf den Beschauer legt, seine Schritte verlangsamt und ihn äußerlich wie innerlich verstummen macht.

Diese Kunstwerke regen nicht zu begeisterter, huldigender Zwischensprache an, sie wollen nicht betrachtet und schön gefunden werden. Sie führen ein Leben für sich, und auch der Buddha, der mit erhobener oder abwärts geöffneter Hand sich mehr vor uns befindet, als daß er steht, vollzieht im Schilde seiner Aura mit diesen Gesten sein Wesen, ohne sich an unsere Person zu wenden. Vor seinem ruhevollen Wesen sind wir nicht. Er zieht unseren Blick nicht spontan auf sich, wie eine klassische Gestalt, die den suchenden oder noch verlorenen Blick des Besuchers ihres Raums sofort auf sich bannt und nicht gewillt ist, zu entlassen, bis er sich gewaltsam dem seligen Auf und Ab ihres Linienspiels entreißt oder von den noch undurchlaufenen Reizen einer benachbarten Figur in Bann geschlagen wird, – unversehens bei einem Abirren oder weil sie bei einer Wendung zufällig mit in sein Bereich geriet. Diese indische Plastik nimmt augenscheinlich keine Notiz von unserer Anwesenheit, und in unserem Wunsche, mit ihr Kontakt zu gewinnen, fühlen wir uns gehemmt.

Dabei ist sie uns in ihrem greifbar-räumlichen Dasein näher als ein klassisches Bildwerk. Sie teilt mit uns denselben Raum, während die klassische Kunst gleichsam in ihrer eigenen Sphäre, die sie umfließt, steht und sich bewegt. Ein klassisches Bildwerk ist für uns wie von gläserner Luft umwoben; aber die Hand der Buddhas ragt in denselben Raum, den wir mit unserem Atem füllen. Es ist nur ihre Ruhe, ihr In-sich--Versunkensein, Ihr Nichtwissen um unsere Nähe, was sie davor bewahrt, einen Raum mit uns teilend, ein bloßer Gegenstand, wie ein Sarkophag oder Inschriftenstein für uns zu sein. Sonst könnte eine neugierige und gewissenlose Hand sie berühren.

Wie anders die Art, in der ein klassisches Bildwerk unser Auge an sich saugt, unendlich zu ihm redet und dabei doch einen unbedingten Abstand wahrt, indem es verschmäht, den Raum unserer Körperlichkeit mit uns zu teilen! Es bannt uns bei unserem Auge, und das Auge, das schauen will, kann seine Entfernung zum Gegenstand nicht unendlich verringern, bis sein Gegenstand in den Tastbereich der Hand käme. Es hat nicht einmal die Freiheit, sie beliebig zu wählen, sondern der Gegenstand selbst zieht ihm aus seiner eigenen Bedeutung die Grenzen, zwischen die es treten muß, wenn es seine Sprache vernehmen will. Verläßt es sie, steht es keinem Kunstwerk mehr gegenüber, sondern einer toten Masse.

Das klassische Kunstwerk appelliert an das Auge und verspricht ihm eine Unendlichkeit, wenn es seinen geheimen Winke folgen will; woran indische Plastik appelliert, bliebe zu fragen, – an unser schaulustiges Auge jedenfalls nicht. Denn ihre Formen verschmähen es, uns anzublicken, eine Blickverbindung mit uns aufzunehmen, die, einmal hergestellt, unser Auge über ihre Formenfülle leiten könnte. Die klassische Kunst appelliert an das Auge und nur an das Auge. Wen sie bannt, der erstarrt körperlich in ihrem Bann und wird ganz Auge. Aber indische Plastik umkreisen wir leicht schwermütig, ungesehen von ihr und suchen einen Blick von ihr zu erhaschen.

Das Auge kennt keine Stofflichkeit des Eindrucks. Während indische Plastik stumm in räumlicher Kompaktheit und Schwere vor uns ruht, lebt die klassische Gestalt in einer Entbundenheit von Stoff und Schwergewicht, sie lastet nicht. Und das gibt ihr den Anschein, innerhalb unserer eigenen Räumlichkeit wie in ihrer eigenen Sphäre zu stehen. Indem sie unser anschauendes Auge fängt und uns ganz Auge werden läßt, erreicht sie, daß unser Auge eine Transsubstantiation an ihr vollzieht: ihre physische Realität verflüchtigt sich in eine rein optische. Sie ist entschwerte räumliche Geste, indische Plastik bleibt uns stoffliches Gebilde. An Polyklets Doryphoros z. B. ist das Stoffliche als solches ausgelöscht, denn das Auge sieht nur seine Gestalt. Erst der ästhetisch reflektierende Verstand, der die Komponenten des Eindrucks nachrechnet und auf ihre Ursachen zu reduzieren versucht, gibt sich über die Materialität von Stein und Bronze Rechnung. Er ist die Gestalt eines Jünglings, aber im Sundaramûrtisvâmin haben wir die Bronzefigur eines schönen Jünglings vor uns. Während die klassische Kunst das Material (seine Möglichkeiten ausschöpfend) als solches aufhebt und zu einem Bildnis verklärt, bleibt es in indischer Plastik greifbar nahe. Sie ist bearbeitete Materie, die in ihrer Eigenart erhalten bleibt und an der man nur die vollzogene Formung bewundern kann. In ihr steht nicht ein Jüngling oder Stier vor uns, sondern das steinerne oder bronzene Bildwerk eines Jünglings oder Stieres. Denn sie bannt uns nicht, nur Auge zu sein, verwandelt uns nicht zu einem nur Schauenden, sondern beläßt uns unsere Körperlichkeit. Das bewahrt ihr die ihre.

Darum sind die Buddhas der Wandungen von Boro Budur bei aller Erdenferne von derselben Luft umspült, die den Pilger streift, der die Terrasse zu ihren Füßen umwandelt, sie sind ihm genau so körperlich nahe in ihren Nischen, wie die Mauern, in die ihr Sitz eingespart ist, sie sitzen in demselben greifbaren Raume, der um das Wandgestein zu ihnen hineinleckt. Ihre Eigenschaft, Ferne um sich zu breiten, beruht auf keiner Transsubstantiation durch das Auge, sondern auf ihrem selbstgenugsamen Für-sich-Sein, das Distanz schafft um sich her, wie die unnahbare Erscheinung eines lebendigen Heiligen, der durch eine Menge schreitet, die ihm Platz macht, weil er ihrer nicht gewahr wird.

Das klassische Kunstwerk appelliert an das Auge und bannt es. Denn es ist beredt. Es will sich selbst aussagen und vermag es. Es entfaltet sein Ganzes als einen vielheitlichen beziehungsvollen Zusammenhang und ist in sich artikuliert wie ein Satz menschlicher Rede, in dem ein

Sinn sich aussagt, indem er in eine Vielheit von Wortzeichen auseinandertritt, die sich untereinander zu einer beziehungsvollen Gesamtheit verbinden. Seine bannende Macht für das Auge beruht auf dem Beziehungsreichtum seiner Teile aufeinander. Sie veranlaßt das Auge zu kreisenden Bewegungen, die das Kunstwerk nach allen Seiten auf- und absteigen, die den Beschauer veranlassen, das Bildwerk in einem magischen Zirkel immer erneut zu umkreisen. Eine Seite an ihm bezieht sich auf die andere, denn alles an ihm bezieht sich auf alles. Der magische Beziehungsreichtum des durch und durch artikulierten Ganzen versetzt Auge wie Schauenden in eine selige Unrast der Bewegung, in der das Bewußtsein der Unerschöpflichkeit dieser magischen Wirkung ein notwendiges beglückendes Element der Ruhe schafft. Das klassische Kunstwerk erzeugt unersättliche Schaulust. Es ruft das Auge an: »Verweile doch, – ich bin so schön!«
Der ganz anders geartete unerhörte Bann, den ein Buddha oder manches indische Götterbild auf uns legt, entströmt der großen Stille dieser Bilder vor sich selbst. Sie rufen unseren Blick nicht auf mit ihrem Wesen, das sie vor uns entfalteten, denn sie entfalten es nicht einmal vor sich selbst, sie ruhen einfach in ihrem Sein. Ein reines Sein, das sich nicht spaltet in einem Wissen um sich selbst, das sich nicht selbst Gegenstand wird und das uns darum aus seiner Nähe entläßt, ohne daß es für uns Gegenstand hätte werden wollen.
Die Magie des klassischen Kunstwerks beruht auf seiner vollkommenen Artikulation, die für das Auge eine Summe von Bewegungsleitern abgibt. Das Auge kann seinem Banne nicht entgleiten, weil es, einmal gefangen, in ein irrationales System von Blickleitern gerät, die ihm die Bahnen seiner Kreise weisen. Das klassische Bildwerk ist voller Kontur, der das Auge leiten will, das belebte Spiel seiner Flächen wogt in Lichtern, deren Helle das Auge

ihre Bahnen entlang zieht, deren Schattentiefen es schmeichelnd in sich saugen. Es will mit Blicken abgetastet sein, er stellt sich ihnen zur Schau. Indische Plastik ruht selbstgenugsam in sich.

Ökonomie und Fülle des Ornaments, Durcharbeitung von Körperfläche und Haar, Gliederung von Gewandstücken, der Aufbau der ganzen Figur dienen der klassischen Artikulation. Als Glieder eines Ganzen arbeiten sie einander in die Hände. Wenn ihr Betrachter versucht, ihren in- und füreinander arbeitenden Zusammenschluß als Wirkungszusammenhang zu analysieren, so ist mit verständnisvoller Beschreibung ihres material-tektonischen Bestandes, der nur als dynamisch-blickleitend erfaßt werden muß, tatsächlich etwas Elementares über den Wirkungswillen eines klassischen Kunstwerks ausgesagt. Mit solcher Analyse eines klassischen Kunstwerks steht es ähnlich wie mit der Zergliederung eines wohlgeordneten Satzes menschlicher Rede. Bei ihr ist mit dem reinen Aufzeigen des Wortbestandes und seiner grammatisch-syntaktischen Artikulation etwas Elementares über den Sinn eines Satzes ausgesagt. Durch erklärende Bemerkungen, die über den Beziehungsreichtum, über die in Obertönen mitschwingende Bedeutungsfülle der einzelnen Worte etwas weiter ausholen und ihren Ort in einer geistigen Welt bezeichnen, die der persönlich-stilistischen Prägung der allgemein-syntaktischen Beziehung gerecht werden, läßt sich um die strengen Konturen, die mit begrifflicher und syntaktischer Auflösung erfaßt sind, eine Lebensluft weben, die den Begriffen und ihrer Beziehung aufeinander im Satzganzen den Schmelz und bedeutsamen Schimmer verleihen, den aller Abglanz des Lebendigen trägt. Damit erreicht Analyse, was sie etwa im Erschließen eines Satzes erreichen kann. Bei der Interpretation eines klassischen Kunstwerks wird diese Belebung des nacheinander in Worten entfalteten Bestandes und seiner tektonischen, blickleitend wirkenden Beziehungsfülle gemeinhin dadurch erstrebt, daß man auf die geistig-geschichtlichen Bezüge, mit denen es in Zusammenhang steht, hindurchgreift, dank ihrer spezifischen Stilmomente erfaßt und charakterisierende Beiworte, die der Bedeutungssphäre des Reizenden, der Würde oder des seelischen Ausdrucks angehören, angemessen darüber verteilt.

Bei indischer Plastik ist mit solchem analytischen Verfahren nichts zu erreichen, womit Wesentliches geleistet wäre. Lenkt man durch aufzählende Beschreibung den Blick in einem Nacheinander von Sätzen auf das unterschiedlich im Bildwerk Sichtbare, auf die Glieder der Gestalt und ihre Lage zueinander, auf Schmuck und Gewand, so kommt man über eine bare Aufzählung des Vorhandenen nicht hinaus. Es fehlt dem Gange des Auges wie der leitenden Rede, die ihn führen will, an den Blickleitern, die einen tektonischen Zusammenhang in ein dynamisches Augenerlebnis umwandeln. Das Reden darüber, wie die Aufnahme durch das Auge bleibt mit solchem Unterfangen bei einem Inventar des Vorhandenen in seinem räumlichen Beieinander, das in seinen Einzelheiten erfaßt werden kann, aber nicht, in einem Beziehungsreichtum aneinander gebunden, ihn und sich an ihm entfaltet.

Gewand und Schmuck bei Sundaramûrtisvâmin stellen sich einfach als ein reizvolles materielles Mehr an seiner Gesamterscheinung dar, sind aber kaum so sehr Leiter des Blicks, wie ein Ornament, eine Linie an unserer eigenen Kleidung, die bestimmt sind, eine lebendige Erscheinung zu gliedern und in Teilen ihrer natürlichen Tektonik zu unterstreichen. Wie ein farbiges Element unserer Kleidung, ob flächig oder linear, die Funktion der Blickleitung (und das bedeutet Artikulation), für die es etwa eingeführt ist, durch die Stofflichkeit wie Farbigkeit in hohem Maße ganz natürlich wieder aufhebt, indem es den Blick, den es auf sich zieht, auf sich isolierend festzuhalten geeignet ist, dank der Selbstgenugsamkeit alles substantiell in unserem Raume Seienden, so ruht auch an Sundaramûrtisvâmin Gewand und Ornament in der Undurchdringlichkeit des Dinglichen, das in seinem Dasein befriedet ist, ohne den Wunsch uns anzusprechen. Das erklärt, warum eine an klassischer Kunst geschulte, zergliedernde Betrachtung nichts Wesentliches an indischer Kultplastik aufzuschließen vermag. Ihr dynamischer Trieb, abtastend nacheinander zu registrieren, findet hier keinen Eingang in ein System von Bahnen, um auf vielen, einander immer wieder sich findenden, sich schneidenden Gleisen dahinzugleiten, bis eine Summe von Bewegungserlebnissen des Auges vor einer höheren Instanz sich zu einem Bilde der Gestalt zusammenschließt. Schmuck und Körper stehen hier in keinem Verhältnis der Artikulation zueinander, sie schließen sich nicht formal als Bestandteile kontrastierend oder einander unterstreichend zu einem beredten Ganzen zusammen. Sie sind eine dem Auge unauflösliche einfache Einheit, eine Totalität des Seins. Bei solch einem Bildwerk lohnt es sich nicht, Teile nacheinander redend aufzuzeigen, denn es hat keine. So wenig die Erscheinung eines Menschen ausgesagt ist, wenn man sie als nackten Menschen plus Bekleidung bezeichnet, denn es ist ein bekleideter Mensch, der erscheint, so wenig läßt sich hier Schmuck und Gewand zergliedernd vom Körper abheben. In dieser Einheit hebt sich nichts vom andern ab. Auch der Kopf ist nicht als solcher gegen den Rumpf herausartikuliert, wie etwa der Kopf des Apollo von Belvedere durch den Stoffwulst, der von Schulter zu Schulter läuft, oder auch das Haupt des klassizistisch empfundenen Gândhâra-Buddha der Berliner Sammlung durch die entschiedene Schattenkehle des Gewandes. Hier ist der Ansatz des Halses auch in nichts unterstrichen durch nach innen fallende Schlüsselbeinschatten. Bildwerke dieser Art wenden sich nicht eigentlich an das äußerer Vielheit zugerichtete Auge, dessen Wesen glückliche Unrast, schweifend-erfassende Bewegung ist, da es ihnen fern liegt, es zu leiten und ihre Geschlossenheit, die frei von Betonungsunterschieden und Kontrastwillen ist, gliedernd zu entfalten. Sie sind ohne Wirkungswillen, weil sie den nicht sehen, der sie betrachtet.

Sundaramûrtisvâmin, der gotttrunkene Tänzer, dessen Schlankheit in ekstatischen Rhythmen erbebt, bereit, den Tanz der Seele in huldigendem Gliederspiel vor dem Bilde seines Gottes im Tempel zu lösen, des Gottes, der greifbarer noch als im Bildwerk vor seinem seligen inneren Anschauen schwebt, steht nicht vor uns, für uns da, – er zittert vor dem Angesicht des Gottes, der sein ganzes Inneres als Vision erfüllt. In seinem Bilde ist nicht ein bedeutsamer, wirkungsvoller Moment seines Tanzes festgehalten, sondern ein Sein, das in sich verhalten schwebt, seiner selbst unkundig.

Wie anders in klassischer Kunst! Ihre Bilder wissen um sich und um uns. Sie scheinen mit einem Beschauer zu rechnen, für dessen entzücktes Auge sie einen idealen Moment verewigen. Der Apollo des Belvedere mit seinem lebhaften Gang, dem ausgereckten Arm und seinem ins Profil gedrehten Kopf gebietet der Zeit rings um ihn still zu stehen, denn er ist nur im flüchtigsten Augenblick so denkbar. In ihm verewigt heischt er Augen, die immer bereit sind, seine Haltung als eine augenblickliche aufzunehmen; als ein tatsächlich dauernder ist sein Gestus ohne ein Auge, das ihn als momentan zu sehen vermag, ein Unsinn. In seiner Anlage ist schon vorausgesetzt, daß immer ein Auge da ist, bereit, dem schwebenden Schwunge seines Schrittes, der königlich freien Drehung des Halses und der weiten Geste des Arms begeistert zu folgen. Auch die Haltung der mediceischen Venus ist ein Gestus innerhalb der Zeit, der ein Auge voraussetzt. Das Moment des andächtigen Beschauers, den sie Zeugen ihrer enthüllten

Schönheit werden läßt, ist an ihrer Konzeption so wesentlich wie das Moment des Augenblicklichen, der festgehaltenen flüchtigen Situation: sie lebt (wie alle klassischen Figuren) in der Zeit. Wer vom indischen Kultbild sich zu den Göttergestalten klassischer Kunst zurückwendet und aus der Sphäre verharrenden, in sich stetigen Seins vor die verewigte Augenblicksgeste tritt, mag, wenn ihn das klassische Kunstwerk nicht bannt, beim Apoll von Belvedere den Einfall haben, »es muß langweilig sein, immer und immer seinen Arm so auszustrecken, – auch wenn die Nacht die menschenleeren Räume füllt«, oder mag, wenn er die Aphrodite von Knidos nach einsamer Begegnung allein lassen muß, versucht sein, ihr über den Krug gehängtes Gewand ihr zärtlich um die Schultern zu legen, damit ihr zum Bade entblößter Leib nicht fröstele, wenn er wer weiß wie lange noch in der gleichen Stellung verharren muß. Denn sie lebt ja in einem Augenblick der Zeit.

Aber die vorwärts gestreckte Hand der Buddhas mit aufwärts gerichteter Innenfläche, die Schutz verleiht, und die abwärts geöffnete schenkende leben in zeitlosem Gestus. Die schenkende Tugend und die mitleidsvolle Macht, allen Wesen Schutz zu verleihen, werden in ihnen sichtbar: zeitlose Elemente des Wesens der Buddhas. In dieser Geste sind sie Buddha. Sie fragen nicht, ob sie in solchem Gestus gesehen werden, er ist ihnen unveräußerlich eigen als ihre Natur jenseits zeitgebundener Situation. Auch der tanzende Schiva ist nicht Tänzer in einem Moment eines Tanzes, sondern Tanzender schlechthin. Im Bildwerk wie in der Sprache ist er der höchste Tänzer. Die Sprache nennt ihn König der Tänzer (natarâjâ), Herr der Tänzer (nateschvara), Freund des Tanzes (natapriya) und mit noch anderen Namen, die ihn als Tänzer bezeichnen. So vielfältig seine Erscheinungsformen sind, begreift man ihn als Göttlichen Tänzer, dessen Tanz Entfaltung, Spiel und

Untergang der Welt ist, so ist er nur Tänzer, ewiger Tänzer. Sein Tanz ist mehr als eine bloß bezeichnende Situation, die im Bildnis festgehalten und verewigt wird, Tanz ist sein Element. Tanz ist einer der vielen Aspekte seines göttlichen Wesens, eines der Gleichnisse, in denen seine Unendlichkeit Anschauung wird. Aber diese Gleichnisse sind jedes in ihrem Gehalt absolut, und in ihrer Beziehung auf das Wesen des Gottes, das aller Anschauung entrückt ist, sind alle unmittelbar. In einem Bewußtsein, das sich anschauend durch ein Gleichnis in das Wesen des Gottes versenkt, haben sie keinen gleichzeitigen Bestand miteinander. Diesen gleichzeitigen Bestand haben sie nur für die redende Begeisterung des Gläubigen (– um von der Betrachtung des Religionswissenschaftlers zu schweigen), der Gleichnis des Gottes gegen Gleichnis setzt: das heißt Totalität seines Wesens gegen Totalität (etwa im aufreihenden Nacheinander eines Hymnus), um in ihrem Wechsel Gleichnis durch Gleichnis aufzuheben und die Unzulänglichkeit aller Gleichnisse, die Unendlichkeit des Göttlichen zu fassen, darzutun.

Das klassische Kunstwerk setzt ein ewiges Auge voraus, das beglückt und deutend auf ihm verweilt; es weiß um seine Schönheit und will sie zur Geltung bringen. Wie Salome in ihrem verzweifelten Liebeswerben den Propheten, tönt es sein Gegenüber sieghaft an: »Mensch sieh mich an!« – Und wenn unser Blick ungebannt an ihm vorübergeht und wir aus seiner Nähe uns verziehen, ohne uns in seine Reize verloren zu haben, darf es wie Salome zum Haupte des Jochanaan klagen: »O warum hast du mich nicht angesehen! Hättest du mich angesehen, du hättest mich geliebt!...« – Zwar haben wir für uns selbst kein Recht, ihr Wort »du hieltest vor deine Augen die Binde eines, der seinen Gott schauen will« auf uns zu beziehen, aber mit ihnen und mit Jochanaans Abstieg in den dunklen Schacht seiner einsamen Zisterne, wo ihn Gesichte seines Gottes umleuchten, ließe sich etwas von der Welt umschreiben, in der Bilder von Buddhas und Göttern und Heiligen Indiens ihren Ursprung und ihr Leben haben.

YOGA UND FIGURALES KULTBILD

Die Andacht zum figuralen Kultbild
(Pratimâ)

Die geistige Welt, in der das indische Kultbild seinen Boden hat, lebt in den großen Traditionen der hinduistischen Sekten, die uns vom Beginn unserer Zeitrechnung ab durch umfangreiche literarische Denkmale mehr oder weniger esoterischen Charakters bezeugt sind. Ihre jüngere Schicht, die Literatur der Tantras gibt vorzüglich Aufschlüsse darüber, welche Rolle das Kultbild im religiösen Leben der Gläubigen verschiedenster Bekenntnisse spielt, und welches eigentlich der Sinn ist, den der Inder selbst mit ihm verbindet. Diese wertvollen Quellen sind von der westlichen Wissenschaft lange stiefmütterlich behandelt worden. Man kann die Fülle der Gesichte, die Indiens geistiges Erbe einer kleinen Arbeiterschar auftat, dafür verantwortlich machen wie auch die Neigung, sich vorab den älteren Zeugnissen indischer Kultur zu widmen, die als Denkmale der Frühzustände menschlicher Kultur überhaupt vornehmlich der Betrachtung wert erschienen. Die Tantras haben, nach indischem Zeitmaß gemessen, weder die Würde hoher Altertümlichkeit für sich, noch umgibt sie die Glorie der Weltreligion, die dem Buddhismus allgemeines Interesse sichert. Zudem sind sie noch nicht tot, wenn ihre Bahn sich auch dem Ende zuneigt. Darum waren sie dank ihres esoterischen Charakters vor wissenschaftlicher Wißbegier vergleichsweise sicherer als Zeugnisse älterer, verblichener Geisteswelten, die der Profanierung durch wissenschaftliche Erkenntnis nur Schwierigkeiten des Verständnisses entgegenzusetzen hatten. Für den Westen umgab sie bislang ein Geheimnis, das ihrem Wesen gemäß ist, und was über sie an ungefährem Wissen verlautete, war nicht besonders angetan, eine unmetaphysisch-positivistisch gerichtete Forschung,

deren Geschmack mitunter christlich-puritanisch beeinflußt war, zu locken.
Die literarische Flut der Tantras spiegelt die letzte große Weltvision, in der Indiens Geist, altes Erbe organisch zusammenschließend, sich selbst noch einmal großartig ausgesprochen hat, ehe die westliche Welt christlich-positivistisch zersetzend in sein Gewebe drang. Sie übernimmt die hohen Formeln der Vedântaphilosophie und die wunderbare psychologische Erfahrung jahrtausendalter Yogapraxis und umspannt mit ihren Rahmen die großen Gottesideen des Hinduismus wie die Fülle magischer Riten, die den Alltag wie das ganze Leben zu meistern versprechen, die dem engen, vielfältigen Diesseits mit seinem Drang und seiner Undurchdringlichkeit gebieten und die Fernen anderer Sphären entriegeln. Als Ganzes ist sie ein Wurf von größtem Bogen und im Einzelnen ihrer dichten Erbmasse von vollendeter Kompliziertheit: ein Labyrinth.
Es ist das Verdienst Arthur Avalons, diese von mählichen Abendschatten sich unaufhaltsam überdunkelnde Welt in das künstliche Licht wissenschaftlicher Erkenntnis gerettet und der Forschung allererst geschenkt zu haben, und ohne seine epochale Pionierarbeit an Textausgaben, Übersetzungen und Einleitungen, für die er einen Stab einheimischer Mitarbeiter gewann, wäre diese kleine Studie nicht möglich gewesen. Indem sie es unternimmt, einiges aus dem reichen Material, das er erschloß, zum Verständnis formaler Eigentümlichkeiten des indischen Kultbildes auszuwerten, ist sie ein kleines Zeichen des Dankes für all das Licht, das von seinen Arbeiten auf die letzte große Epoche des alten Indien und auch auf die vorangehenden fällt.
Gedanken- und Gestaltenwelt der Tantras beherrschen eine Epoche des indischen Geistes und haben als Ausdruck orthodox-brahmanischer Weltanschauung auch Glauben

und Lebensformen der heterodoxen Sekten, der Buddhisten und Jainas, die inmitten des rechtgläubigen Hinduismus Blüte und Verfall erlebten, beeinflußt und geformt. In jahrhundertelangem Nebeneinander übernahmen beide Lehren vom jüngeren Tantrismus Gottesanschauungen, Kultformen und Symbole, und der vorderindisch-kontinentale Buddhismus hat ganz wesentlich in diesem langandauernden Verschmelzungsprozeß sein eigenes Gesicht verloren und sich schließlich in seiner Eigenart völlig ausgelöscht. Was die brahmanisch-orthodoxen Tantratexte über Sinn und Funktions des Kultbildes aussagen, findet darum in der buddhistischen Literatur Parallelen und darf mit Fug auch das formale Verständnis buddhistischer Kultbilder in allgemeinen Zügen leiten. Die geschichtliche Annahme scheint berechtigt, daß erst mit der Übernahme von Tantra-Vorstellungen in die asketische Erlösungslehre des Buddhismus und mit der Umwandlung ihrer Heilbringer und Heiligen zu gotthaften Wesen nach dem Vorbild der großen hinduistischen Gottheiten das Kultbild und seine Verehrung den Einzug in ihre Welt gehalten haben.

Es gelang Arthur Avalon im Anschluß an berufene Vertreter den Eingang in die verschlossene Welt der Tantras zu finden und als eine glückliche Einführung in sie veröffentlichte er in Übertragung aus der Ursprache ein zusammenfassendes Werk des Schivacandra, eines erst kürzlich verstorbenen Anhängers und Lehrers der Tantras, dessen gründliche Kennerschaft in ihrer Treue zum Alten noch nicht durch Einflüsse der anglo-indischen Moderne getrübt ist. Der zweite Teil seines »Tantra-Tattva« (Wesen der Tantras, »Principles of Tantra«) enthält, durchweg aus alten Quellen schöpfend und sie interpretierend, Ausführungen über die Funktion des hinduistischen Götterbildes im täglichen Kultleben des Gläubigen. Aus ihm läßt sich entnehmen, was in den Augen des eingeweihten

Inder s Sinn und Funktion des Kultbildes sind, läßt sich vorab begreifen, in welcher geistigen Welt das hinduistische Götterbild verwurzelt ist[1].
Die kosmische Vision der Tantras erschaut die Welt als mannigfache Entfaltung göttlicher Kraft (schakti, Potenz) zur Fülle der Erscheinungen. Diese Kraft ist geistige Wesenheit (cit, caitanya) und ihr wahrer Stand ist affektloses, darum leidloses, das ist seliges (ânandamaya) Sein. Dieser wahre Stand ist attributlos (nirguna). In seiner Anerkenntnis übernimmt die Tantralehre die Anschauung des großen Vedântalehrers Schankara âcârya: die schakti ist im Grunde ihres Wesens gleich dem brahman: seiend, geistig, selig (sat cit ânanda) und einzige Totalität des Seins, ohne ein Zweites neben sich (advaita). In diesem Stande ist sie unentfaltetes Sein (avyaktam, ein Begriff, den die Sâmkhyalehre ausgebildet hat). Aber sie ist mit der Kraft der mâyâ, der Illusion begabt, und dank dieser hebt das Spiel (lîlâ) der Weltentfaltung des unentfaltet-attributlos Geistigen an. In ihm wandelt reine geistige göttliche Energie sich lustvoll zu attributhafter göttlicher Person. Zur Vielheit sich spaltend wird das Geistige seiner selbst bewußt als Welt und göttliche Macht, die sie durchwebt und regiert. Vischnu, Schiva, Sûrya der Sonnengott, Ganescha, der elefantenköpfige »Herr der Scharen«, die großen Götter der hinduistischen Glaubenswelt, sind die ragenden unter den personalen göttlichen Gestalten, in denen das weltgebundene menschliche Bewußtsein, in dem das Geistige in der Spaltung von Schauendem und Gegenstand befangen ist, das attributlos ewige geistige Sein (nir-gunam brahman) attributhaft anschaulich (sa-gunam) anschauen und verehren kann. Aus dem rein geistigen Stande (nir-gunam caitanyam) spielend in bewußtes Sein tretend, im Bewußtsein, das immer eine Vielheit zur Voraussetzung hat, das nur am Empfinden von Unterschiedlichem (eben Attributen – gunas) ein Dasein hat,

– bindet sich die göttlich-geistige Kraft, die schakti, lustvoll mit den Banden der eigenen mâyâ und erfährt sich, in mannigfachen dumpferen Bewußtseinsstufen der vielfach sich differenzierenden Erscheinungswelt, vor allem im Bewußtsein der menschlichen Seele, im jîva. Aber wie nichts da ist außer der göttlich-geistigen Energie, sind auch die unteren Welten der Tiere und Pflanzen, ja Berge und Steine nur Entfaltungsgrade der einen schakti, in denen sie zur Zweiheit des Bewußtseins spielend auseinandertritt. Ihre Ungeistigkeit, ihr dumpfes Sein bestehen als gegensätzlich nur für die matterleuchtete Geistigkeit des menschlichen Bewußtseins; in ihm gebunden durch die eigene mâyâ erkennt das Geistige, die Kraft sich nicht als das All-Eine.

Lustvoll in attributbeladenes buntes Sein auseinandertretend, um seiner selbst in vielen Färbungen von immer wachsender Trübe und undurchsichtiger, unerleuchteter Dumpfheit bewußt zu werden, strebt das reine geistige Sein immer wieder in menschlichem und göttlichem Bewußtsein zu seinem undifferenzierten Stande zurück, zu jener kristallenen Ruhe in sich selbst, die völlig ununterschieden attributlos sich selbst nicht weiß. Der Mensch will sich als brahman erfahren, er will die Spaltung zwischen Schauendem und Erscheinungswelt verschmelzen, will das Bewußtsein seiner selbst als etwas Unterschiedlichem, das von einem Wechsel der Inhalte gespeist wird, auslöschen im Erlebnis reiner totaler Geistigkeit.

Der Weg, den die Tantras hierzu lehren ist die Andacht vor dem Götterbild. Welche der großen Göttergestalten ein jeder seiner Andachtsübung zugrunde legt, ist dabei von untergeordneter Bedeutung. Das richtet sich nach seinem persönlichen, familienmäßig ererbten Glaubenskreis, richtet sich nach dem Ritual, das sein geistlicher Erzieher, sein Guru, ihm vermittelt hat. Die göttlichen Personen, deren Bild und Wesen zum Gegenstand kontemplativer

Übung gemacht wird, sind ja nur höchste attributhafte (sa-guna) Aspekte der reinen attributlos ungespaltenen Geistigkeit (nir-guna caitanya, brahman), in denen sie, in ihrem reinen Stande unanschaulich (weil Einheit von Seher und Gesicht), Anschauung werden kann. Sie sind nur Durchgangspunkt zum Ziel der Andachtsübung, die reine ungespaltene unanschauliche Geistigkeit zu erfahren, sich als sie zu erfahren. Richtig betrachtet führt die eine wie die andere unter ihnen zum Ziel.

Neben ihnen und sie doch weit überragend steht die weibliche Gestalt Kâlî-Durgâs als vornehmste Form der Anschauung göttlich-geistiger Kraft (schakti) für das menschliche Bewußtsein. Die reine Geistigkeit (caitanya), im menschlichen Bewußtsein auseinander tretend zu Menschenseele und Gott als ihrem Gegenstand, in dieser Spaltung im Netz der eigenen mâyâ spielend zum Bewußtsein ihrer selbst kommend, schaut sich am klarsten in Ihr, der dunklen Göttin, die weiblich ist, wie die Kraft (schakti), als welche sich das undifferenzierte geistige Sein, das neutrale brahman darstellt, wenn es als Verführerin in lokkendem Tanze der bunten Erscheinungswelt in sich selbst auseinander tritt, wenn es die Vielheit alles Bewußtseins in der Welt als Entfaltung seiner selbst muttergleich am Leben erhält und sie schließlich unablässig und immer wieder verschlingt und in ihrer Besonderheit vernichtet. Kâlî-Durgâ ist der anschauliche Aspekt der schakti schlechthin, kraft der die anderen göttlichen Personen Leben haben. Sie ist die unmittelbarste attributhafte Entfaltung des unanschaubaren undifferenzierten reinen göttlichen Geist-Seins (brahman), das nur im Erlebnis der totalen Einheit, dem Schwinden des bewußten Seins erfahren werden kann, ist reinste für die innere Anschauung mögliche Erscheinungsform des Unanschaubaren, in dessen Erlebnis Seher und Gesicht zusammenfallen.

Das Denken kann die Zweiheit, auf der das menschliche

Bewußtsein (wie alles Bewußtsein) beruht, niemals wirklich überwinden, denn Bewußtsein ist seine Voraussetzung, es ist selbst nur eine Bewegung oder Verhaltungsform (vritti) des Bewußtseins. In seiner Sphäre kann das Bewußtsein höchstens um die Überwindung der Zweiheit von Seher und Gesicht wissen, kann sie als Ziel ansprechen, aber niemals diese Zweiheit aufheben. Aufhebung der Zweiheit ist Erlöschen des Bewußtseins. Die reine göttliche Geistigkeit (brahman) mag, sich selbst mit dem Zauber ihrer mâyâ bindend, als menschliches Bewußtsein sich spielend naiv als Glied eines vielheitlich bunten Weltzusammenhanges fühlen und göttlich-personale Wesenheiten, die diesen Zusammenhang durchwalten in innerer Anschauung wie in Bildwerken und Zeichen gläubig verehren, um den Weg durch die dem Bewußtsein entfaltete Welt zu finden; erhebt sie sich aber zum Willen, ihr zu unterschiedlicher Fülle auseinander getretenes Wesen als Totalität und Einheit zu erfahren, zur Ruhe in sich selbst einzugehen, so dienen eben Bildwerk und Zeichen als Werkzeug (yantra), um die Ineinssetzung (samâdhi) von Seher und Gesicht zu bewirken.

Das Bildwerk, das der Gläubige in täglicher Andachtsübung sich selbst gegenüberstellt, wird zum Ziel der Konzentration gemacht und damit zum Gegenstand des Bewußtseins verabsolutiert. Gegenüber dem Bewußtsein (dem Seher) als dem Einen ist es das Andere (Gesicht) schlechthin, Hieroglyphe der Welt, Totalität des Zweiten. In ihm gerinnt der wechselnde Erscheinungsstrom, der als ein Wellenspiel das andachtslos der Welt geöffnete Bewußtsein durchspült zu ruhevollem Bilde; aus der in eigener Bewegung oszillierenden Vielheit von Bewußtseinsinhalten kristallisiert sich Einheit; aus der unbestimmten Vielzahl, in der Erscheinungen und Seele sich im Bewußtseins vergesellschaften, wird konzentrierte Zweizahl: die

Vorstufe zur Ineinssetzung von Seher und Gesicht (samâdhi), deren Vollziehung das Ziel der Andachtsübung ist, in der das Bewußtsein zur Ruhe kommt und die Geistigkeit aus aller Differenzierung zu reinem attributlosem Sein heimkehrt.

Weil das Kultbild in diesen wie in magischen Akten als Werkzeug dient, ist es ein yantra. Das Wort yantra bezeichnet ganz allgemein ein Gerät oder Werkzeug, einen Apparat oder Mechanismus, dessen sich der Mensch zu einer spezifischen Arbeitsleistung bedient. Das Kultbild ist ein zu psychisch-sakralen wie magischen Funktionen zweckmäßig konstruierter Apparat. In diesen Funktionen steht aber das figurale Abbild (pratimâ) eines göttlichen Wesens innerhalb des technischen Requisits weder für sich allein da, noch nimmt es unter Apparaten, die genau der gleichen Funktion dienen, eine überragende Stellung ein. Neben ihm gibt es andere sinnvolle Gebilde von Menschenhand, die, in ihrer Form mehr oder weniger von ihm verschieden, genau denselben Zwecken dienen und seine Stelle in der Kulthandlung einnehmen können. Das sind die »cakras« (»Kreis«zeichnungen), die »mandalas« (»Ring«zeichnungen), und ihnen verwandte streng geometrische lineare Figuren, die als yantras schlechthin bezeichnet werden. Das figurale Kultbild (pratimâ) ist also nur ein besonderer Typus einer Gattung von bildhaften Kultapparaten (yantras). Es zeichnet sich vor den anderen yantras durch die Wahl der Mittel aus, durch die Zeichen, deren es sich ausschließlich bedient, um das Wesen der Gottheit, die es darstellt, zur Erscheinung zu bringen: seine figuralen Elemente menschen- und tierhafter Gestalt und deren Attribute (Waffen, Kleidung, Schmuck) sind sämtlich der sinnlichen Erscheinungswelt entnommen. Die anderen Typen: »Kreis«- und »Ring«zeichnungen und rein lineare Figuren – »yantras« im engeren Sinne – entraten dieser figuralen Elemente mehr oder weniger. Das

Figurale ist überhaupt kein notwendiger Bestandteil dieser Gebilde. Bei ihnen können an seine Stelle Schriftzeichen treten, aber sie können auch ganz darauf verzichten, ihre rein geometrische Gestalt aus Dreiecken, Vierecken, Kreisen und geometrisierten Linien von Lotusblättern mit Symbolen zu füllen, die ihr Wesen auch dem Auge des Uneingeweihten verdeutlichen könnten. Besonders kunstvolle, für Tempel bestimmte Gebilde dieser Art vereinen auch streng geometrisches Gefüge mit reichem figuralem Schmuck.

Will man zu einem elementaren Verständnis der formalen Eigenart des indischen Kultbildes vordringen, so muß man die unbedingte funktionale Gleichheit dieser formal so verschieden anmutenden Gebilde, die im Sprachgebrauch durch die gemeinsame Bezeichnung als yantra ihren Ausdruck gefunden hat, ernst nehmen. Das figurale Kultbild (pratimâ) darf in der Betrachtung von seinen ebenbürtigen Geschwistern nicht getrennt werden, wenn man Wesentliches seiner Form verstehen will. Die Einsicht in die sachlich-funktionale Identität dieser Typen, die sich so sehr verschiedener Formensprachen bedienen, kann es allein ermöglichen, das figurale Kultbild (pratimâ) einigermaßen mit dem Auge zu sehen, für das es geschaffen ist, – und dessen Geschöpf es ist: mit dem Auge des eingeweihten Inders. Vom figuralen Kultbild führt der Weg, es sehen zu lernen über das geometrische Gebilde mit figuralem Schmuck zum rein linear-geometrischen yantra, bis das Auge, von seiner Anschauung gesättigt, sich verwandelt zum Kultbild zurückwenden darf.

Die Wahl besonderer formaler Symbole, deren sich viele dieser Kultbilder zur Versinnbildlichung göttlicher Wesenheit bedienen, erheischt zu ihrem Verständnis schließlich noch eine kleine Erweiterung der Betrachtung auf Erscheinungen ganz anderer Art, die im Andachtsdienst die Stelle der Kultbilder einnehmen können. Statt ihrer können auch im esoterischen Ritus Menschen als Inkarnationen des Göttlichen treten. Der Lehrer des Eingeweihten (guru) ist als Träger der Tantralehre eine wandelnde Verkörperung des ewigen Urlehrers, der ihre Wahrheit offenbart hat und dem die heilige Tradition sie in den Mund legt: Schiva, des Großen Gottes. Und ferner ist das Weib – zunächst die Gattin des Eingeweihten, dann aber auch Frauen und Mädchen überhaupt – die greifbare Erscheinung der kosmisch-göttlichen Potenz (schakti), die sich spielend zur Erscheinungswelt entfaltet; ihr mütterlicher Schoß (yoni) gebiert die Welt der mâyâ, die uns befängt. In seiner ersten Wandlung aus dem Zustande des Attributlos-Undifferenzierten (nirgunam brahman) enthüllt sich das reine Sein als göttliches Paar: als Schiva und schakti, als der Gott und seine göttliche Kraft. Sie sind zwei und doch eines, sie sind das eine Göttliche unter den zwei Aspekten der Ruhe-in-sich und der Kraft, die sich entfaltet, die mâyâ ist. Das Symbol beider ist in der figuralen Formensprache die Vereinigung der Liebenden, auf der Ebene linearen Ausdrucks ist es das Zeichen des aufwärts und abwärts gekehrten Dreiecks, das Schoß und Phallus (yoni und lingam) bezeichnet. Es ist das Ziel der Andacht, sich vom Stande mâyâ-gebundener Menschlichkeit zum göttlichen Sein zu erheben: das im Bewußtsein des jîva verdunkelte brahman zur reinen Klarheit seines Wesens zu bringen, – eine Durchgangsstufe dazu bildet der Zustand, in dem der Eingeweihte, dessen Sinnenleben völlig geläutert und beherrscht sein soll, sich selbst als Schiva erfährt, indem er verehrend ein weibliches Wesen zur schakti erhöht. Die sinnfälligen Akte des geheimen Rituals, in denen diese Stufe der Vergöttlichung der Person des Eingeweihten vollzogen wird, und die ihnen entsprechend Symbolwelt der Kultbilder sind Spiegelungen ein und desselben Sinnes auf zwei verschiedenen Ebenen sinnfälliger Leibhaftigkeit, die einander erläutern. Was an der ritualen Praxis für das Gefühl des Uneingeweihten bedenklich sein kann, findet seine Erklärung in den begrifflichen Formeln der Tradition wie in den anschaulichen Formen der Bilder, und die symbolische Formenwelt der Bilder hat für uns einen Kommentar im esoterischen Ritus.

Die Gestaltung der geometrisierenden Kultbilder (mandalas und yantras im engeren Sinne) ist als graphischer Spiegel übersinnlicher Wesenheiten natürlich streng bestimmt dank ihrem Charakter als Wesensaussage und ist jeder dekorativ bildenden Subjektivität entrückt, die ihren reinen Aussage- und Abbildcharakter zerstören und sie zu einem belanglosen, wenn auch vielleicht dem Auge sehr gefälligen Gekritzel entwerten würde. Denselben Charakter trägt das figurale Kultbild (pratimâ), das bezeugt seine Bezeichnung wie Verwendung als yantra. Seine Bezeichnung »pratimâ« meint wörtlich »Gegenmessung« und bezeichnet das am Originalen abgemessene, abgepaßte. Das figurale Kultbild ist also das korrekte Abbild einer Erscheinung und steht zu ihr in einem Verhältnis unbedingter, gewollt-willkürfreier Treue. Man kann dieses Verhältnis mit dem eines von der lebendigen Erscheinung genommenen Schattenrisses zu seinem Gegenstande vergleichen, dessen Wert eben auf der getreuen Wiedergabe des Konturs der räumlichen Erscheinung beruht. Das Kultbild strebt in der Ebene dreidimensionaler körperhafter Darstellung denselben Charakter reiner Wesensabbildung an, wie das graphische zweidimensionale yantra mit den Mitteln bedeutsamer Liniengefüge, zu denen vielleicht noch Silbenzeichen treten.

In ihrem materialen Vorhandensein sind beide Menschenwerk, ein bloßes Gerät, das als solches nach Gebrauch der Vernichtung anheimfallen darf. Neben den aus dauerhaften Stoffen gefertigten Kultbildern der Tempel und Hausaltäre, die immer wiederholter Andachtsübung dienen, wurden und werden in den Kreisen hinduistischer Orthodoxie Morgen für Morgen zahllose Bilder aus ungebranntem Lehm geformt zu täglicher Andachtsübung, wie yantras und mandalas gezeichnet werden, und nach Gebrauch dem Fluß zur Auflösung übergeben oder zerbrochen, wie aus ungebrannter Erde schnell geformte Gefäße und aus Blättern geflochtene Teller, die nach vollzogener Mahlzeit achtlos weggeworfen werden. Noch Tagore schildert dieses Eintagsleben täglich neu geformter Kultbilder in einem Gedicht des »Zunehmenden Mondes«, wo eine Mutter die Frage ihres Kindes beantwortet: »wo komm ich her, wo hast du mich aufgelesen?«:

> »Du stecktest im Herzen mir als mein Sehnen,
> in meinen Puppen hab ich dich gesehn. –
> Schuf ich das Bild des Gottes jeden Morgen
> aus Ton, hieß ich dich werden und vergehn.
> Im Gott des Hausaltars warst du verborgen,
> und meine Andacht ihm galt dir.«

Erst die geistige Aktivität des Andächtigen, die ein yantra (pratimâ, mandala oder yantra im engeren Sinne) zum Zielpunkt konzentrierter Bestrahlung wählt, macht etwas aus ihm.

Dieser Verwandlungsprozeß, den das Bewußtsein des Menschen an der Materialität des yantra vollzieht, geschieht im Akt der Verehrung, der pûjâ. Das Bild ist nicht die Gottheit, ihre Wesenheit tritt auch nicht magisch herbeigerufen für die Dauer der Verehrungszeremonie von irgendwo außerhalb in seinen Kern hinein; der Gläubige selbst erzeugt in seinem Inneren ein Schaubild der göttlichen Wesenheit und projiziert es auf das Kultbild, das vor ihm steht, um die göttliche Wesenheit anschaulich im Stand der Zweiheit, der seinem Bewußtsein entspricht zu erfahren. Dieses innere Schaubild göttlich-personaler Wesenheit ist natürlich jenseits aller Willkür, in ihm soll ein dem äußeren Auge entrücktes göttliches Sein ins innere Blickfeld treten, eine übermenschliche hohe Wirklichkeit sich im menschlichen Bewußtsein spiegeln.

Wie diese übersinnliche Wesenhaftigkeit sich menschlicher Anschauung darstellt, ist durch die Tradition ihrer Selbstoffenbarung festgelegt. Das Göttliche offenbart sich im Wandel der Zeiten immer aufs neue in Rede und sichtbarer Erscheinung; sein Wort wie Bild sind Besitz der heiligen Überlieferung Eingeweihter: vom Lehrer zum Schüler vererbt und in Kultgemeinschaften bewahrt. Bild und Wort als Selbstoffenbarungen des Göttlichen enthalten Wesensaussagen über den göttlichen Weltzusammenhang, umschließen hohe Wahrheit. Sie sind die reinste Form der Wahrheit, die dem in Zweiheit lebenden Bewußtsein anzuschauen möglich ist. In Bild und gläubigem Bewußtsein tritt die reine unentfaltete Geistigkeit (nirgunam caitanyam, brahman), die Totalität ist, in zwei durch den Bann ihrer mâyâ mit verschiedenen Attributen (guna) behafteten Erscheinungen auseinander und schaut sich an, wird sich ihrer selbst in Differenziertheit bewußt. Diese Situation der Bildverehrung ist ein Moment der lustvollen Entfaltung der ewig rein geistigen Kraft (schakti) vor sich selbst, aus dem sie im Akt der Ineinssetzung (samâdhi) von Bild und anschauendem Bewußtsein, in den Zustand des Unentfalteten (avyaktam) zusammenstürzt. Dann ist das Ziel der Kultübung erreicht: der Gläubige erfährt sich als göttlich.

Das Kultbild vermag das innere Schaubild, das darauf projiziert wird, aufzunehmen und sich von ihm durchleuchten zu lassen, weil seine eigene Materialität (Holz, Stein, Lehm, Bronze, Sandelpaste oder Farben) nur spezifische Entfaltungsformen der Einen schakti, für das menschliche Bewußtsein Konkretionsstufen des Einen Geistigen sind. Neben ihm auf der gleichen Ebene der

Wesensaussage von Übersinnlichem, stehen Laut, Silbe und Wort als feinere und kompaktere Entfaltungsformen des brahman für den Bereich des Ohres. Darin liegt ihre Bedeutung für den Gläubigen, der durch Überlieferung eingeweiht ist, wie weit sie über ihre Funktion in der Alltagssprache hinaus, sinnbeladen sind. Dank ihrer als Repräsentanten göttlichen Wesens in der Sphäre des Schalls vermag er, sie laut oder leise aussprechend oder sie inwendig vor sich hinsagend und wiederholend, die wesensverwandte Schau göttlichen Seins in sich aufzurufen und sich verehrend mit dem Aspekt des Göttlichen zu beschäftigen, der sich vor seinem inneren Auge entfaltet und es erfüllt. Im bedeutsamen Spruch, dem mantra, der für den Uneingeweihten eine unverständliche Silbenfolge oder ein belangloser Satz sein mag, konzentriert sich die attributhafte höchste geistige Kraft (schakti), die Totalität ist, unter vielen Formen als mantraschakti.
Die mantras als (dank dem durchgängigen Symbolwert ihrer Lautzeichen) konzentrierte Wesensaussagen erschließen ihren Gehalt, der schakti ist, nicht dem diskursiven Denken, sondern wissender Konzentration, die sie erfolgreich fixierend betrachtet, sie zur Totalität des Inhalts erhebt, das Bewußtsein ganz mit ihnen durchtränkt. Ebenso erschließt sich das Geheimnis des Kultbildes nur fixierender Kontemplation, die sich an die Bahn überlieferter Technik und an das Wissen um die Bedeutsamkeit des bildhaft-räumlichen Formenkomplexes (wie der graphischen Symbole des yantra, der akustischen des mantra) hält. »Vor den Augen des Uneingeweihten wird ein Bild verehrt; der Andächtige aber sieht in übersinnlicher Schau die leibhafte Erscheinung der göttlichen Kraft, die Geist ist, im ungeistigen Gerät.« Man vergleicht jemanden, der den Akt der Bildverehrung (pûjâ) von außen beurteilt, ohne persönliche Erfahrung des seelischen Vorgangs zu haben, mit einem, der sich über die Auslage eines Süßig-

keiten-Händlers äußert, ohne ein Stück davon gekostet zu haben. – Aus diesem Vergleich ist abzunehmen, wo unser Wille in das Wesen indischer Kultbilder einzudringen, bei allen möglichen stilgeschichtlichen Aufgaben, die zu lösen sind, bei allen Betrachtungen geistesgeschichtlicher und soziologischer Bezüge, die am Kunstwerk haften, im Peripheren steckenbleiben muß.

Das Kultbild ist ein yantra und nur ein yantra. Wer ohne seine Hilfe sich in den Zustand des samâdhi zu setzen vermag, wo Gesicht und Seher verschmelzen und mit dem Zustand der Zweiheit das bewußte Sein ein Ende findet, mag seiner entraten. Es ist nicht das Wesentlichste bei der Andachtsübung, es bringt in ihrem Verlauf nur eine Variation. Es geht von ihm ja keine primäre Energie aus.
Wie ein Eingeweihter, der gelehrt worden ist, das reine göttliche Sein (brahman) in der attributhaft-personalen Erscheinungsform Vischnus vor seine innere Anschauung zu bringen, ohne Kultbild erfolgreich samâdhi üben soll, lehrt eine Stelle des Bhâgavata-Purâna (nach Schivacandra zitiert): Gott Vischnu sagt selbst, wie er angeschaut sein will:
»Im Feuerkreis des Lotus seines Herzens soll der Yogin folgende meiner Erscheinungsformen ins Bewußtsein rufen, die seine Andacht mit Erfolg segnet:
Eine Gestalt vollzählig an Gliedern, ruhevoll, von schönen Formen, mit vier langen und schönen Armen, einem zierlichen Nacken und edler Stirn, mit göttlich-lieblichem Lächeln,
Ohrringe schmücken die beiden wohlgeformten Ohren, die Kleidung ist gelb und dunkelblau, die Locke Schrîvatsa schimmert dunkel auf der Brust,
in vier Händen trägt die Gestalt Muschelhorn, Messerring, Keule und Lotusblume und ein Gewinde aus wilden Blumen hängt über die Brust herab.

Ihre Lotusfüße schimmern im Glanz juwelenbesetzter Knöchelspangen, das Juwel Kaustubha strahlt an ihr, mit einer leuchtenden Krone, einer Brustkette, Armbändern und Ringen am Oberarm ist sie geziert,
schön ist sie an allen Gliedern und reizend, ihre Haltung ist voller Süße, zärtlich ihre Augen und ihre Erscheinung beglückt das Auge.
Diese beseligende brahman-Gestalt betrachtend, soll er seinen Geist fest auf alle ihre Glieder richten.
Alle seine Sinne: Gehör, Getast, Gesicht, Geschmack und Geruch mit der Kraft des Denkens von ihren Gegenständen abziehend, soll er mit dem Denken (buddhi), dem Wagenlenker der Seele, sein Bewußtsein untertauchend baden in Fluten der Liebe zu mir.
Danach soll er die geistige Bewegung (cittavritti), die bisher über alle meine Glieder sich ausbreitend hin und her ging, in einen Punkt sammeln und darin festhalten.
Dann ist es für den Andächtigen nicht mehr notwendig, irgend etwas Einzelnes (einen Teil der göttlichen Erscheinung: Glied, Schmuckstück, Attribut) zu fixieren. Nur meine Haltung soll er erschauen, über der ein leises, süßes Lächeln spielt.
Wenn sein Geist diese Haltung ohne Unterbrechung und ohne Zerstreuung festzuhalten vermag, soll er seinen punkthaft gesammelten Geist abziehen und ins Leere richten. Dann, wenn er meine subtilen Entfaltungsformen (vibhûti: das bloße Haltungsbild in punkthafter Sammlung erfaßt) im Raum, im Sternenäther oder in der leeren Unendlichkeit erschaut hat, soll er seine geistige Kraft, die den unendlichen Raum zum Gegenstande gehabt hat, einziehen und fürder ruhen in mir als dem Wesen aller Wesen (paramâtman).
Dann braucht er nichts mehr zu schauen. Dann wird der Yogin im Zustand des samâdhi mich als Wesenswesen (paramâtman) alles Lebenden (jîva) schauen, als sein eige-

nes Wesen (âtman), wie Licht taucht in Licht und nicht von ihm zu scheiden ist.
In einem Yogin, der solchermaßen durch angespannte Schau samâdhi erreicht, schwinden die drei Formen der Täuschung: Gegenstand der Erkenntnis, Erkenntnis und Akt des Erkennens schnell.«
Samâdhi, Ineinssetzung des geteilten Göttlichen (sprachlich verwandt mit dem griechischen synthesis), ist letztes Ziel der pûjâ: die Vollziehung eines rein seelischen Aktes, nämlich der Bewußtseinswandlung vom Stande des jîva zur unbewußten Geistigkeit des brahman. Das brahman ist im jîva, denn es gibt ja nichts außer ihm; es ist eine Frage der Reife und der Technik, wie sich die Zweiheit von Seele und Welt, Seher und Gesehenem, deren Illusion das Selbstbewußtsein des jîva ausmacht, sich in Einheit aufheben läßt.
Die durch Vischnus Mund empfohlene Technik heißt den Andächtigen zunächst sich allen Sinneseindrücken der Außenwelt verschließen. Gibt er sich ihrer Vielheit hin, so wird er immer ihrer Zahl, ihrer Dauer, ihrer Intensität wie ihrem Wechsel machtlos gegenüberstehen und außerstande sein, den ersten Schritt zu völligem samâdhi von Seher und Gesicht, die bloße Ineinssetzung der Mannigfaltigkeit der Welt erfolgreich zu vollziehen. Das kann nur in der inneren Anschauung geschehen, wo die Erscheinungswelt im Bilde personaler Gottheit zusammengerinnt, die ihr Ganzes ist, ihre materiale Ursache wie Ursache ihrer Entfaltung, ihr Stoff wie das Prinzip, das sie souverän durchwaltet und wieder aufzulösen vermag. Ziel dieser Übung innerer Anschauung ist zunächst, auf ihrem Felde den Zustand gestalterfüllter Ruhe herzustellen, ihr Bereich ganz mit dem in sich konturhaften, detailreichen Bilde der Gottheit zu füllen. Gewiß kostet es keine kleine Mühe, dieses vielheitliche Ganze Stück um Stück ohne abzuirren oder zu erlahmen vor die innere

Anschauung zu bringen und wirklich keinen Augenblick etwas anderes zu sehen, als was zum Bilde des Gottes gehört, das alles aber wirklich und bestimmt zu sehen, festzuhalten und schließlich zu einem Ganzen zu vereinigen. Bis mit der Ineinssetzung der Teile keiner den anderen überstrahlend auslöscht, bis kein Wettstreit der Teile die Aufmerksamkeit des Schauenden hierhin und dorthin zu ziehen trachtet und den inneren Blick voll Unrast hin und her leitet, d. h. die vorstellende Kraft dazu treibt, bald diesen Teil des Bildes, bald jenen mit besonderer Intensität unter Hinterantsetzung der übrigen vor sich zu rufen. Es gilt in diesem ersten Prozeß, alle Teile des erstrebten Bildes in einem ruhevollen Allzumal von ganz gleichmäßig strahlender Anziehungskraft vor dem inneren Auge festzuhalten. Welche Ablenkungen der Konzentration die Übung fruchtlos machen können, welche Hemmungen den gewollten Ablauf innerer Bilder zu kreuzen vermögen, veranschaulicht eine Geschichte, die Schivacandra erzählt, um die Größe des Wagnisses rein innerlicher Verehrung ohne Zuhilfenahme eines yantra darzutun. Der Mahârâja Râma Krischna übte bei der Verehrung seiner Gottheit Kâlî-Durgâ eine Technik, die in ihrer reinen Geistigkeit der durch Gott Vischnus Mund empfohlenen verwandt ist: das in unserer Schau erzeugte Bildnis der Göttin sollte wie ein wirkliches Kultbild geschmückt und verehrt werden: ein bildloser innerer Gottesdienst. Schivacandra erzählt:

»Irgendwann, im ersten Stadium seines Weges zur Vollendung (sâdhana), nach der Einweihung, als der Mahârâja gleichgültig gegen seine Regierungspflichten sich ganz von der Welt abschloß und sich dauernd in Übungen der Verehrung (pûjâ) und inneren Schau (dhyâna) versenkt hielt, hatte er ein Paar goldene Armbänder für seine Gemahlin, die Rânî Kâtyâyanî befohlen. Ein paar Tage, nachdem er den Befehl gegeben hatte, sah der König die

Handgelenke der Rânî noch ohne Schmuck, befragte sie darum und vernahm, daß die Armbänder noch nicht fertig seien. Am Tage darauf, als er mit Verehrungsübung (pûjâ) beschäftigt war, erschien ein Sannyâsin (ein brahmanischer Bettelasket) mit geflochtenem Haar am Tore des Palastes und fragte die Türhüter: »wo ist euer Mahârâja? Sagt ihm, ein Sannyâsin ist gekommen ihn zu sehen.« – Sie antworteten ihm voller Demut: »Herr, der Mahârâja ist jetzt im Hause der Verehrung. Niemand darf zu ihm, und auch wenn wir jetzt zu ihm sprächen, hätten wir keine Aussicht eine Antwort zu erhalten.« Der Sannyâsin lachte und erwiderte: »Ich sagte euch: geht!« – Die Türhüter wagten nicht, ihm den Gehorsam zu weigern, und taten wie ihnen gesagt war, aber umsonst. Râjâ Râma Krischna war gerade in geistige Verehrung seiner Gottheit versenkt und gab keine Antwort, trotzdem ein Sannyâsin gekommen war. Die Türhüter kehrten um und berichteten dem Sannyâsin. Der Sannyâsin hob seine Augen ein wenig, lächelte und sprach mit tiefer Stimme: »wenn der Mahârâja mit seiner Verehrung fertig ist und herauskommt, so sagt ihm: an die Armbänder der Königin denken heißt nicht geistige Verehrung seiner erwählten Gottheit verrichten.« Sprach's und war verschwunden. Die Türhüter verstanden nicht was seine Worte besagten, und wagten nicht den Sannyâsin am Gehen zu hindern. Als Asket war er frei zu kommen und zu gehen.

Später, als König Râma Krischna aus dem Hause der Verehrung kam, fragte er die Türhüter: »Wo ist der Sannyâsin?« – Voller Angst berichteten sie ihm die Worte des Sannyâsin und sein Weggehen. Schnell wie ein Blitz drangen diese Worte des Sannyâsin durch das Ohr des Königs in seinen Sinn. Er fuhr zusammen vor Schreck über das Vergehen, das er begangen hatte, und wiederholte die Worte: »Wo ist der Sannyâsin?« und seine Stimme war von Kummer erstickt und zitterte vor Angst. Dann eilte der Râjâ auf die Hauptstraße, ihn zu suchen, aber da er damals geistig nicht reif war, ihm zu begegnen, war er außerstande, ihn ausfindig zu machen.

Aber was der Sannyâsin getan und gesagt hatte, genügte, daß sich der König nach diesem Vorfall von aller Welt abschloß. Niemand wußte, wo er gerade war oder was er tat. Er wurde achtlos gegen die äußere Welt, sein Blick wurde starr und sein Inneres in einen Zustand dauernder Entrücktheit versenkt. So vergingen drei Jahre.

Da – eines Tages, als der König, seiner Gewohnheit folgend, in seinem »Hause der Verehrung« mit pûjâ beschäftigt war, erschien derselbe Sannyâsin abermals. Als die Türhüter seiner ansichtig wurden, warfen sie sich ihm zu Füßen und führten ihn ehrfürchtig an die Tür des königlichen Hauses der Verehrung. Auch an diesem Tage beschäftigte sich der König mit geistiger Verehrung, aber er befand sich in einer großen Schwierigkeit: um die Göttin, die reine Geistigkeit ist, mit geistigen Darbringungen zu verehren, hatte der Râjâ an diesem Tage die Braue der Göttin mit aufgelöstem Haar (das ist Kâlî-Durgâ) mit einer hochrandigen edelsteinschimmernden geistigen Krone geschmückt. Dann ging er daran, den muschelförmigen Nacken der Gottheit, die voller Liebe zu ihren Gläubigen ist, mit einem geistigen Blumenkranz von roten Jabâblüten zu zieren. Aber so oft er seine Hände erhob, den Kranz um der *Mutter* Nacken zu legen, störte der hohe Kamm der Krone seine Bewegung. Nach mehreren vergeblichen Versuchen wurde er von Kummer und Leid erfüllt und dachte bei sich selbst: »Vielleicht werde ich heute nicht imstande sein, den Kranz um der *Mutter* Nacken zu legen.« Vor maßlosem Kummer füllten sich seine Augen mit Tränen und weinend rief er: »*Mutter*, was soll ich tun?« – Eine Stimme von draußen antwortete: »Râma Krischma, warum weinst du? weil du auf das

Haupt der *Mutter* eine Krone gesetzt hast, hast du heut all diesen Kummer über dich gebracht. Nimm sie ab und dann häng ihr den Kranz um.« – Râma Krischna fuhr auf, ließ die *Mutter* und ihre Verehrung im Stich und öffnete die innere und äußere Tür des Hauses der Verehrung:
Da sah er vor sich einen mahâpuruscha (= »großer Mann«, allgemeine Bezeichnung für den Typus des vollendeten Menschen), einen Sannyâsin mit Asche beschmiert und von Feuer der Kraft (tejas) glühend. Er erkannte in ihm Pûrnânanda Giri, den vollkommenen sâdhaka (einen, der den Weg zum brahman beschritten hat), mit dem vereint er in früheren Leben auf Leichenverbrennungsplätzen sâdhana (asketische Praxis, die zur Vollendung im brahman führt) getrieben hatte. Er neigte sich zu seinem Füßen und sprach: »Bruder, so steht es heute mit mir. Die *Mutter* und du, ihr wißt, wie ich diese drei Jahre verbracht habe, seit du von dannen gingst, nachdem du mir die Huld erwiesen hattest, mich zu beschämen.« – Pûrnânanda lachte und sprach: »Fürchte dich nicht, Bruder! Weil ich dich damals verließ, darf ich dir heute nach drei Jahren nahen. Wie es damals um dich stand, war die Zeit für mich noch nicht gekommen, dich wiederzusehen. Sieh: wie sehr verschieden dein Denken damals an die Armbänder der Königin von der Ratlosigkeit mit dem Blumenkranze ist, in der du dich eben befandest. Weil die *Mutter* dich gesegnet hat, bin ich wieder hier, um mein Versprechen aus früheren Leben einzulösen.«
Nach dieser Begegnung wurde Râjâ Râma Krischna wandernder Bettelasket im Bekenntnis zu Kâlî-Durgâ (ein bhairava) und die Râni Kâtyâyanî desgleichen, und übten zusammen mit Pûrnânanda Giri den »Wandel zur Vollendung auf Leichenverbrennungsplätzen« (mahâschmaschâna-sâdhana) an den Ufern der Âtreyî bei Baksar.«

Es gibt wohl nicht so sehr viele Menschen, die mit der Neigung zu diesem Wege des sâdhana auch die Veranlagung mitbringen, die ihnen auf ihm einigen Erfolg verspricht. Mahârâja Râma Krischna opfert seinem Willen zu vollkommener geistiger pûjâ, längst ehe er als heimatloser Asket auf Leichenstätten hinauszieht, Glanz und Genuß seiner königlichen Macht. Von allem zieht er sich ab, was seine Geburt ihm nahegebracht hat und versinkt noch als König in einer völlig anonymen, den Weltmenschen unmöglichen Lebensform. Aber auch der reine Eifer dreier ganz der Andacht geweihten Jahre bringt ihn noch nicht ans Ziel. Noch bei der Wiederkehr Pûrnânanda Giris kämpft er mit einer Schwierigkeit, die dem Auge eines Vollendeten vergleichsweise elementar erscheinen mag, mit einer Hemmung, die nicht die letzte Phase des vielgliedrigen Pûjâvorganges betrifft, sondern den Verlauf des Aufbauprozesses, in dem die attributreiche Erscheinung der Gottheit stückweis vor die innere Anschauung gebracht wird: ein einleitender Akt, dem entscheidende und wohl schwerere folgen wollen. König Râma Krischna vollzog einen natürlichen Schritt in der Bahn seiner Entwicklung, wenn er um weiterzukommen, die letzten Bande der Welt an sich zerschnitt und unter Pûrnânanda Giris Führung äußerlich in einer namenlosen Existenz verschwand, um innerlich sich in der Einheit des attributlosen brahman zu verlieren.

Sein Weg rein geistiger Verehrung ist ein Weg für die wenigen. Den Vielen, die aus weltlicher Lebensform noch nicht hinauszuschreiten vermögen zu den Leichenverbrennungsplätzen, den Flußufern, einsamen Sandbänken und stillen Stätten, die der heimatlose Yogin als Aufenthalt zu wählen liebt, steht der leichtere Weg der Verehrung mittels eines yantra offen.

Für die Funktion eines yantra in der Andacht ist es von untergeordneter Bedeutung, was alles an seelischen und äußeren Akten voraufgehen muß, ehe der entscheidende Vorgang an ihm selbst vollzogen werden darf: die »Einsetzung des Odems« (prânapratischthâ), – aber diese Akte bezeichnen die Sphäre, in der pûjâ sich abspielt. Das Ritual des einsamen Andächtigen, der sein eigener Priester ist, muß kompliziert sein, denn – darüber sind sich die maßgebenden Quellen einig –: Ziel der Verehrung des Göttlichen ist: selbst göttlich zu werden. Mit den Banden eigener mâyâ bindet sich die reine göttliche Geistigkeit: das brahman dünkt sich jîva, Gott ist in uns, wir sind das Göttliche, aber es bedarf mancher vorbereitenden Handlung, ehe wir uns in den Stand der Zweiheit, in dem der Akt der pûjâ sich vollzieht, erheben und, über ihn hinausgleitend, im Stande der Einheit uns als göttlich erfahren können. Diese Erfahrung wird immer wieder ganz klar als Ziel der Andacht angesprochen, z. B. heißt es im Vâsischtha Râmâyana hinsichtlich der Verehrung Vischnus: »Wenn ein Mensch Vischnu verehrt, ohne Vischnu zu werden, wird er keine Frucht der Verehrung ernten«, und anderwärts wird gesagt: »Der Mensch soll Vischnus Namen nicht gebrauchen, ohne selbst Vischnu zu werden, noch soll er Vischnu verehren, ohne Vischnu zu werden, noch seine Gedanken auf Vischnu richten, ohne Vischnu zu werden.« – Nur wer Gott wird, erfährt ihn.

Den Weg dazu bahnen Akte der Magie und der seelischen Konzentration, die sich der Wirkung der göttlichen Kraft bedienen, wie sie sich in der Form bedeutsamer Silben und Worte als mantraschakti darstellt. Dieser Weg beginnt mit dem Betreten des Hauses (oder Raumes) der Verehrung. Es ist nicht gleichgültig, mit welchem Fuße der Gläubige eintritt, noch in welcher Haltung; auch soll er dabei seine Gedanken auf die Lotusfüße der Gottheit richten, die in seinem Herzen thront. Eintretend vertreibt der Andächtige störende Einflüsse der Himmelswelt durch den starren Blick seiner Augen, die nicht zwinkern dürfen und damit dem Blick der Götter gleichen, die keinen Schlummer kennen; feindlicher Elemente der mittleren Luftwelt zwischen Himmel und Erde erwehrt er sich mit dem »Wurfgeschoß«-Zauberwort (astramantra) »phat«, das ihm Gewißheit gibt, gegen sie gefeit zu sein; in der Erdwelt lauernde Störung verjagt er mit drei Schlägen der Ferse auf den Boden.

Das Ritual der Andacht überläßt nichts der Willkür, dem Zufall; in seiner bedeutenden Sphäre kann es nichts Gleichgültiges geben, wenn auch die in vielen Rinnsalen nebeneinander herfließende Überlieferung sich im einzelnen widersprechen mag. Für den Sitz des Andächtigen, seine Höhe, sein Material, die Himmelsrichtungen, nach denen er orientiert sein darf, für Zeit und räumliche Umgebung bestehen Regeln wie für den Ablauf der Andachtsübung selbst. Der Berufene, der in sie eintritt, bedarf zunächst der Reinigung seines Wesens. Wie die Reinigung des Andachtsraumes und der Kultrequisiten, die voraufzugehen hat, ist sie natürlicher und magischer Art. Die magischen Akte, die auf der äußerlichen rituellen Reinheit aufbauen, bestehen im Sprechen bedeutsamer Silben und ebensolchen Gestikulationen und in Atemübungen, deren besondere Kraft feststeht. Es gilt den elementarischen Körper in einen höher gearteten zu verwandeln, reinigend das göttliche Wesen an ihm zu wecken. Darauf folgt ein Akt gesammelter Betrachtung (ekâgradhyâna), der am Leitfaden von Sprüchen und Silben (dhyânamantra) in innerer Schau das Bild der göttlichen Wesenheit von den Füßen bis zum Kopfe und vom Kopf bis zu den Füßen aufbaut. Dieser innere Akt der Verehrung soll jeder äußeren voraufgehen. Er ist etwas wesentlich anderes, als das allein äußerlich wahrnehmbare Rezitieren der ihn befördernden Sprüche, das ihn begleitet und auch in stummem inwendigen Flüstern oder rein geistiger Vergegenwärtigung vollzogen werden kann. Verarmt er in praxi zu ihrem mechanischen Ablauf, so bleibt er in seinem wesentlichen Teile unerfüllt, denn die Hervorbringung des geistigen Bildes der Gottheit ist Voraussetzung für fruchtbare äußere pûjâ gemäß der kategorischen Erklärung: »Nur solange dhyâna dauert, dauert pûjâ.« – Ohne dhyâna ist rein äußere Verehrung wertlos, rein innere in dhyâna ist äußerer weit überlegen, aber wer darf sich vermessen, mit ihr allein ans Ziel zu kommen?

Hier setzt die Funktion des yantra ein, sei es figural menschen- und tierhaft gestaltet (pratimâ), oder ein rein lineares Gebilde (mandala und yantra im engeren Sinne). Im »Wogenstrom der Seligkeit des schakti-Gläubigen« (Schâktânandataranginî) heißt es: »Wer die Gottheit außen sucht und sich dabei von der Gottheit im eigenen Herzen entfernt, gleicht einem Manne, der umherstreift ein Stück Glas zu finden, nachdem er das Juwel Kaustubha, das er in der Hand hielt, weggeworfen hat. (Das Juwel Kaustubha gewann Vischnu, als die Götter und Dämonen das himmlische Milchmeer quirlten, und trägt es als Schmuck auf der Brust.) Nachdem man seine Gottheit im eigenen Herzen erschaut hat, soll man sie einsetzen in ihre Bildsäule, ihr gemaltes Bild, in ein Gefäß (z. B. ein Topf kann als äußerer Sitz der Gottheit dienen) oder in ein yantra (im engeren Sinne) und sie dann verehren.«

Über diesen Akt der Einsetzung, der die mittels mantraschakti während des dhyâna-Zustandes im eigenen Innern klar erschaute Gottheit als göttlich belebendes Element dem materiellen yantra zeitweilig wie Odem einfügt (prâna-pratischthâ), lehrt das Gandharva-Tantra (die Verehrung Kâlî-Durgâs darlegend): »Nach den vorbereitenden Atemübungen (prânâyâma) soll der Andächtige (sâdhaka) eine Handvoll Blumen nehmen. Man soll die

Gottheit niemals ohne eine Handvoll Blumen anrufen. Wenn der Andächtige seinen Atem geregelt hat, soll er in seinem Herzen die Höchste *Herrin*, wie sie vorher beschrieben ist, beschauen, und wenn er dank ihrer Gnade in seinem Herzen das Bild erschaut, dessen Wesen Geistigkeit ist, dann soll er sich der Gleichheit des inneren Bildes mit dem äußeren Bildnis bewußt werden. Dann soll er die strahlende Kraft (tejas) der Geistigkeit in seinem Innern mit Hilfe der »Windkeim«-Zaubersilbe (dem mantra »yam«) aus sich herausführen, entlang dem Atem durch die Nase und in die Handvoll Blumen strömen lassen (die er an die Nase hält). So zieht die Gottheit mit dem Atem aus und tritt in die Blumen ein. Dann soll der Andächtige die Gottheit in das Bildnis oder yantra einsetzen, indem er es mit den Blumen berührt.«

Erst wenn göttliches Wesen durch eine solche Handlung gesammelten Vorstellens, die am sinnfälligen Akt der Übertragung des inneren Bildes im Atem, der die Blumen füllt, ihre Stütze und gleichsam Körperlichkeit hat, in ein irgendwie geformtes yantra als ihren Sitz (pîtha) für die Dauer äußerer Verehrungszeremonie eingegangen ist, hat die Andacht zum yantra einen Sinn. Sonst bleibt sie fruchtlos leeres Spiel. Das äußerlich sichtbare Dasein der Gottheit entlastet beim Andächtigen das Vermögen innerer Vorstellung und vertritt ihr Bild, wenn er während der äußeren Verehrung die Gewißheit festzuhalten vermag, daß die Gottheit seines Herzens, das attributhafte brahman, das sich mit seiner mâyâ im menschlichen Bewußtsein des Gläubigen gebunden hat, körperhaft (in irgendeiner anschaulichen Form) vor ihm steht und sich selbst im Zustand der Zweiheit anschaut.

Am sichtbaren göttlichen Wesen vollzieht der weltgebundene Andächtige die Kulthandlung, die König Râma Krischna am rein geistigen Bilde seiner Gottheit zu vollbringen gedachte. Ihr Zeremoniell ist eine kultische Entwicklungsform der Bräuche, mit denen ein hoher Gast willkommen geheißen und geehrt wird: die Gottheit hat auf dem Ehrensitze Platz genommen, man heißt sie willkommen (svâgata), bietet ihr wie einem Ankömmling Wasser für die Füße (pâdya) und die übliche Begrüßungsgabe (arghya): Blumen, Sandelpaste, erfrischende Speise usw. Man bietet ihr ein Bad, danach frische Kleidung und Schmuck aller Art, Essen, danach Wasser zum Mundspülen und Händereinigen, man feiert sie mit hin und her geschwenktem Lichte (nirâjana), Blumenspenden (puschpânjali), Gesang mit Instrumentalbegleitung, Tanz und hymnischem Preislied, verneigt sich vor ihr und umwandelt ihr Bild, indem man ihm ehrfurchtsvoll die rechte Seite zukehrt. Die Bestandteile dieser vielgliedrigen Handlung wechseln in den verschiedenen Quellen der Überlieferung, sind aber vom selben Sinn getragen. Der Gottesdienst findet seinen Höhepunkt im Akt der Selbsthingabe des Gläubigen an die Gottheit (âtmasamarpana): nachdem er ihr sinnfällig seine Verehrung bewiesen hat, gibt er sich ihr zu eigen. Damit ist die Andachtsübung zu Ende, und es bleibt dem Frommen nur übrig, die göttliche Geistigkeit, die er mit prânapratischthâ dem yantra eingeflößt hat, durch den umgekehrten Akt des Weg- und Wieder-in-sich-Zurückziehens (upasamhâramudrâ) wieder in das eigene Herz aufzunehmen.

Die Tantra-Literatur betont immer wieder, daß diese Form, das Göttliche zu verehren und zu erfahren, nicht die höchste sei, verschweigt aber dabei nie, daß es wertlos und gefährlich ist, sich von ihr zu lösen, ehe dem Geist Schwingen gewachsen sind zur reinen Form bildlos innerer Andacht. Im Gautamîya-Tantra heißt es: »Was man innere Verehrung (antaryâga) nennt, verleiht bei Lebzeiten Befreiung von Grenzen des Menschseins (mukti). Aber ein Recht auf sie haben allein Asketen (muni), die diese Befreiung suchen.« Gemäß der Tantra-Samhitâ ist von beiden Formen der Verehrung, »die innere für die Sannyâsins bestimmt (die Haus und Familie aufgegeben haben, wie Râjâ Râma Krischna, als er dem Beispiel Pûrnânanda Giris folgte), innere und äußere Verehrung kommt den übrigen Menschen zu.« – Das »Große Tantra des Erlöschens« (Mahânirvânatantra) zeichnet die Rangordnung der verschiedenen Formen der Verehrung auf: »Der höchste Stand ist der, in dem die Gegenwart des brahman in Allem erfahren wird. Der mittlere Stand ist der Zustand der inneren Schau, der niedrigste Stand von Preislied und Rezitation bedeutsamer Silben (japa) und niedriger als der niedrigste ist der rein äußerlicher Verehrung. Yoga ist die Verwirklichung oder Erfüllung der Einheit von Seele (jîva) und Höchstem Wesen (paramâtman). Verehrung beruht auf dem zwiefachen Wissen, daß Er, der Herr und ich sein Diener bin. Aber für den, der erfahren hat, daß alles brahman ist, gibt es weder Yoga noch Verehrung mehr.«

Die rechte Andachtsübung mittels yantra bezeichnet eine untere Stufe im Entwicklungsgange des menschlich begrenzten Bewußtseins zu grenzenloser Form: wer sich selbst als brahman erfahren hat, für den ist jeder Kultakt im überwundenen Reich der Vielheit mit Anrede und Darbringung leer geworden, seiner bedarf nicht mehr, wer sich allezeit spontan mit allem eins und göttlich weiß. Ihn hat auch der Drang, den Stand der Zweiheit von Seele und Welt auf immer zu überwinden, aus den Banden der Welt, von Heim und Habe auf den Schwingen des Gleichmuts, der nichts mehr begehrt (vairâgya) ins Heimatlose, Besitzentblößte, Namenlos-Unbestimmte getragen; die Allgewalt des inneren Zuges, heimzukehren in den ursprünglichen Stand kristallener Einheit, läßt den Lebenszielen, die menschliche Gemeinschaft stecken kann, keinen Raum mehr. Aber wer, wie die meisten Menschen, tätig der Welt lebend noch ganz Zweiheit ist, bedarf der

Zweiheit von Kultzeichen und andächtiger Seele, um seiner eigenen Göttlichkeit in ihrem Gegenüber sich täglich neu bewußt zu werden, wenn das yantra durch die Einsetzung des Odems Leben empfängt und die Gottheit aus seinem Herzen ihm sichtbar gegenübertritt. Der täglich wiederholte äußere Kultakt reift den Geist dazu, in reiner geistiger Verehrung die Gottheit zu erfahren, sich als Gottheit zu erfahren. Die Tantras bezeichnen sich selbst als den Weg zum Erlebnis der Einheit durch das Erlebnis der Zweiheit. Ihnen erscheint es widerspruchsvoll, zum Erlebnis der Einheit als Überwindung der Zweiheit von Welt und Ich unter Umgehung dieser zwiespältigen Urerfahrung aufsteigen zu wollen. Die unumgängliche Form, die Wahrheit zu vermitteln: das Verhältnis vom Lehrer zum Schüler, verewigt in sich den Stand der Zweiheit; wie kann es Lehre der Einheit zu seinem Gegenstande haben? – Aber auch für den Frommen, der die Einheit erfahren hat, kann Verweilen im Reiche der Zweiheit, bildhafte Verehrung der geliebten Gottheit elementarer Drang seiner Liebe sein: »Was ist der Gewinn der Erlösung? Wasser mündet in Wasser. Ich esse gern Zucker, aber ich mag nicht zu Zucker werden.« Im letzten samâdhi, der Andächtigen und Gott in eins schmilzt, verlischt mit allem übrigen auch das Strahlennetz der Liebe, das die göttliche Mutter und ihr in Schau beseligtes Kind zusammenschlingt.

Râmaprasâd, der große Sänger der Dunklen Mutter, der sein Leben ihrer Verehrung weihte, sang: »der Veda verkündet Erlösung dem, der die Gottheit gestaltlos verehrt; mir deucht diese Meinung falsch und oberflächlichem Denken entsprungen. (Râma-)Prasâd sagt: immerdar sucht mein Geist die dunkle Schönheit, tu wie du magst, – wer wünscht Nirvâna?« Das gläubige Gebet »Mutter« zur Dunklen Göttin, der schakti, die brahman ist (brahmamayî), ist der Ausdruck der Einheit im Stande der

Zweiheit, – oder »der Ruf der Zweiheit im Meere der Einheit«. Alles im Leben ist ihre Entfaltung, aber nur im Auseinandertreten zur Zweiheit kann die unerschöpfliche Seligkeit ihres Anschauens ausgekostet werden. Darum wird von Râmaprasâd erzählt, man habe ihn selten von der Verehrung des formlos Göttlichen sprechen hören:
»O hundert wahre Veden künden: daß meine rettende Gottheit formlos sei; –
Es spricht Schrî Râmaprasâd: die Mutter lebt in allen Leibern,
O verblendetes Auge sieh: im Dunkel ist die Mutter Erleuchtung des Dunkels.«

Einerlei, ob das Bewußtsein des Andächtigen dem Kultbild gegenüber wie Râmaprasâds Geist im Stande der Zweiheit, der sein Wesen ausmacht, verharrt, oder zur Aufhebung seiner Selbst in völligem samâdhi weiterschreitet, oder auch die Gottheit im Bilde mit magischer Praxis um eines bestimmten weltlichen Zieles willen verehrt: – immer befindet sich der Andächtige im Akt der Verehrung dem menschlich gestalteten Götterbild als einem yantra gegenüber, in das die Essenz eines inneren Schaubildes eingegangen ist. Damit diese Essenz des inneren Schaubildes in das Kultbild eingehen kann, muß es ihr in jedem Betracht gemäß sein. – Es ist deutlich, daß diese Beziehung auf die innere Anschauung (dhyâna) für das Allgemeinste in der Formgebung des Kultbildes bedeutsam sein muß Es ist wahrscheinlich, daß die formale Eigenart methodischer innerer Bildentwicklung (dhyâna) im Gegensatz zu den Eigentümlichkeiten äußeren Sehens und der Nachbildung seiner Gegenstände geeignet ist, Licht zu verbreiten über den besonderen Charakter, der dem indischen Kultbild allgemein und unabhängig von Zeit, Schule und Landschaft eigen ist und der unser Auge befremdet. Das innere Schaubild, das der Gläubige im

Verlauf seiner Andacht hervorbringt, ist aber seinerseits wieder Reproduktion einer ursprünglichen inneren Schau eines Aspektes göttlicher Wesenheit, den die heilige Überlieferung festgehalten hat. Und so ist das Kultbild ein magisches Gefäß der individuell differenzierten Gotteserscheinung, als die das Unentfaltet-Unanschauliche sich dem inneren Auge des Frommen darstellt, je nach seiner Sektenzugehörigkeit und Einweihung in ein bestimmtes Ritual. Um seine Funktion zu erfüllen, muß es in seiner Form dem Bildnis der »Gottheit im Herzen«, wie der in heiliger Überlieferung festgelegten Erscheinungsform entsprechen. Beide – die im Herzen erschaute Gottheit und die in der Tradition gelehrte Erscheinung – sind ja ein und dasselbe; keinem Gläubigen ist es gegeben, das Bild der Gottheit, das er in sich aufbauen will, von sich aus zu formen nach eigenem Denken, denn vom Göttlichen kann nur das Göttliche selbst zeugen. Wie Gott sich als Erscheinung darstellt, ist sein Belieben, und von der Tradition seiner Anschauung und Darstellung, die zum Kern heiliger Überlieferung gehört, auch nur im Kleinsten abzuweichen, ist reiner Widersinn, denn diese Überlieferung ist ja, wie ihre literarische Form bezeugt, nichts anderes als die fixierte mündliche Selbstoffenbarung Gottes. In ihr sagt das Göttliche sich selbst aus und erläutert die Aspekte, unter denen der Mensch sein Wesen fassen kann; ein Gott selbst spricht und sagt, was er für den Menschen sei und für die Welterscheinung, wie der Mensch sie sieht, und was darüber hinaus seines Wesens ist. Immer sprechen die Götter selbst von sich und ihresgleichen in den heiligen Texten, und das eben gibt diesen die Autorität, vor der jeder eigenwillige Versuch, die Gottheit in anderer Form sich zu denken und anzuschauen reiner Widersinn bleibt. Zu dieser Selbstoffenbarung des Gottes durch sein eigenes Wort gesellt sich in der heiligen Überlieferung gern, die Rede bestätigend und gleichsam erläuternd, die übersinnliche Anschauung, die das Göttliche gnädig dem gewährte, dem sie zuerst in Worten diesen Aspekt ihres Wesens enthüllte.

In der Bhagavadgîtâ offenbart sich das Göttliche im Morgendämmer eines neuen Weltalters durch Vischnus Mund den Menschen aufs neue. Es sagt sein eigenes Wesen aus und weist in dessen Ordnung dem Menschenwesen Ort und Wege an. Nachdem Prinz Arjuna der Selbstoffenbarung Vischnus in Gestalt des Menschenfürsten Krischna, der ihm verschwägert, seinen Wagen in der großen Entscheidungsschlacht um Reich und Weltherrschaft lenken will, gelauscht hat, bittet er ihn (XI. Gesang, 1-4), seine unvergängliche göttliche Gestalt schauen zu dürfen, falls das möglich sei. Der Gott gewährt ihm seinen Wunsch –:

> – »allein mit diesem Auge dein
> wirst du mich nicht erschauen können, –
> ein göttlich Auge geb ich dir:
> sieh meiner Allmacht Schöpferspiel!«
> *(XI. 8.)*

Dem offenbarenden Wort fügt das Göttliche die übersinnliche Schau seines Wesens hinzu; und die ekstatischen Worte des begnadeten Sehers angesichts der Allmacht Schöpferspiel, mit denen er die Fülle des Gesichts vor dem Gott entlädt, halten die Bilder seines inneren Auges für die Überlieferung fest, verbürgen ihre Wahrheit, weil es seine eigenen Worte sind, wie sie im Augenblicke der Schau selbst über seine Lippen quollen.

Der allwissende Buddha verkündet der lauschenden Jüngerschar die Lehre vom Buddha Amitâbha und seinem seligen Reiche im Westen[2]: wie er vor Äonen als Mönch auf Erden wandelnd durch Gelübde umfassender Liebe zu den Wesen aller Welten den Grund zu seiner Herrlichkeit gelegt hat, die er in Übung aller Vollkommenheiten Wirklichkeit hat werden lassen. Er erläutert das Wunder seiner Macht, die alle Wesen, die nach Erlösung verlangt, auf dem Pfade gläubiger Hingabe an ihn ohne Beschwer in sein Reich zieht und mit Erleuchtung beseligt; er schildert das Wunder dieses Reiches: ein blumenhaftes Nirvâna-Idyll. Dann heißt er seinen Jünger Ânanda, an den sich seine Rede richtet, aufstehen und mit einer Hand voll Blumen gen Westen sich neigen und den Buddha Amitâbha verehren. Da spricht Ânanda die Bitte aus, Amitâbha selbst erschauen zu dürfen im Kreise seiner Bodhisattvas, der Großen Wesen, die ihm bei seinem unendlichen Werk der Liebe helfend dienen. Im selben Augenblicke läßt der Buddha Amitâbha in der unendlichen Ferne seiner Welt aus seiner Handfläche einen Strahl ausgehen, der ihr Wunder vor der andächtigen Schar des Erden-Buddhas aufleuchten läßt. Durch Myriaden Welten, die – wie ein Ei neben dem anderen – zwischen seiner Welt und der irdischen gelegen sind, stellt er ihre Erscheinung greifbar nahe vor Augen mit seinem Licht, das, sie erhellend, Weltberge, Wälder und Schöpfungen von Götter- und Menschenhand und was sonst alles dazwischenliegt, wie Glas durchstrahlt. Dann fragt der Buddha auf Erden, Schâkyamuni, einen Bodhisattva seiner Schar nach vielen der Erscheinungen, die in magischer Schau vor ihm stehen, und Frage und Antwort des Meisters, die in der Fülle des Gesichts beschreibend und deutend kreisen, bestätigen abschließend die Wahrheit der offenbarenden Rede Schâkyamunis. Die Wahrheit aus dem Munde des Vollendeten wird besiegelt durch die Worte des Belehrten, der verkündet, er schaue wahrhaft in übersinnlichem Licht, was er mit sinnlichem Ohr vernommen.

Menschengeist enträtselt nichts am Bilde des Übermenschlichen, das er fassen kann; aber der gläubigen Hingabe wie der Kraft des Yoga enthüllt das Göttliche sein übersinnlich sichtbares Teil, wie es auch mit Menschenzunge zu ihm spricht. Daher der unvergleichliche Wert heiliger Überlieferung und die unendliche Bedeutung ihrer getreuen Bewahrung. Die Erscheinung des Göttlichen, die der Gläubige in sich aufruft, ist, wie Texte zeigen, bis ins Kleinste der Formen ihrer Glieder, ihrer besonderen körperlichen Merkmale und der Maße ihres Baus, bis in Farbtöne, Ausdruck und Haltung, Schmuck und Attribute jenseits aller Willkür festgelegt. Sie ist Kopie eines ersten übersinnlich-inneren Schaubildes nach den Vorschriften verbürgter Überlieferung. Das erklärt nicht nur die große traditionelle Gebundenheit des Kultbildes in der Verwendung der Formelemente, aus denen es sich in zeitlich und landschaftlich mählich abgewandelten Vertretungen immer gleicher Typen aufbaut; diese Beziehungen zum inneren Schaubild, dessen Gefäß, dessen räumlich-körperliche Projektion es ist, erklärt das allgemeinste seines Stils.

Aus der inneren Anschauung erwachsen, ihr als yantra zum Träger dienend, zum Zielpunkt, wenn ihr Gehalt nach außen herausgestellt wird, ist das Kultbild in seinem Stil dem sinnlichen Sehen wesensfremd. Es hat nichts mit dem äußeren Auge zu tun. Es sucht das Auge nicht und hat ihm nichts zu sagen, wie es nicht betrachtet, sondern fixiert sein will. Auch wenn es formal ganz aus Abbildern von Dingen der Welt äußerer Sichtbarkeit aufgebaut ist, spiegelt es reine innere Anschauung, der es als Typus entstammt. Und steht im allgemeinsten seines Stils eben unter den eigenen Gesetzen dieser inneren Anschauung.

Äusseres Sehen und inneres Schauen

Äußeres Sehen und inneres Schauen (dhyâna) sind in ihrem Wesen grundverschieden. Daraus folgt, daß Bildwerke, die sinnfällige Kopien und gemäße Behälter innerer Schaubilder sind, im Allgemeinsten ihrer Form anders geartet sein müssen als Kunstwerke, die, aus der Freude an dem schönen Schein der Welt zu seiner Verklärung geboren, an das betrachtende, unersättlich schweifende äußere Auge appellieren. Denn sie wollen nicht betrachtet, sondern fixiert sein, nachdem sie mit dem Leben des gläubigen Herzens belebt worden sind.

Wenn uns – den Betrachtungsfrohen – dieser Prozeß gleich versagt ist, können wir die eigenartige Form der Gebilde, die er zu seinem Gebrauch hervorgebracht hat, wenigstens in etwas verstehen, wenn wir uns den Wesensgegensatz äußeren Sehens und inneren Schauens vor Augen führen.

Das Auge, das nach außen in die Welt hineinblickt, findet sich einer Mannigfaltigkeit gegenüber, die es nicht auf einmal in einem einzigen Akt mit gleicher Schärfe erfassen und in sich aufnehmen kann. Richtet es seine Kraft des Erfassens auf ein Stück der in seinem Blickfelde ausgebreiteten Mannigfaltigkeit, so wird es zwar der anderen in diesem Felde befindlichen Gegenstände auch gewahr, aber sie bleiben ihm vergleichsweise unscharf und werden nicht mit vollem Bewußtsein so erfaßt, durchdrungen und gedeutet, daß ein klares Abbild von ihnen zurückbleiben könnte. Sie stehen zwar im Blickfeld, können aber – wenigstens zum Teil –, wenn nachträglich ein Inventar des Gesehenen aufgenommen werden soll, in ihm gar nicht figurieren, da sie zwar da waren, vielleicht auch gespürt, aber nicht eigentlich bemerkt wurden. Denn sie sind nicht fixiert worden. Will das Auge die ihm in seinem Blickfelde gegebene Mannigfaltigkeit wirklich ganz verarbeiten, so muß es in ihr spazierengehen und hin und her gleitend ein Stück des Blickfeldes um das andere fixieren, um seinen Inhalt scharf zu fassen und registrieren zu können. Der außerordentliche Unterschied an Umfang, der zwischen dem fixierten, in einem Akt scharf erfaßbaren Teil des Blickfeldes und seinem weiten Raum besteht, dessen Inhalt das Auge nur unbestimmt gewahr wird und nicht mit derselben Exaktheit registrieren kann, bedingt eine dauernde Unruhe, eine schweifende Beweglichkeit des Blicks, wofern das Auge dem jeweiligen Gesamtinhalt seines Blickfeldes einigermaßen gleichmäßig gerecht werden will. Die nach außen gerichtete Sicht gleicht einer großen Linse mit einem nur kleinen Brennpunkt; soll verschwommen Wahrgenommenes zu scharf Gesehenem werden, gilt es den Brennpunkt im Blickfelde immer wieder zu verlagern. In der jeweiligen Verschiebung des Brennpunktes hierhin und dorthin im Blickfeld ist das Auge einigermaßen frei; hervorstechenden Farbtönen, bedeutendem Kontur gelingt es wohl, es auf sich zu ziehen, es einzufangen und zu leiten; das Großartige wie das Gefällige und Absonderliche sprechen es an und laden zum Verweilen. Aber wenn an Stelle bloßer Hingegebenheit an das Mannigfaltige des Blickfeldes der Wille, es zu verarbeiten und in seiner Totalität zu registrieren erwacht, lenkt er den Brennpunkt scharfer Sicht wie eine Scheinwerfergarbe frei dahin über Ansprechendes und Verschwiegenes. Immer aber muß er wählen und den Lichtstrahl scharfer Sicht hier von einem Fleck lösen, der nun wieder in Dämmer taucht, wenn dort ein anderer fixiert werden soll, auf den der Wille den Brennpunkt richtet. Das Spiel des wechselnd erfassenden Auges über sein Blickfeld hin ist wie ein Tanz von Sonnenstrahl und Wolkenschatten über einer Landschaft. Im ganzen ist es ein

lustvolles Spiel, dieses beständige Fahrenlassen des eben Ergriffenen um eines neu zu Ergreifenden willen, das auch alsbald entgleiten wird zugunsten eines ferneren Zieles, das fixiert wird. Das Auge freut sich seiner Macht, sich nach Belieben wechselnd der Dinge zu bemächtigen, die vor ihm gebreitet sind; es fühlt sich Herr im Schenken und Versagen seiner Aufmerksamkeit und ist wie eine schöne, von vielen Männern umspielte Frau, die nichts von Treue weiß und nur den Reizen folgt und ihren Launen.
Wie anders jenes innere Gesicht! Vor ihm breitet sich nicht als natürliche Fläche seines Spiels ein kontur- und farberfülltes, ruhig verharrend-geduldiges Feld, dessen unbefriedigende Schärfe und Klarheit es mit gleitendem Lichtstrahl wechselnd zu beheben gälte; – es ist wie ein dunkler Brunnen, über dessen Rand nicht immer, und immer wechselnd, Gestalten sich beugen, die sich auf seinem Grunde spiegeln. Die äußere Sicht wendet ihre Aufmerksamkeit von unerwünschten Teilen ihres Blickfeldes ab, und sie sind gleichsam nicht mehr, denn an ihrer Stelle, den Brennpunkt erfüllend und keinen Raum in ihm lassend, stehen nun andere; sie läßt erfreuende Dinge sich ohne Wehmut entgleiten, weil sie sich frei weiß, nach Belieben in einem Sprunge über das Blickfeld hin zu ihnen heimzukehren. Aber über den Rand des dunklen Brunnens beugen sich unerwünschte Gestalten, und vergebens zittert der Spiegel im Grunde, der ihr Bild nicht tragen will: es bleibt und bleibt. Reizende Erscheinungen neigen sich jäh über ihn hinab, aber ihr Bild verhuscht, kaum das der Spiegel es freudig fing, und umsonst beschwört er den Schimmer der längst Enteilten, zu bleiben. Wo nicht ein mächtiger, in Yoga geschulter Wille waltet, gelingt es kaum, den Spiegel rein zu halten von unerwünschten Bildern und wechselnden leeren Gleichgültigkeiten, ihn stetig zu füllen mit großer vielfältiger Anschauung, die

bleibt, oder seine Fläche nach Belieben in völlige Leere zu tauchen.
Dem ungeschulten inneren Gesicht gelingt es zwar im allgemeinen, Bilder, die aufgetaucht ihm alsbald entschwanden, wieder aufzurufen; aber es scheint ihm versagt, ohne technische Hilfen aus anderen Sphären des Ich sich an Bildern heraufzubeschwören, was ihm beliebt. Wohl ist es imstande, sich den Wunsch zu erfüllen, daß seine dunkle, gleichsam vernebelte Fläche sich mit irgendeinem deutlichen Bilde fülle, aber es steht nicht in seiner Macht, welches Bild komme, wenn es nach Bildern verlangt. Nur selten und nur auf Umwegen wird es sich nachträglich Rechenschaft geben können, warum unter einer Reihe von Bildern, deren Auftauchen auf seinen Appell ungefähr gleichermaßen nahe lag, gerade dieses Bild und kein anderes kam. Und wenn es sich ein Recht beimißt, dem auftauchenden zuzurufen: »Dich eben wollte ich, nach dir habe ich gerufen!« ist es das Opfer einer Selbsttäuschung. Denn das angesprochene Bild war schon im Auftauchen, es war in seinem Kommen schon irgendwie sichtbar, es mußte schon, wenn auch nur matt, gesichtet sein, um angesprochen zu werden. Und es darf den Appell: »Komm, zeig dich!« mit dem Zweifel necken: »Riefst du mich nicht, weil ich schon kam? und konntest du mich nicht nur darum rufen, weil ich mein Kommen schon angezeigt hatte? Bist du nicht wie einer, der zwar erwartet und wünscht, daß jemand zu ihm in seinen Raum trete; der aber nicht weiß, wer kommen wird, und nun, da ein nicht Unerwünschter sich bemerkbar macht, dem Ankömmling und sich den Schein erwecken will, er habe gerade nach ihm und keinem anderen verlangt, indem er den schon Kommenden anruft. Wäre statt meiner ein Unerwünschtes gekommen, so wäre deutlich geworden, daß du nicht imstande bist, zu rufen, wen du willst, – vielleicht aber den, der im Kommen ist, wieder wegzujagen, indem du

rufst: »Nicht dieser, aber irgendein anderer und angenehmerer komme!«

Wo nicht ein besonderer Anblick das nach außen gerichtete Auge fesselt und immer wieder einzukehren zwingt, schweift es spielend und herrisch im Formenschatze des Blickfeldes umher, wählt aus und setzt sich dabei selbst die Zeit, wie lange es verweilt; das innere Auge ist Erscheinungen ausgesetzt, die sich ungefragt und überwältigend aufdrängen, die nicht ohne Ringen, oft nicht ohne wiederholten Befehl sich aus seinem Lichtkreis verdrängen lassen, die es oft vergeblich bittet, zu bleiben, die es fliehend erhaschen und zurückbeschwören muß, die wiederzubringen immer Arbeit kostet.

Das äußere Auge kann unter den Schätzen seines Blickfeldes scharf sehen, erfassen und bewältigen, worauf immer es seinen Brennpunkt lenkt, und immer ist die Schärfe gleich, denn sie ist Kraft des Brennpunktes; die Schärfe der Erscheinungen des inneren Auges, das noch nicht durch Konzentration geschult ist, hängt durchaus nicht nur von seinem Willen zum Scharfsehen ab. Die unterschiedliche Klarheit und Intensität, mit der sie sich einstellen, scheint in hohem Maße eine Eigentümlichkeit einer jeden von ihnen zu sein, und der Wille, sie schärfer zu sehen, findet an ihnen bald eine Grenze, die bei den einzelnen sehr verschieden liegt. Für das äußere Auge ist das, was nicht scharf gesehen wird, doch noch, weil es im Blickfelde liegt, wenn auch verschwommen, irgendwie da, aber das Nebeneinander von Scharf und Unscharf, das darum dem äußeren Blickfelde notwendig eignet, fehlt dem Lichtkreise des inneren Auges ganz. Was das innere Auge zugleich schaut, ist in seiner Mannigfaltigkeit durchgängig von gleicher Schärfe oder Undeutlichkeit, denn sein Lichtkreis ist nicht wie eine Linse mit kleinem Brennpunkt und weitem Felde zerstreuter Strahlung. Eher kann man sein Feld mit einer Mattscheibe vergleichen,

die in verschiedener Einstellung bald einen konturlosen grauen Schimmer zeigt oder verschwimmenden Kontur mit undeutlichen Farbflecken in mannigfacher Abstufung der Schärfe bis zum völlig klaren, greifbar umrissenen, scharfen Bilde. Immer aber herrscht auf der erhellten Fläche Verschwommenheit wie Schärfe ganz gleichmäßig, kein Teil hat einen Vorrang an Deutlichkeit.
Und eben diese Eigentümlichkeit des inneren Gesichts, daß es in jedem Moment seiner Tätigkeit innerhalb des Mannigfaltigen, das ihm erscheint, keinen notwendigen Unterschied der Intensität des Erscheinens und darum keine schweifende Unrast kennt, ist wohl der Schlüssel zum Verständnis jenes Allgemeinsten am Stil indischer Kultbilder, die räumlich-körperhafte Erscheinung inneren Gesichtes sind und seine Eigenart an sich tragen müssen, wenn sie sich zum yantra eignen sollen, wenn sie das Bildnis der Gottheit im Herzen, wie es erfolgreiche Konzentration in innerem Gesicht heraufbeschworen und aufgebaut hat, wirklich in sich aufzunehmen und seine Rolle im Andachtsdienste fortzuführen imstande sein sollen.
Die wesentliche Schwierigkeit, die der Gläubige überwinden muß, wenn er das Bild der Gottheit in seiner Mannigfaltigkeit vor dem inneren Auge versammeln will, besteht gewiß nicht darin, daß die einzelnen Bestandteile, wenn er sie nacheinander zu schauen verlangt, nicht kämen. Die heilige Tradition, in die er eingeweiht ist, enthält die Anweisung dazu, sie aufzurufen, und er weiß sie natürlich auswendig; er braucht in der Erinnerung nur den Wortlaut heraufzubeschwören, um Erscheinungen, die seiner Beschreibung entsprechen, vor seinem inneren Auge auftauchen zu sehen. Da wirkt die Kraft des gemurmelten oder nur inwendig produzierten Lautes (mantraschakti) und erzeugt was dem Schall entspricht im Raum des inneren Auges. Besonders wirksam ist in diesem Beschwörungsakt innerer Bilder die mantraschakti bedeutsamer

Silben, mit denen die Essenz übersinnlicher Wesenheiten sich im Bereich des Schalles darstellt, etwa *om*. Konzentriert sich der Geist auf sie, indem er sie laut oder innerlich ausspricht, so zwingen sie die anschauliche Erscheinungsform des Wesens, das in ihnen Laut wird, ins Feld des inneren Auges.

Außerordentlich schwer aber ist es gewiß, heraufbeschworene Bildteile festzuhalten, daß sie bleiben, wenn immer neue andere zu ihnen in den Raum gezwungen werden. Dann entsteht ein unruhiges Hin und Her, das freilich nicht der Bewegung einer Lichtgarbe über dämmerndem Grunde vergleichbar ist, sondern einem Haschen und Greifen nach entschwindenden Gestalten, und ein immer erneutes Rufen »bleib hier«, »komm wieder« und ein Drängen »auch du komm noch herbei!« Es bedarf langer Schulung, ehe es gelingt, eine größere Menge von Bildelementen, die einem einzigen Aufbau dienen sollen, nur in längerem gleichzeitigen Beieinander vor dem inneren Auge versammelt zu halten und seine Aufmerksamkeit gleichmäßig über sie zu verteilen, denn sobald eines sich unbeachtet fühlt, verblaßt es, schwindet hin und taucht wieder in den dunklen Grund, aus dem der technische Griff: das Aussprechen des verschwisterten Lautes, oder die Beziehung auf ein schon im Lichtkreis des Auges Vorhandenes, ihm Nahestehendes es heraufgezogen hat. Die Gäste, die in den Raum vor dem inneren Auge geladen werden, folgen dem Zwange wohl willig und erscheinen, aber wenn der Herr des Raumes, der sie gerufen hat, sich einen Augenblick nicht mit ihnen beschäftigt oder ihnen nur zu wenig Aufmerksamkeit widmet, entgleiten sie lautlos durch die dunklen vorhanghaften Wände, die den erhellten Raum umschließen ins namenlose Dunkel, dem sie entstiegen, und müssen erst wieder neu gerufen werden.

Aber schließlich ist es gelungen: ihre bunte Gesellschaft drängt sich im engen lichtvollen Raume und jede Erschei-

nung nimmt den Platz ein, der ihr zukommt; auch letzte, noch vermißte Gäste treten ein, ohne daß andere dafür entweichen. Da hört die Unrast erwünschten Kommens, unerwarteten Verschwindens auf, das durcheinanderschießende Gewoge der gerade Anwesenden hat sich gelegt, Ordnung herrscht und Ruhe breitet sich: das innere Bild ist aufgebaut und steht. Das ist nur möglich, wenn das innere Auge mit seinem Licht alle die Anwesenden gleichmäßig umfängt, so daß keiner verbleichend entschwinden kann, und wenn keinem ein Mehr zuteil wird von der Energie des Ergreifens, die Auftauchendes packt und festhält. Denn jeder Mehraufwand an Interesse, der einem unter ihnen zufließt und die Intensität seiner Erscheinung erhöht, entzieht den anderen etwas von dem Leuchten, das ihr Leben vor dem inneren Auge ist. Völlig gleichmäßig und ohne hin und her zu greifen bestrahlt das innere Auge alles, was vor ihm versammelt ist, wie die Sonne am wolkenlosen Himmel Landschaft, die sich unter ihr breitet. »Diese beseligende brahman-Gestalt betrachtend soll er seinen Geist fest auf alle ihre Glieder richten« verkündet Vischnu im Schrîmad Bhâgavata.
Ohne Vorrang untereinander, ohne Unterordnung, mit gleicher Intensität leuchtend, in gleicher Selbstgenugsamkeit zu einem Aufbau vereint, weilt die Mannigfaltigkeit der göttlichen Erscheinung vor dem geschulten inneren Gesicht. Da bewegt sich nichts an ihr, keine Linien streifen bedeutsam leitend dahin, denn hier ist kein Brennpunkt, der wechselnd über eine Vielheit hierhin und dorthin zu leiten wäre, der ganze Raum des inneren Auges ist ein einziger Brennpunkt, in dem alles Anwesende mit gleicher Klarheit strahlt. Alle Teile ruhen in sich selbst, wissen ein jeder nur um sich, wie das den Erscheinungen des inneren Auges eigen ist, die seiner Ungeschultheit alsbald völlig zu entschwinden gewohnt sind, sobald sie nicht fixiert werden. Das Wunder der Schulung, die Voll-

kommenheit der Konzentration ist es eben, daß trotz ihrer Natur keines von ihnen entweicht. Aber sie sind ihrer Art gemäß da als ein reines großes Nebeneinander ohne universale Bezüglichkeit aufeinander, die eine geheime unendliche Bewegung in sich bergen würde und nur in einer rastlos schweifenden Bewegtheit des schauenden Auges erfaßt werden könnte, die dem inneren Auge wesensfremd ist. Dieses Mannigfaltige, das in seinem Dasein vor dem inneren Auge Stetigkeit erlangt hat, mag man, weil es durch und durch gleichmäßig fixiert und ohne jeden Unterschied an Intensität des Daseins ist, trotz seiner Ausgedehntheit als punkthaft empfinden; die ganze Fläche des inneren Gesichtes ist in diesem Zustand um und um gleichmäßig brennpunkthaft. In dieser Punkthaftigkeit des inneren Bildes ist seine klare, mit allen ihren Teilen selbstgenugsame Mannigfaltigkeit nicht ausgelöscht, sondern aufgehoben, das ist: bewahrt bis ins kleinste Einzelne, ohne daß dieses Einzelne an sich selbst Geltung hätte, ohne daß die bestrahlende Fixierung letzthin ihm gälte. Sie gilt dem Ganzen, als der Zusammenfassung alles Einzelnen, dem Aufbau, nicht den Baugliedern, der »Haltung« nicht dem Stoffe, an dem sie erscheint.

Dieses eigentümliche Schaubild, das, den ganzen Sichtraum füllend, in allem Einzelnen gleich klar und selbstgenugsam in sich selbst ruht und als Ganzes mehr ist als eine bloße Ansammlung von Einzelnem, ist ein spezifisches Erzeugnis des inneren Gesichts. Das äußere Auge mit seiner unendlichen Beweglichkeit hat ihm nichts Verwandtes an die Seite zu stellen. Dieses spezifische Schaubild, das den Gegensatz flächenhafter Breite und punkthafter Schärfe bei völligem Fehlen innerer Bewegung in sich vereint, ist der geistig-anschauliche Stoff, der im Prozeß der Andacht auf das Kultbild projiziert wird; dieses Schaubild bestimmt mit dem Grundgesetz seiner Form den allgemeinsten Stil des Kultbildes, insofern es als yantra dienen kann, – wie es die Quelle seiner körperhaft-räumlichen Erscheinung ist. Aus seinem Wesen wird das Eigentümliche des figuralen indischen Kultbildes verständlich, das den klassisch gewohnten westlichen Beschauer, – wofern er nicht durch materiale Vertraulichkeit mit seinen Vertretern dagegen abgestumpft ist – immer wieder mit weihevollen Schauern der Befremdung von sich abrückt. Diese Gestalten: Götter, Buddhas und Heilige, von mannigfacher Form erfüllt, sind völlig in sich geschlossene Einheiten, und doch fehlt ihnen ganz, was dem klassischen Kunstwerk Geschlossenheit und Rundung verleiht, die unendliche tektonische Bezüglichkeit der Teile aufeinander, die dem eingefangenen Blick jene kleine Unerschöpflichkeit von Gleitbahnen gibt. Dem äußeren Auge mag sie erwünscht sein. Klassisch gesonnene Kunst betrachtend gibt das äußere Auge die ihm angeborene Freiheit, seinen Brennpunkt launisch zu verschieben, auf und empfängt dafür das Gesetz seines Gegenstandes: das beglückende Geschenk, sinnvolle Tektonik auf irrationalen Bahnen abzutasten, ohne ihrer satt zu werden. Ein Auge, das dieses lustvolle Opfer seiner Freiheit gewohnt ist und profan vor ein indisches Kultbild hintritt, mit dem Wunsche, sie daran zu verlieren, um für sie eine unvergeßliche Erinnerung an das selig hin und her gleitende Eindringen in einen geheimnisvollen Formenzusammenhang einzutauschen, Erinnerung an ein beglücktes Kreisen zwischen bedeutenden Überraschungen, zwischen Vertrautem, das immer neue Seiten zeigt und Einzelnem, das sich immer mit anderem anders verknüpft, Erinnerung an die Hingabe des eigenen, willkürlichen Tempos der Brennpunktbewegung an den besonderen Rhythmus dieser Tektonik – ein Auge, das mit solchen, ihm ganz natürlichen Wünschen betrachtend vor ein indisches Kultbild tritt, wird keinen von ihnen erfüllt bekommen.

Hier kann das äußere Auge auf jeder Einzelheit unendlich ruhen, ohne daß sie es weiterwiese, weitertrüge zu anderen und es zwänge, in rastlosen Umläufen nacheinander mählich an ihrer Gesamtheit entlangzugehen. Hier ist ja alles Ruhe, alles bedeutet nur sich selbst und steht für sich als ein Letztes da, ohne auf einen tektonischen Zusammenhang zu verweisen, in dem es diente. Halsketten, Brustschmuck und Hüftband, Armbänder und Fußringe des tanzenden Krischna beziehen die unerbittliche Selbstgenugsamkeit ihres Daseins aus der Schärfe gelungenen inneren Gesichtes, sie sind für sich da, weil sie an seiner Erscheinung so wenig fehlen dürfen, wie Keule und Muschel, Wurfscheibe und Lotus in den vier Händen Vischnus. Sie sind nicht Glied einer Tektonik, sondern Ingrediens einer Versammlung wesenbezeichnender Anschauungswerte. Auch hat die tanzende Bewegung des Knaben Krischna in ihrem Schwunge etwas verhalten Schwebendes, er ruht gleichsam in ihrer Augenblicksbewegung, keiner Schwere unterliegend. Denn das innere Auge, das den göttlichen Knaben in seinem Siegestanze aufruft, schaut ihn wohl als Tanzenden, aber nicht tanzend in bald dieser, bald jener Bewegung. In seinem frischen Schwunge ist Krischna ihm ein stetiges Bild; das Gesetz der Schwere ist für das innere Gesicht aufgehoben. So sind auch die säulengleichen Füße des stehenden Vischnu nicht Träger seines herrlichen Rumpfes, und seine Hände brauchen keinen Aufwand, um Keule und Wurfscheibe zu halten. Die Gestalt ist in ihren Teilen und mit ihren Attributen ein Beieinander sinnlich sichtbarer Wesenszeichen, die sich zu einer traditionellen Wesensaussage im Reich der Sichtbarkeit als eben dieses Beieinander zusammenfinden müssen – dabei weilt jedes Stück, Krone wie Brustschmuck, neben anderen in unerbittlicher Selbstbefriedigung, nur sich selbst aussagend. Diese Unerbittlichkeit stellt sich profaner Betrachtung als großartig verschlossene Ruhe, als undurchdringlicher Ernst, Sachlichkeit jenseits aller Gefälligkeit dar. Der unendliche Reiz, der dabei die Leiber dieser Gestalten und ihre Haltung umspielt: Vischnus, Râmas, Lakschmîs, der Buddhas und so vieler anderer, ist kein Ziel, das bei ihrer Entstehung als Effekt vorgeschwebt hätte, er ist ein Abglanz eines notwendigen Ingrediens des inneren Bildes, dem sie entstammen und das sie aufnehmen wollen. Der Andächtige soll ja, wenn sein inneren Schauspiel vor ihm versammelt ist, »sein Bewußtsein untertauchend baden in Fluten der Liebe« zu der Gottheit des Herzens, die er anschaut. Schönheit gehört zum Wesen dieser göttlichen Erscheinungen, wie dasselbe Göttliche sich auch in schreckenerregender Gestalt offenbaren kann. Das innere Bild der Gottheit und das yantra außen, das ihm gleichen muß, strahlt Liebreiz, schwimmt wie in unirdischer Süße, weil das Auge, das es schuf und fixierte, in Fluten der Liebe zu Gott gebadet ist.

Wohl besteht eine tiefe Bezüglichkeit unter allen Formelementen, die sich in einem Kultbild als sein sichtbarer Formenbestand vereinigen, aber sie ist nicht tektonisch-dynamischer Art, sondern ideeller Natur. Keines von ihnen darf fehlen, sonst wäre das yantra ein unvollkommenes Werkzeug, ein unvollständiges Abbild des übersinnlichen Wesens und hätte keinen Sinn; keines von ihnen darf einen anderen Platz im Rahmen der übrigen haben, eine andere Haltung einnehmen, ohne daß die Bedeutung des Ganzen sich wesentlich veränderte und sich ein anderer Sinn in ihm aussagte, meist aber gar keiner. So hat das Kultbild als Wesensaussage von übersinnlichen Mächten und Zusammenhängen wohl eine unerbittlich festgefügte Ordnung seines Formbestandes – eine sehr viel starrere, als dem klassischen Kunstwerk jemals möglich ist –, aber dank seiner elementaren Beziehung zum inneren Gesicht keine tektonische Dynamik.

YOGA UND LINEARES KULTBILD
(YANTRA UND MANDALA)

Allgemeines

Das lineare Gebilde in Magie und Kult

In den bisher bekanntgewordenen Tantratexten ist vom figuralen Kultbild (pratimâ) sehr viel seltener die Rede als vom linear-geometrisierenden yantra. Diese zweidimensionalen regelmäßigen Gebilde erfreuen sich zum Teil wohl darum größerer Verbreitung, weil sie besonders einfach anzufertigen sind, zum Teil, weil sie – vielfach zu magischen Zwecken verwandt und überhaupt esoterischem Brauche dienend – dem Blick des Uneingeweihten weniger verraten als figurale Gebilde. Ein wesentlicher Grund ihrer großen Verbreitung liegt aber gewiß auch darin, daß sie in ihren einfachen Symbolen einen umfassenderen Sinn zum Ausdruck bringen können als das figurale Kultbild mit seinen Mitteln.
Über ihren hohen Wert herrscht in den verschiedenen Quellen nur eine Meinung. Sie stehen funktionell ebenbürtig, wenn nicht überlegen neben ihren figuralen Geschwistern. Im Kulârnava-Tantra heißt es von ihnen[3]:
»Vom yantra wird gelehrt, daß es aus mantras (bedeutungsvollen heiligen Silben und Worten) besteht. Denn die Gestalt der Gottheit sind mantras (devatâ mantrarûpinî). Wird die Gottheit im yantra verehrt, ist sie alsbald voller Gnaden.
Das yantra wird yantra genannt, weil es Bezwingung (ni-yantrana) aller Übel bewirkt, die aus Lust, Zorn und anderen Fehlern erwachsen. Ein Gott, den man im yantra verehrt, ist voller Huld.
Was der Leib für den Lebensfunken (jîva) ist, was das Öl für das Licht der Lampe, das stellt das yantra für alle Götter vor.

Darum soll man ein glückbringendes yantra samt Umrahmung aufzeichnen oder vor dem inneren Auge entwickeln (dhyâ), nachdem man alles, was dazu wissenswert ist, aus dem Munde des Lehrers erfahren hat, und es nach Vorschrift verehren.

Wenn einer die Gottheit auf einem Sitze (pîtha) abgesondert ohne yantra verehrt, dann reißt er auseinander was wie Glieder eines Leibes zusammengehört[4] und zieht die Verwünschung der Gottheit auf sich herab.

Jede auf einem Sitze für sich und jede besonders mit dem ihr eigenen yantra: so soll man die Gottheiten mit ihrem sie umrahmenden Gefolge der Vorschrift gemäß verehren.«

Die Hochschätzung des linearen yantra geht also – wenigstens im Kulârnava-Tantra – so weit, dem figuralen Kultbild die Fähigkeit, die Gottheit in sich zu bannen, abzusprechen, wenn es nicht von seinem linearen Geschwister begleitet ist.

Auf die Etymologie des yantra, die das Kulârnava-Tantra gibt, ist kein allzugroßer Wert zu legen. Daß sie vor wissenschaftlicher Kritik nicht bestehen kann, weil sie an spezieller Bedeutung mehr in das Wort hineinlegt, als herauszuholen ist, fällt weniger ins Gewicht. Es kommt ja darauf an, zu wissen, welchen Sinn mit dem Worte yantra zu verknüpfen dem eingeweihten Inder beifiel. Die außerordentliche Rolle, die Silben und Worten als Trägern esoterischer Bedeutung in der Tantralehre zufällt, erklärt die Möglichkeit, sie ebenso kühn wie mannigfaltig zu interpretieren. Die Kühnheit etymologischer Interpretation, die allem und jedem sprachlichen Element neben dem geläufigen noch einen anderen geheimen Sinn zu sehen weiß, wird hier, wie schon in der esoterischen Theologie der alten Veden, geradezu ein Unterpfand ihrer Gültigkeit. Wie auch anderwärts zeichnen sich in Indien die Etymologien religiösen Denkens vor profanen Lei-

stungen auf demselben Gebiet mitunter durch eine überlegene Naivität aus. – Im Kâlîvilâsa-Tantra wird das Wort yantra etymologisch anders gedeutet[5]:
»Weil durch das yantra das richtige Wissen um die unterschiedlichen Ecken, in denen die Keimsilben (bîja) eingetragen werden müssen, sorgfältig (yatnatas) bewahrt wird (trâyate), nennt man es ein yantra.«
Die Erklärung geht davon aus, daß im linearen yantra den Ecken der regelmäßigen Figuren (Dreiecke, Vierecke usw.), aus denen es sich zusammensetzt, die wichtige Rolle zufällt, in richtiger Verteilung die bedeutsamen Silben und Worte (mantra) aufzunehmen, aus denen, wenn sie fixiert werden, Teilaspekte der Gottheit aufkeimen. Sie heißen darum Keimsilben (bîjamantra) oder Keime schlechtweg (bîja). Indem das Liniennetz des yantra mit seinen Ecken und Winkeln die Zahl und Ordnung dieser Keime festhält, birgt es in sich als Geheimnis die Anleitung zu traditionsgetreuer Bildentwicklung innerer Gesichte. – Grammatisch unmöglich, ist diese Deutung des Wortes yantra in ihrem sachlichen Gehalt so bemerkenswert wie die andere.
Die beherrschende Rolle des linearen yantra in der Formenwelt der Tantras wird außer durch die zahllosen Anweisungen, die über seinen Gebrauch gegeben werden, noch durch die paradoxe Tatsache bestätigt, daß seine Verwendung an einer Stelle des eben zitierten Kâlîvilâsa-Tantra für das gegenwärtige Weltalter untersagt wird. Dadurch wird sein hohes Ansehen nur unterstrichen. Denn das Kâlîvilâsa-Tantra hebt sich von verwandten Texten durch den Rigorismus seiner Vorschriften ab, der gerade eine Reihe der esoterisch wichtigsten Kultformen, denen ein ehrwürdiges Alter beigemessen wird, für die gegenwärtige Menschheit in ihrem herabgesunkenen Zustande verbietet. Anderwärts werden sie gelehrt und empfohlen, aber hier untersagt. Denn das Kâlîvilâsa-Tantra setzt es

sich speziell zur Aufgabe, aus dem heiligen Erbe hoher Zeiten allein das gelten zu lassen, was seiner pessimistischen Auffassung von der gesunkenen ethisch-geistigen Reife und Fähigkeit spätgeborener Geschlechter zufolge deren Vermögen noch angemessen ist. Die Andachtstechnik mit dem linearen yantra fällt schon nicht mehr in die Kategorie sakraler Handlungen, die der Mensch unseres Kali-Weltalters mit Aussicht auf Erfolg üben darf: »Man soll keine Verehrung mit einem yantra im Kali-Weltalter üben. Verehrung (pûjâ), bei der ein yantra gezeichnet wird, wird gewiß keine Frucht tragen« – und göttlich-dämonische Wesen rauben dem Andächtigen, der sich vermißt, sie zu üben, seine ausstrahlende Kraft (tejas)[6].

Das lineare yantra dient als »Werkzeug« mannigfachen Zwecken. Seine unterste Funktion ist magisch. Das Prapancasâra-Tantra eröffnet sein 32. Kapitel, das die Anfertigung einer Menge von yantras lehrt, mit den Worten[7]: »Jetzt werde ich verschiedene Formeln (mantra), die von vielen Bräuchen begleitet sind, mitsamt der Anfertigung ihrer yantras lehren, die den Frommen, mantra-Kundigen dazu dienen, irdische wie höhere Ziele zu erlangen.« Dann folgen Beschreibungen von yantras, die langes Leben und Gesundheit sichern sollen, die von Kopfschmerz befreien oder unverwundbar machen, die vor Dieben schützen, Frauen zur Liebe zwingen, die Fürstengunst und Macht über andere Menschen verleihen usw. Verwandte Texte bieten Entsprechendes. – Der Gläubige trägt solche Zeichnungen als Amulett, malt sie an die Wand, vergräbt sie in der Erde, schläft darauf usw. wie es der Symbolik des magischen Vorganges, in dem sie Werkzeug sind, gemäß ist.

Auch auf diese im Zauber verwendeten linearen yantras bezieht sich augenscheinlich ein Vers, mit dem das vorletzte Kapitel desselben Werkes eine Erörterung über die »Einsetzung des Odems« (prânapratischthâna) in die yantras einleitet[8]: »Ohne Einsetzung des Odems sind die bisher beschriebenen Bräuche gegenstandslos und gleichsam tot«[9].

Diese Einsetzung des Odems, die hier für alle yantras gefordert wird, um sie gebrauchsfähig zu machen, weicht bei deren magischer Verwendung notwendig vom gleichen Akt in anderen Fällen, z. B. beim figuralen yantra, der Form nach ab. Einsetzung des Odems ist nichts anderes als Einflößung der göttlichen Kraft, die den Andächtigen belebt, in das vor ihm befindliche Gebilde. Er entnimmt sie seinem Inneren, wo sie ihm unmittelbar gegeben ist. Wer ein figurales Kultbild verehrt, beschwört die schakti, die ihn belebt, in eben der göttlichen Erscheinungsform vor sein inneres Auge, in der er durch Einweihung in die Tradition seiner Familie oder durch besondere Einführung eines Lehrers das Göttliche zu sehen gewohnt ist, und der das Kultbild formal entspricht. Wer ein lineares yantra benutzt, das magischen Zwecken dient und keine graphisch-symbolische Darstellung eines Aspekts der Gottheit ist, flößt ihm das göttliche Leben ein, dessen es, um wirksam zu sein, bedarf, indem er die göttliche Energie (schakti) in der elementaren Form des Lebensodems vor sein inneres Auge stellt anstatt eines besonderen Aspektes göttlicher Personalität. Die göttliche Kraft des Lebensodems (prâna-schakti) ist in ihrer Erscheinung vor dem inneren Gesicht eine der zahllosen Erscheinungsvarianten der höchsten schakti: eine formale Abwandlung des Bildes Kâlî-Durgâs, der schakti des »Großen Gottes« Schiva: die innere Schau des Eingeweihten, der mit ihr die Einsetzung des Odems in ein yantra vollziehen will, sieht sie folgendermaßen: »Sie strahlt wie die aufgehende Sonne. Sie ist dreiäugig und hat volle Brüste. Sie sitzt auf einem aufgeblühten rötlichem Lotus in einem Boot inmitten eines Meeres von Blut. Ihre Hände halten eine Wurfschlinge, einen Bogen aus Zukkerrohr, einen Haken, fünf Pfeile und eine Schädelschale voll Blut[10])« – das sind kriegerische Embleme der dämonenbesiegenden Kâlî-Durgâ.

Neben den Anweisungen zum magischen Gebrauch des linearen yantras enthalten die Tantras eine Fülle von Vorschriften zu einer kultischen Verwendung. Der inhaltliche Bestand dieser Vorschriften – deren Text z. B. die Hauptsache des Prapancasâra-Tantra ausmacht – lehrt, welche Beziehungen in diesen Kulthandlungen zwischen dem inneren Schaubild der Gottheit, seinem ideellen Gehalt und seiner graphischen Form im linearen yantra besteht. Diese Vorschriften pflegen eingangs den Wort- und Silbenkomplex (mantra) zu geben, der den Aspekt der Gottheit im Reiche des Sprachlichen ausmacht. Denn die Gestalt der Gottheit besteht ja aus mantra (devatâ mantrûpinî). Mit ihrem mantra wird sie in der inneren Anschauung stummer Rezitation wie in der Sphäre sinnlichen Schalls verehrt, mit diesem mantra wird ferner die ihm verschwisterte innere Anschauung (dhyâna) der Gottheit aufgerufen. Sie ist nichts anderes als die Erscheinungsform desselben göttlichen Wesens auf der Ebene innerer Schau.

Eine mehr oder weniger detaillierte Beschreibung der sinnlich-figuralen Erscheinung der Gottheit, die vor dem inneren Auge im dhyâna-Prozeß heraufbeschworen werden soll, ist nächst dem mantra unerläßlicher Bestandteil solcher Vorschriften kultischer Verehrung. Der Aspekt der Gottheit wird geschildert: ihr freundlicher, gelassener oder drohender Ausdruck, ihre Embleme, Tracht und Haltung werden charakterisiert. Es wird ausgeführt, in welcher Umgebung sie sich befindet. Zu ihrer Umgebung gehören vor allem andere Gottheiten, die sie begleiten, und göttliche Wesen geringeren Ranges, die ihr Gefolge bilden. Solche Vorschriften figuraler innerer Bildentwicklung decken sich inhaltlich mit figuralen Kultbildern, in denen sie für uns Uneingeweihte einen greifbaren Niederschlag gefunden haben. Ihre aufzählende Beschreibung entbreitet in ruhigem Nacheinander bildliches Detail, wie wir es selbst tun müßten, wenn wir eine elementare Bestandsaufnahme der Formelemente an uns bekannten figuralen Kultbildern vornehmen wollten.

An die Vorschrift über dhyâna pflegen sich Anweisungen zu schließen, die von der Form der Darbringungen, der Rezitation und was sonst zur äußeren Verehrung der Gottheit im yantra gehört, handeln. Sie sind von Fall zu Fall verschieden und richten sich nach dem besonderen Aspekt, in dem das Göttliche verehrt wird, und nach den besonderen Zielen, die man mit seinem Kult verfolgt. – Der Schlußabschnitt der ganzen Darlegung pflegt eine Belehrung über das lineare yantra zu enthalten, an dem der Kult der Gottheit vollzogen werden soll. Seine Beschreibung, wie es entworfen werden soll, ist meist knapp gehalten und bedürfte der Ergänzung durch anschauliches Material, wenn sie dem Auge des Uneingeweihten verständlich werden soll.

Mantra, dhyâna und lineares yantra sind drei Größen, die sich ihrem ideellen Gehalt nach decken. Sie sind Ausprägungen ein und desselben Aspekts des Göttlichen mit verschiedenen Mitteln: durch den Laut, durch figurale und durch lineare Anschauung. Drei Aussagen über dasselbe Wesen in drei verschiedenen Sprachen. Weil ihre verschiedene Form denselben ideellen Gehalt zum Ausdruck bringt, lassen sie sich auch formal zur Deckung bringen und werden in praxi unablässig zur Deckung gebracht.

Der sprachliche Ausdruck der göttlichen Wesenheit (mantra) kann mit dem linearen zu völliger Deckung kommen, indem er Silbe für Silbe in das Liniengefüge des linearen yantra eingetragen wird. Das geschieht in jedem Falle nach einer besonderen, unverrückbaren Regel, die Bestandteil der Geheimlehre ist. Verschmelzen mantra- und yantra-Form der Wesensaussage über das Göttliche dergestalt in eins, so entstehen jene linearen Gebilde, deren Inneres mit regelmäßig verteilten Silbenzeichen geschmückt ist. Der geheime Wesenszusammenhang zwischen mantra und linearem yantra: die Identität ihres ideellen Gehalts kommt in der Tatsache zum Ausdruck, daß der Silbenbestand des mantra, wenn er besonderer Anweisung entsprechend auf das yantra verteilt wird, die regelmäßigen Formen des linearen Gebildes gleichmäßig erfüllt.

Figurales Schaubild und lineares yantra kommen in der Kultpraxis unendlich oft zur Deckung, –: jedesmal wenn die Einsetzung des Odems (prânapratischthâ) an einem linearen yantra vollzogen wird, um in ihm eine Gottheit zu verehren. Denn die dhyâna-Vorschrift entwirft ja ein figurales inneres Gesicht, das der Gläubige aus sich mit prânapratischthâ auf das lineare yantra hinausprojizieren soll. In der Aufforderung, das figurale innere Schaubild auf das lineare yantra zu übertragen, ist schon vorausgesetzt, – wenn anders sie überhaupt ausführbar sein soll, – daß völlige ideelle Identität zwischen dem linearen Gebilde und dem figuralen Schaubild besteht. Sonst vermöchte das gestalthafte innere Gesicht nicht in das geometrische Gerät (yantra) rein aufzugehen.

Dem silbengeschmückten linearen yantra, das völlige Identität und Verschmelzung von mantra und yantra bezeugt, fehlt es im Bestande der indischen Kunst nicht an einem Seitenstück, das dieselbe Beziehung zwischen figuralem dhyâna und linearem yantra bezeugt. Man muß freilich von Vorderindien bis nach Tibet gehen, um dort die mandalas zu finden: »Ring«zeichnungen, deren lineares Gerüst mit figuralen Elementen erfüllt ist. Sie gehören zwar dem buddhistischen Tantrismus an und nicht dem orthodox-hinduistischen, aber ihre bildlichen Symbole, die großenteils der Gedankenwelt um Schiva entlehnt sind, zeugen für ihren Ursprung aus dem vorderindischen Tantrismus. Dem älteren Buddhismus war das yantra fremd, mit vielen anderen Elementen ist es ihm in dem großen Ausgleichsprozeß, dem er in Indien schließlich erlag, aus dem Hinduismus zugeflossen. In der Kunstübung lamaistischer Seidenmalereien scheint er bewahrt zu haben, was für den orthodoxen Tantrismus vorausgesetzt werden darf, wenn es auch an bildlichen Zeugnissen dafür einstweilen fehlt.

Es bedarf schließlich keiner weiteren Erwähnung, daß mantra und dhyâna einer Gottheit als verschiedene Ausdrucksformen desselben ideellen Gehalts sich gleichfalls vollkommen miteinander decken. Auf ihrer sachlichen Identität beruht ja die Kraft der mantras (mantraschakti), innere Gesichte, die ihnen wesensgleich sind, heraufzubeschwören, wenn sie vorgetragen oder innerlich fixiert werden. – Aber es verdient bemerkt zu werden, daß mantras als Gestalt der Gottheit Silbe für Silbe mit den einzelnen Teilen des figuralen Schaubildes gleichgesetzt werden. Im »Wogenstrom der Seligkeit des Schaktigläubigen« (Schâktânandataringinî) wird im 9. Kapitel ein zwei- und zwanzigsilbiger Spruch (mantra) »die Königin des Wissens«, der das Wesen der Dakschinâ Kâlikâ, einer Erscheinungsform Kâlî-Durgâs ausdrückt, Silbe für Silbe mit Teilen ihrer sinnlichen Vorstellung gleichgesetzt. Seine beiden ersten bedeutungsschweren Silben »krîm«, »krîm« sind ihr Kopf und ihre Stirn. Dann steigt die Gleichsetzung der Lautwerte ihrer mantra-Form mit Teilen ihrer figuralen dhyâna-Form immer weiter an ihrer Gestalt herunter, um schließlich den huldigenden Schlußruf des Spruches »svâhâ« in seiner ersten Silbe mit ihren Füßen, in der zweiten mit ihren Fußnägeln gleichzusetzen[11]. – Spekulationen dieser Art sind übrigens keine Besonderheit der Tantras; sie finden sich schon in der vedischen Theologie.

Entfaltung und Einschmelzung innerer Gesichte

Die Entwicklung innerer Gesichte kulminiert im gewöhnlichen Kultakte mit der Übertragung des Schaubildes auf das yantra. Dann setzt die äußere Verehrung des nunmehr belebten yantra ein, die mit der Zurücknahme der »Gottheit des Herzens« in das Herz des Gläubigen ihren Abschluß findet. Es liegt psychologische Weisheit in dem fundamentalen Satze, den die Tantras bezüglich der Andacht zum Kultbilde lehren: »Nur solange dhyâna dauert, dauert pûjâ (Verehrung)«. Durch den Akt der Einsetzung des Odems (prânapratischthâ), den dieses Prinzip in sich schließt, wird dem Gläubigen bei jedem Kultakt, den er verrichtet, die letzte Wahrheit der Tantras vor Augen geführt: daß er selbst das Göttliche (brahman) sei, das Eines ohne ein Zweites ist (ekam advitîyam). Das letzte Ziel, sich selbst als göttlich (brahman) zu wissen und alles Kultes entraten zu können, wird hier durch die Aktion der Andacht vorweggenommen und durch sie implicite anerkannt. Dem Gläubigen wird eine Handlung auferlegt, die das Wissen um diesen letzten Sinn voraussetzt und in sich darstellt, die nur von einem Erleuchteten gefunden und als ein Sakrament eingesetzt werden konnte, um noch nicht Erleuchtete durch ihre Übung mählich in seinen eigenen Stand der Erleuchtung zu erheben. Der Gläubige macht den Kern seines eigenen Wesens, die »Gottheit im Herzen« zum Kern des figuralen yantras, das ohne dieses Leben, das er ihm verleiht, ein Nichts ist. Aber mit dem Odem der »Gottheit im Herzen« durch prânapratischthâ belebt ist das figurale yantra dank der Bedeutung der attributhaft-anschaulichen Gotteserscheinung, die in ihm besteht, Hieroglyphe der Erscheinungswelt und bezeichnet mit seiner Gestalt in symbolischer Konzentration das Reich der mâyâ unter göttlichem Aspekte, das dem unerleuchteten Bewußtsein als Widerpart des eigenen Selbst erscheint.

Im Kultbild ist, wenn es richtig – das heißt: mit dhyâna und prânapratischthâ verehrt wird, eine notwendige Paradoxie angelegt: seinem Kern nach ist es nichts anderes als der innerste Kern des Andächtigen selbst, beide sind ein und dasselbe; solange aber der Andächtige vor ihm in verehrendem Gestus verharrt, ist es gegenüber ihm als dem Einen ein Anderes. Die Weisheit der Kultordnung liegt darin, daß diese Paradoxie dem Gläubigen mit jedem Kultakte wieder aufgedrängt wird, bis die in ihr beschlossene Lösung: »Das bist du« (tat tvam asi), die dem Andächtigen jedesmal als Tat in der Einsetzung des Odems implicite aufgegeben ist, ihn explicite als überwältigende Erfahrung, als ein letztes Wissen durchdringt. Womit aller Kult ein Ende hat, und das Kultbild belanglos und überflüssig wird wie irgendein anderes Werkzeug (yantra), dessen Hilfe man nach Gebrauch entraten kann.

Der ganze Akt der Andacht zum Kultbild ist nicht vom menschlichen mâyâ-befangenen Bewußtsein aus konzipiert und geordnet, – wie könnte er auch sonst mit dem Anspruch auftreten, eben dieses Bewußtsein aufzuheben? Zum Kern göttlicher Offenbarung gehörig drückt er in der Sprache der Handlungen, die er enthält, das Geheimnis göttlichen brahmanhaften Seins aus. Er heißt die Seele (jîva), die im Wahn des Gegensatzes von Ich und Welt befangen ist, von der brahmanhaften Situation aus agieren, damit sich ihr mählich die Paradoxie zwischen dieser Situation und der Aktion, die in ihr vollzogen wird, entschleiere. Womit der Bann der Unwissenheit (avidyâ) zerspringt, und das brahman aus seinem von mâyâ umdunkelten Stande als weltbefangene Einzelseele (jîva) in sein wahres Sein heimkehrt.

Das psychologische Prinzip dieser seelenführenden Andachtstechnik ist, den Gläubigen als Handelnden auf die höhere Ebene zu stellen, die er als Erkennender und Wissender erreichen soll. Aus dem Tun erwächst das Sein, das wiederholte Handeln gestaltet das Wesen, der Wandel kristallisiert sich aus zum Wissen, in dem das neue Sein und Wesen um sich selbst weiß. – Dieses Prinzip erwächst aus derselben Anschauung, die im Rahmen indischer Wiedergeburtslehre der Idee vom karman ihren Rang angewiesen hat: nach ihr sind die Gedanken und Handlungen früherer Leben die Saat, die sich in die Frucht seelischer Reife oder Betörtheit, geistiger Erleuchtung oder Verdunklung umsetzt. Der werdende Buddha (Bodhisattva) kommt durch eine äonenlange Vorbereitungslaufbahn, in der er mit immer reinerem Herzen alles erlebt, und alles erlitten hat, was zu erleben möglich ist, und seinen Sinn begriffen hat, zwangsläufig zur Reife der allerhöchsten Erleuchtung, die Allwissenheit bedeutet. In seinem letzten Leben pflückt er als erleuchteter Buddha die Frucht der Erkenntnis vom Baume der Vollendung seines Wesens, dessen »Wurzeln des Guten« er in allen früheren Existenzen gepflanzt hat.

Der Erleuchtete, der vollkommene Yogin, der das Ende seiner Bahn erreicht hat, weiß sich im Stande reiner undifferenzierter Göttlichkeit: der Gegensatz von Ich und Nicht-Ich (Welt) ist für ihn ein aufgehobener Schein, das brahman ist in ihm zu sich selbst heimgekehrt. Für ihn ist die Lehre, daß das attributlose Göttliche sich mit eigener mâyâ bindet und so sich in lustvollem Spiel (lîlâ) zur unterschiedlichen Erscheinungswelt entfaltet hat, nicht letzte Wahrheit. Er sieht in ihr den großen Schein, der für das mâyâumfangene Bewußtsein Wahrheit ist. Die Lehre von der göttlichen Kraft (schakti), die zur Erscheinungsfülle auseinandertritt und sich selbst in ihr anschaut, ist für ihn die untere Wahrheit, die aufgehoben wird, wenn er dieses Spiel der schakti als Schein (mâyâ) durchschaut. Die Technik der Andacht zum Kultbild stellt die schwebende Brücke dar, die vom Ufer der Scheinwahrheit zum jenseitigen Gestade der letzten Wahrheit hinüberführt, und hat darum in ihrer notwendigen Paradoxie an beiden Ufern teil.

Auf einer unteren Stufe der Andacht begnügt sich der Gläubige damit, sich selbst und die Welt als Entfaltungsformen ein und derselben göttlichen Kraft (schakti) zu empfinden, ohne deren unterschiedliche Erscheinungsformen – sich und das Kultbild – aktuell in eines zu schmelzen. Er weiß Ich und Welt in ihrer göttlichen Essenz als ein und dasselbe, ohne durch weitere Yogaübung zur Überwindung des Schein-Gegensatzes von Welt und Ich, der das Bewußtsein bedeutet, vorzudringen, um die Identität göttlichen Seins jenseits unterschiedlicher Erscheinungsform, die er verschleiert, in überwältigender Unmittelbarkeit zu erfahren. Will er zur Überwindung dieses Gegensatzes vordringen, so sieht er sich der Aufgabe gegenüber, die beiden Pole der Entfaltung göttlichen Wesens zum Schein: Ich und Welt in eines zu schmelzen. Das heißt: er muß das innere Gesicht der Gottheit seines Herzens, die Hieroglyphe des Göttlichen als sinnlicher Weltentfaltung, in sein Sehen aufsaugen: Seher und Gesicht müssen in eines zusammenschwinden. Das Bhâgavata-Purâna lehrt, wie dieser Resorptionsprozeß des inneren Schaubildes vollzogen werden kann, in dem der Yogin nichts mehr zu schauen braucht und in völliger Ineinssetzung (samâdhi) mit seinem Gesicht die Gottheit seines Herzens als Wesenswesen alles Lebenden, als sein eigenes Wesen lebt: »Wie Licht taucht in Licht und nicht von ihm zu scheiden ist.«

Die Heimkehr des brahman, das im menschlichen Bewußtsein durch mâyâ gebunden ist, zu seinem reinen Stande vollzieht sich in zwei Etappen: der anfänglichen Entfaltung und Fixierung seiner kosmisch-göttlichen Erscheinungsform vor dem inneren Gesicht oder unter Zuhilfenahme eines ihm konformen yantras folgt die Einschmelzung dieses göttlich-personalen Gebildes in den

Bildner, ins innere Auge. Der Gegensatz des Ein und Anderen hebt sich auf und damit auch die Möglichkeit aller Aussage, da ohne Gegensätzlichkeit keine Grenzen da sind, die ja Inhalt aller Aussage sind. – Dieser Yogaprozeß der Einschmelzung des entfalteten Gesichtes muß sich vom figuralen Kultbilde lösen oder muß es auflösen. Er findet jedenfalls an seiner sinnlichen Erscheinung keinen Wegweiser zu ihrer Einschmelzung, – eher den Widerstand, den alle Form in ihrem Dasein einem Versuch, sie aufzulösen, bietet.

Anders beim linearen yantra. Es umgreift Typen verschiedener Art. Mit dem einen dient es dem gewöhnlichen Kultakt, der sich mit der Verehrung des Göttlichen in einem seiner sinnlich greifbaren Aspekte begnügt, ein anderer reicht weiter in seiner seelenführenden Bedeutung. Er bildet mit seinen konzentrischen Ringen und Flächen die typischen Formen der Entfaltung des reinen göttlichen Wesens zum Scheine ab, die man unterschiedliche Formen des Bewußtseins oder Bilder der Welt nennen kann. Ich-Bewußtsein und Welt sind ja nur zwei Namen für dieselbe Sache. Ein yantra dieser Art ist in seinem konzentrischen Aufbau vom Mittelpunkte bis zu seinem äußeren Rande ein Bild des Göttlichen, das sich spielend entfaltet, und stellt den Adepten seiner Geheimlehre vor die Aufgabe, die Mannigfaltigkeit seiner Formen auf seine Mitte hin einzuschmelzen. Diese Mitte ist das Göttliche in seinem reinen unentfalteten Stande, und als diese Mitte soll der Gläubige sich selbst wissen. Er selbst ist ja das brahman, das sich mit seiner eigenen mâyâ spielend in die Bande menschlichen Bewußtseins geschlagen hat.

In der ruhigen Form eines solchen linearen yantras höherer Art ist eine Dynamik sinnfällig angelegt, die dem figuralen Kultbild abgeht. Das figurale Kultbild wie das ihm entsprechende innere Gesicht widerstrebt in seiner Form dem Abbau, dieses lineare yantra fordert dazu auf.

Um sich in seiner Entfaltung und Einschmelzung als brahman zu erfahren, nimmt der Andächtige – durch Einweihung belehrt – wie beim figuralen Gebilde die Tatsache seiner eigenen Göttlichkeit gedanklich vorweg, um sie dann im Prozeß der Schau überwältigend zu erfahren. Er identifiziert sich selbst mit der Mitte aller Mitten dieses Liniengefüges, mit dem Punkt in der Mitte, aus dessen Ruhe die Bewegung aller Linien strahlt und sich in Wellen ausbreitet, – mit dem brahman als Ursprung aller Erscheinungsformen. Im »Gange der Entfaltung« (srischti-krama) entwickelt er vor seinem inneren Auge aus diesem Punkt in linearen Symbolen (die sich mit figuralen Elementen füllen lassen) das Spiel der mâyâ in seinen feinen und stofflich gröberen Entfaltungsformen bis an den äußeren Rand. In diesem entfalteten Gebilde schaut er die Welt in ihren verschiedene Aspekten, schaut er sein eigenes Ich mit seinen unterschiedlichen Sphären sinnlichen und spirituellen Lebens, schaut er das Göttliche in mannigfachen personalen Erscheinungsformen.

Dieser ersten Etappe schrittweisen Aufbaus folgt der ebenso schrittweis zu vollziehende Abbau des Entfalteten: der »Gang der Einschmelzung« (laya-krama). Durch ihn schwindet das Unterschiedliche linearer Gestalt in das Eine zusammen: in den Punkt der Mitte (bindu), aus dem es sich entfaltet hat. Schließlich schwindet auch er. Hier wird mit anderen Mitteln, die dem Bedürfnis nach Anschauung greifbar entgegenkommen, dasselbe Ziel angestrebt, das die dhyâna-Vorschrift des Bhâgavata-Purâna dem Yogin setzt, wenn sie ihn den Blick vom punkthaft konzentrierten Bilde des Gottes ins Leere richten heißt, um im Erlöschen des Gesichts den Unterschied von Seher und Gesicht aufzugeben.

Ein solches lineares Gebilde, das die Dynamik der Entfaltung und Einschmelzung seiner Formen in sich birgt, ist ein Leitschema zur Abwicklung einer entsprechenden inneren Bilderfolge und ist eben darum ein bloßes Werkzeug des Yogin, – ein yantra. Der vorgeschrittene Yogin mag seiner entraten. Ein buddhistischer Tantratext[12] empfiehlt dem Andächtigen auf der letzten, höchsten Stufe eine Übung der Bildentwicklung und -einschmelzung, die auf ein lineares Gebilde als Unterlage verzichtet und zu ihrem Ausgangspunkt den Nabel des Adepten nimmt. Aus ihm entwickelt seine Schau einen vierblättrigen Lotus als Symbol der Erscheinungswelt. Jedes seiner Blätter bedeutet eines der vier Elemente, aus denen die Erscheinungswelt besteht, Erde, Wasser, Feuer, Luft und ein blauer Punkt in ihrer Mitte stellt das fünfte und feinste dar: den Äther. Alle fünf Symbole der Elemente sollen die Silbenzeichen (mantras) tragen, die das Wesen der fünf Elemente im Reiche des Schalles ausdrücken. – Der Entfaltung dieses Schaubildes folgt seine Einschmelzung (laya-krama). Ihre innere Ordnung richtet sich nach einer Grundanschauung der indischen Kosmogonie. Seit den Veden wird über die Entfaltung des undifferenzierten Göttlichen zur Erscheinungswelt gelehrt: die fünf Elemente sind stufenweise Abwandlungen von immer größerer materialer Dichtigkeit, in die das unentfaltet-attributlos göttliche Sein sich umgesetzt hat. Aus dem feinsten Wandlungszustand, dem ätherischen, spaltet sich die kompaktere Luft ab, aus ihr entwickelt sich das Feuer, aus dem Feuer Wasser und aus dem Wasser schließlich die Erde als sinnlich-substantiellste Wandlungsform des Göttlich-Unanschaulichen. Diesen Prozeß der Weltentfaltung kehrt der Yogin in der Ebene seines inneren Gesichtes um. Er läßt die unterschiedliche Welt, die er aus seinem Nabel entfaltet hat, wieder ins Unterschiedslose zusammensinken. Damit erfährt er sich selbst unmittelbar als das reine Göttliche (brahman), das er in Wahrheit ist. Er hat die Situation dieser Göttlichkeit vorweggenommen, als er im Prozeß der Bildentfaltung die Welt symbolisch vereinfacht aus seinem Nabel hervorgehen ließ. Das ist hoher göttlicher Gestus. Und er bestätigt sich in unmittelbarer Erfahrung, daß diese göttliche Situation wahrhaft sein Teil ist, daß sie den Kern seines Wesens ausmacht und nicht mâyâgebundene Menschlichkeit, die er überwinden will: – brahman-gleich läßt er die entfaltete Erscheinungswelt zusammenschmelzen:

Blatt um Blatt des entfalteten Lotus schrumpft ineinander, bis im fortschreitenden Gange der Einschmelzung der Welt das letzte, vierte Blatt – Symbol der Luft – mitsamt dem zugehörigen mantra in den blauen Punkt der Mitte, den Äther zurücksinkt. Dann fixiert der Yogin diesen blauen Punkt, während er sich zugleich (wie schon bei den voraufgehenden Akten der Einschmelzung) dem Rhythmus geregelter Atemzüge hingibt, bis die Vision einer reinen, wolkenlos klaren, ganz leeren Himmelsfläche sich vor ihm unabsehbar breitet. Diese Vision ist – als völlig konturleer und formlos das Abbild des attributlos-undifferenzierten Göttlichen. Zu ihm ist der Yogin in dieser Folge innerer Anschauungen heimgekehrt. Er erfährt sein eigenes Wesen als das Wesen dieser reinen kristallenen Leere, in deren Gestaltlosigkeit die lotusgleiche Erscheinungswelt, als die er sich selbst entfaltet hat, zerschmolzen ist.

Lineare Yantras mit figuraler Erfüllung
(Lamaistische Mandalas)

Die ausführlichste Anweisung, wie vor dem inneren Auge ein lineares Gebilde mit figuralem Schmuck zu entwickeln sei, dem die Dynamik des »Ganges der Entfaltung« und des »Ganges der Einschmelzung« innewohnt, findet sich unter den bisher zutage gekommenen Quellen im Schrî-cakra-sambhâra-tantra[13], einem Text des buddhistischen Tantrismus in Tibet (Lamaismus). Dieses Werk entstammt einer Epoche des Buddhismus, in der der ursprüngliche Quell der Buddhalehre in seinem Laufe durch die Zeit von verschiedenen Seiten her so viele Rinnsale aus dem Boden des Hinduismus in sich aufgenommen hat, daß er seinem Gehalt nach wesentlich vom Hinduismus kaum mehr zu scheiden ist. Nur mehr die Färbung verrät, daß hier kein Strom orthodoxer Überlieferung vorliegt. Hier wird allgemein-indischer Ideengehalt in buddhistischer Begriffssprache vorgetragen. In den figuralen und linearen Symbolen, die der buddhistisch-tantristischen Begriffswelt als ihr anschaulicher Ausdruck zur Seite stehen, mischen sich ursprünglich-buddhistische Schöpfungen mit Entlehnungen aus der hinduistischen Götterwelt. Schiva und Kâlî-Durgâ, die im Reiche des orthodoxen Tantrismus als Symbole des Göttlichen obenan stehen, nehmen auch hier – buddhistisch verkappt und ausgedeutet – eine bevorzugte Stellung ein. – Darum dürfen die Zeugnisse des Lamaismus zum Verständnis des indischen Kultbildes herangezogen werden, wo das vorderindische Material an Quellen und Bildwerken einstweilen noch lückenhaft ist.

Die Anweisungen des Schrî-cakra-sambhâra-tantra und die farbenschönen Seidenmalereien, die ihnen im Reiche künstlerischer Form entsprechen, sind aus der Grundeinstellung des alten Buddhismus zum Problem der Erlösung nicht zu verstehen. Diese figurenreichen mandalas, deren bunte Fülle in der oberen Region ihres Feldes verklärte Ruhe Vollendeter, im unteren Revier aber dämonisch dräuende Bewegtheit wilder Schutzgottheiten umfängt und mit dem strengen Gesetz bedeutsamer Komposition in der Ausstrahlung ihrer Geste beschränkt, während unzerbrechliche Linienwälle den Kern im Inneren umgrenzen, der in sich ruhende Ordnung ist, sind aus einer anderen Haltung zu den Fragen des Seins und Scheins konzipiert, als die war, die der Buddha seinen Jüngern lehrte.

Es war das Epochale seiner Sendung, daß sein »Pfad« es verschmähte, die Gefilde metaphysischer Spekulation zu berühren. Er verzichtete darauf, die Erfahrungen des buddhistischen Yoga, die alle Spekulation überflüssig machen sollten, nachträglich in ein metaphysisches System auszudeuten. Der sterbende Buddha sah in seinem Vermächtnis an die Welt keine philosophische Deutung der ewigen Rätsel, sondern eine praktische Anleitung, Wahn und Unwissenheit über das Wesen von Welt und Ich aufzuheben. Sein letztes Wort ist nach der ceylonesischen Tradition ein Appell zur Aktivität im Yoga, nicht zur Spekulation und begrifflichen Systematik. Der Buddha ließ auch die große Frage, wie denn das Dasein des Erlösten, der aus den Banden von Irrtum und Ahnungslosigkeit (avidyâ) über den Strom des samsâra ans Ufer des Nirvâna gelangt war, zu denken sei, unbeantwortet. Die Sprache, die ein Abglanz der Erscheinungswelt und der Icherfahrungen im Geiste ist, versagt durchaus, wenn sie den Zustand charakterisieren soll, in dem Welt und Ich aufgehoben sind. Geschweige denn, daß ihre Verwendung in der Formulierung spekulativer Aussagen geeignet wäre, den Wanderer auf seinem Wege zum Nirvâna weiterzutragen. Der Buddha sah das Heil der Erlösung einzig in der persönlichen Aktivität seelischer Läuterung und sinnvoller Yogapraxis, die an Stelle gedanklicher Beschäftigung mit dem Nirvâna seine unmittelbare Erfahrung sich zum Ziele setzte und den erfolgreichen Yogin in den Zustand des Nirvâna erheben sollte[14].

Der buddhistische Yogin erfährt auf seinem Wege innerer Sammlung (samâdhi) schrittweis die Aufhebung aller Sinnes- wie Denkprozesse und aller Gefühlspannungen. Diese Aufhebung lehrt ihn die Bedingtheit aller Erscheinungen, die Gegenstand für ihn werden können. Er erfährt, daß es in seiner Macht liegt, ob sie sind oder nicht sind. Sein Weg der Aufhebung mündet im Zustand der Bewußtlosigkeit: im völligen Verlöschen (nirvâna) oder in der reinen Leere (schûnyam). Dieser Zustand ist durch keinen weiteren Yogaschritt aufhebbar, er ist die letzte, höchste Stätte. Mit der Sprache der Erscheinungswelt unbenennbar ist er mit den Prädikaten Nichts und Sein gleichermaßen unausschöpfbar. Das in Unwissenheit befangene Weltkind mag auf eigene Gefahr das Nirvâna, die Leere ein Nichts nennen.

Für den Vollendeten, der sich ganz mit der Wahrheit des Nirvâna durchdrungen hat, besteht kein Problem darin, wie sich das Nirvâna zum Schein der Welt gedanklich verhalte. Zwar umgibt ihn diese Erscheinungswelt, auch nachdem er die Erleuchtung erlangt hat, noch immer weiter, wofern er sich nicht gerade in Yoga versenkt hat. Aber sie ist für ihn leer geworden: kern- und wesenlos, nachdem er das Nirvâna, die Leere als das einzig Unaufhebbare erfahren hat. Er weiß ihren Schein als Schein und ist dank der vollkommenen Yogatechnik, die ihn ins Nirvâna geführt hat, imstande, immer wieder die Wesenlosigkeit dieses Scheines zu erfahren. Er löscht den Abglanz der Welt im Leben seiner Sinne und in der Dynamik geistiger Vorgänge aus und bringt Sinnliches wie Geistiges in sich zu vollkommener Ruhe: dann ist die Welt nicht mehr. Wenn der Yogin mit seinem Selbst, das so wesenlos wie die Welt ist, erlischt, löst sich auch der letzte Schatten der Welt auf.

Es ist dem Buddhismus auf die Dauer nicht gelungen, dieser großartigen Haltung siegreicher Vollendung, die sich im unmittelbaren Besitz unverlierbarer Wahrheit spekulativer Arbeit entschlagen konnte, treu zu bleiben. Er erlag dem Beispiel hinduistischer Spekulation rings um sich her und gliederte der reinen Experimentalpsychologie seiner Yogapraxis, die auf Erfahrungen ausging und nicht auf Gedanken, die sich an letzten Erfahrungen genügen ließ, ohne sie auszudeuten, das Gebäude einer spekulativen Metaphysik an. Er verfiel darauf, in jener Frage ein Problem zu sehen, die der Buddha als der große Seelenarzt immer aus dem Bereich des Fragwürdigen verwiesen hatte: die Frage nach dem Ursprung der Krankheit des Nichtwissens. Die Frage, warum Erleuchtung (bodhi) und Nirvâna, warum die Wahrheit, die reine namen- und formlose Leere auf mühsamem Yogapfad erfahren werden will, anstatt einfach gegeben zu sein. Warum alles Wesen rings um die seltenen Erleuchteten herum dem Bann der Erscheinungswelt, die mit Namen und Form sich entfaltet, verfallen ist und leidvoll in ihm befangen lebt. Warum Name und Form, die wesenlos sind und leer an Kern, das Bewußtsein haben bilden können und erst durch Unterweisung und einsamste innere Erfahrung des Yogin in die Leere, die ihnen wesenhaft ist, aufgehoben werden müssen.

Der große Seelenführer, dessen Erleuchtung als Buddhismus durch die Jahrtausende strahlt, kannte die Klippe dieser Frage und wies immer von ihr, die rückwärts in das Reich des Denkens drängt, in anderer Richtung auf die reine Erfahrung des Nirvâna im Yogapfade hin, deren völliger Besitz diese Frage belanglos macht. Sein Jüngerideal verschmähte auch noch das denkende Begreifen seines eigenen überwundenen Irregangs und ließ sich an seiner Aufhebung über-selig – glück- und leidlos – genügen. Denn in diesem Begreifenwollen der Irrwege des wesenlosen, aufhebbaren Selbst erkannte der Vollendete noch einen Schatten von Interesse an diesem Selbst und seiner Welt. Er sah darin die feinste Form des »Durstes«, der an die Welt von Namen und Form bindet, – den Wunsch sie gedanklich zu meistern, sie im Geiste durch Begreifen zu ordnen. Sah darin die feinste Form menschlichen Machtwillens.

Spätergeborene sannen nach über das Wunder des Nirvâna. Zwar nicht, indem sie es als Wunder nahmen. Sie erkannten seine Leere als das allein Wesenhafte an, aber es ward ihnen zum Wunder und Problem, warum das Reich von Namen und Formen: die Welt und das Ich, vor ihm als überwältigendes Blendwerk steht. Name und Form sind leer für den Yogin, der ihren Kontur auszulöschen vermag, die Leere ist das einzig Wesenhafte an ihnen, und doch überwältigen sie mit ihrem Kontur den von Unwissenheit Gebundenen. Zwischen dem Alltagsweltgefühl und dem Zielerlebnis des Yoga klafft ein Abgrund, den die schmale Brücke des Yoga überwölbt. Wer über sie an das jenseitige Ufer gelangt, sieht allen Kontur des Ufers von Welt und Ich, das er verließ, als wesenlos leer. Wer diesseits verharrt, lebt in Namen und Formen gebunden. Die brahmanische Spekulation wußte die Gegensätzlichkeit dieser beiden Aspekte zu versöhnen. Sie objektivierte die widerstreitenden Bewußtseinslagen des Weltkindes und des Yogin im Mythos. Sie spann zwischen beide Pole eine vermittelnde Aktion. Die Erfahrung des vollkommenen Yogin findet ihren objektiven Ausdruck im Begriff des brahman. Sein Zustand ist brahman. Die Erfahrung des Weltkindes ist die Wirklichkeit der Erscheinungswelt. Sein Zustand ist die Spaltung von Welt und Ich, der objektiviert ist im Begriff der mâyâ. Beide Zustände werden als Urzustand und Wandlungsform des Göttlichen gedeutet und der Begriff des Spieles (lîlâ) der göttlichen Kraft (schakti) vermittelt zwischen beiden. Psychische Erfahrungen auf unterschiedlichen Ebenen werden im zeitlosen Mythos als kosmische Wirklichkeit objektiviert.

Denselben Weg beschritt der Buddhismus, als in ihm neben den Yogin, der sich's an überwältigender reiner Erfahrung genügen läßt, der spekulative Betrachter trat, dem es aufgegeben ist, die polare Spannung zwischen Alltagsweltgefühl und Zielerlebnis des Yoga begrifflich zu überbrücken. Das Nirvâna, ursprünglich der Zustand des Erleuchteten, das Erlebnis reiner Leere jenseits von Namen und Formen, wird objektiviert zum Seienden an sich. Die Leere wird zu dem Leeren. Als unaufhebbar letztes Sein ist das Leere (schûnyam) das Wesenhafte und der Urgrund aller Dinge. Man kann auf das schûnyam ein Bild anwenden, das die orthodoxe Vedântalehre vom brahman gebraucht: sie vergleicht es mit dem Wasser, das verschiedene Gestalten annimmt und immer dasselbe bleibt – eben Wasser. Das kontur- und formlose Element vermag sich in Wellen zu formen und in ihr Gekräusel zu gliedern, und in dem Tanz geformter Wogen bildet sich Schaum, entstehen Blasen. So mag das eine Element als ein vielfach Unterschiedenes erscheinen: als Wasser, Welle und Schaum. Aber wenn seine Bewegung in sich verebbt, löst sich der Schaum ganz und gar im Spiel der Wellenlinien auf, danach zerschmilzt auch der wechselnde Kontur der Wellen in die Fläche regloser Flut, und es wird klar: Wasser war alles, was in vielfältiger Form durcheinander schwoll und schäumte[15]. – Welle und Schaum sind für die Lehre vom brahman Symbole der Entfaltungsstufen des Einen Unterschiedslosen zum göttlich-personalen Bewußtsein (îschvara) und zum menschlichen Bewußtsein (jîva). Sinkt das entfaltete brahman wieder in seinen eigensten Urzustand zurück, so geht das menschliche Bewußtsein über das Yoga-Erlebnis, in dem es sich personalen Gottheiten wesensgleich weiß, ins Namen- und Formlose ein, wie Schaum sich erst in Wellenlinien löst und durch sie in reglose Flut. Weiß sich das brahman, von eigener mâyâ gebunden, als Mensch (jîva), so lebt es im Alltagsbewußtsein. Fühlt es sich eins mit dem Wesen personaler Gottheit, so steht es auf Ebenen innerer Schau (dhyâna), in Sphären des Yoga. Kehrt es zu seinem wahren Stande heim, so ist es das Eine ohne ein Zweites, das darum kein Wissen von sich selbst hat, sondern reines Sein ist.

Auch der Buddhismus kennt diese Dreigliederung in Schein des Alltagsbewußtseins, Schein der höheren Ebene innerer Schau und in wesenhaftes Sein, das attributlose Leere ist. Er spricht von ihnen als den »drei Leibern«. Neben dem »Wesens-Leibe« (dharmakâya) oder »Leib von Demant« (vajrakâya) steht der »Selige-Glücks-Leib« (sambhogakâya) als Gegenstand übersinnlicher Yoga-Anschauung und der »geschaffene« oder »eigens zurechtgemachte Leib« (nirmânakâya): der Gegenstand sinnlicher Anschauung. Sie alle sind Erscheinungsformen des Erleuchteten, des Buddha. Denn die Leere, das Wesenhafte aller Dinge ist nichts anderes als der Buddha. Wer die Erleuchtung (bodhi) erfährt, ist im Nirvâna, das heißt: er weiß sich selbst und alle Erscheinungen als gleichermaßen leer an Name und Form. Aller Unterschied von Ich und Nicht-Ich schwindet, da Namen und Formen wesenlos leer sind, da Leere ihr Wesen ist. Für den Buddha ist alles Buddha. Darum ist Begriff und Bild des Buddha Symbol und Hieroglyphe der Leere. Er bezeichnet sowohl die reine Leere, wie ihre Erscheinung in den übersinnlichen und sinnlichen Reichen von Namen und Formen, deren Wesen ja Leere ist.

Alles ist Buddha: das heißt, alles ist Nirvâna, Leere, wie

Schaum und Wellen nur Wasser sind. Erleuchtung heißt, wissend seinen wahren Stand, den Stand aller Wesen erkennen. Für den Wissenden, der um die unterschiedslose Leere aller Erscheinungen weiß, hat es nie auf Erden einen Buddha gegeben. Was in der Welt des Scheins als Buddha wandelte, ist nur ein Schein, der aus der Leere des Nirvâna ins bunte Spiel der Scheinwelt fällt. Sie selbst mit allen ihren Gestalten, die Namen und Formen tragen, ist ja nur Schein, ihr Wesen ist Leere. Die Gestalt des Buddha, an die sich Chronik und Legende heften, ist nur ein »geschaffener«, ein »eigens zurechtgemachter Leib« (nirmânakâya) des Leeren, der als ein Schein die Welt des Scheins – sie scheinbar belehrend und erlösend – durchwandelt. Die leibhaftige Gestalt des Buddha, der als Mensch unter Menschen lebt (nirmânakâya), ist die Verkappung des »Wesensleibes« (dharmakâya) aller Wesen in eine eigens zurechtgemachte Form, die der Formenwelt sinnlicher Alltagserfahrung angepaßt ist. Neben ihr lebt in der Sphäre übersinnlicher Anschauung, in den höheren Welten, die Yoga-Erfahrung entriegelt, als Reflex des Wesensleibes der reinen Leere der »Selige-Glücks-Leib« (sambhogakâya). Über beide strebt der Adept der Buddhalehre hinaus. Ihm ist es aufgegeben, Buddha zu werden, das heißt, die Leere als sein eigenes Wesen und als das demantene unterschiedslose Wesen aller Wesen zu erfahren. So wie der brahman-Gläubige sich selbst als brahman, als unterschiedsloses Wesen aller Wesen erfahren will.

Demant (vajra) steht als Zeichen für das ewig Unveränderliche, das in seiner Härte unzerstörbar und unangreifbar ist. Als Bezeichnung einer donnerkeilartigen Waffe war der vajra in Indien von Alters her Symbol höchster göttlicher Macht. Der »Vater Himmel« (Dyaus pitar, Zeus pater, Diespiter) ältester Zeit überließ ihn seinen Söhnen, den Erben seines Vorrangs vor den übrigen Göttern: Mithra in Persien, Varuna in Indien. In Indien ging er auf Indra über, als er in jüngerer Zeit zum König der Götter wurde und den älteren König unter den Göttern, Varuna, in Schatten drängte. Im Buddhismus ist Demant Symbol für die Sphäre absoluten Seins. Darum ist der vajra, ein donnerkeilartiges Gerät ein bevorzugtes Requisit in den Händen der künstlerischen Symbole, die das Reich der reinen Leere vertreten sollen. Buddhagestalten tragen ihn in der geöffneten Krone, Figuren, die der schivaitischen Tantrawelt entlehnt und buddhistisch umgedeutet worden sind, tragen ihn in den Kronen und halten ihn in der rechten Hand. Er ist ein unentbehrliches Requisit des Lama, dessen Ziel es ist, sein eigenes Wesen als demantene Leere zu erfahren. In den lamaistischen mandalas, die als lineare yantras mit figuraler Füllung das reine Sein, die Leere, mit ihren Reflexen in den Ebenen übersinnlichen und sinnlichen Scheins, zur Darstellung bringen, ist der Ort der demantenen Sphäre die Mitte des konzentrischen Gebildes. Als ein Stück aus einem Bilderatlas des Geistes umspannt ihr Plan in seinen äußeren Bezirken das Reich der mâyâ, der Erscheinungswelt, die dem von Ahnungslosigkeit umfangenen Geiste Wirklichkeit dünkt, und – näher zur Mitte – jene Reiche innerer Erfahrung des Yogin, die zu jenem innersten Kerne leiten, dessen Wesen jenseits von Namen und Formen ist.

Was diese mandalas als Sphären der mâyâ oder Ahnungslosigkeit (avidyâ), dann der inneren Anschauung (dhyâna) und schließlich der höchsten Weisheit, die Erleuchtung, Nirvâna, Verwirklichung der Leere ist, umschließen, sind verschiedene Aspekte kosmischer Wirklichkeit und zugleich Stadien des Bewußtseins. Hier ist der Weg zur Vollendung aus der inneren Erfahrung lehrhaft-anschaulich auf die Bildebene projiziert und als Aussage über das Wesen aller Wesen hinausgestellt. Aber nicht, um in ruhevoller Statik betrachtet zu werden. Hier soll der im Eingeweihten verborgene Buddha zu seiner eigenen Buddhaschaft erwachen, indem er diese mit Figuren bezeichnete Landkarte seiner Wegstadien vom äußeren Rande unerhellten Daseins bis zur Mitte durchwandelt. Er ist ja selbst nichts anderes als das Wesen dieser demantenen Mitte, gebunden von Unwissenheit (avidyâ). In diesen Bildern schaut der Geist des Andächtigen sein eigenes reines Wesen in unterschiedlichen Stadien der Selbstentfremdung und Heimkehr zur Wahrheit seiner selbst an; in die Mitte heimkehrend erfährt er ein Erwachen (bodhi), das ein Entschlafen (nirvâna) ist in traumlos tiefe Ruhe, weil der Unterschied von Ich und Nicht-Ich, der von Wachen und Traum untrennbar ist, als wesenlos leer erfahren wird.

Das tibetisch abgefaßte »Schrîcakra-sambhâra-Tantra«, das von der inneren Bildentwicklung des »schrî-cakra«, des »Kreises der Seligkeit« handelt, setzt in den Mittelpunkt eines figural gefüllten yantras die göttliche Gestalt Mahâsukhas (»Höchste Seligkeit« tibetisch: bDe-mChog). Er ist Symbol der Leere, eine Form des vajrakâya, des »Leibes von Demant«. Seine vielarmige hochaufgerichtete Gestalt im Flammenkreise umschließt mit zweien seiner Hände ein liebendes Wesen, in das er eingeht, indes es ihn mit Armen und Beinen umfangen hält.

Mahâsukha und seine Geliebte sind eine Entlehnung aus der Symbolwelt des Schivaismus. Schiva und Kâlî-Durgâ einander umschlungen haltend, stellen das Göttliche und seine schakti dar. Das reine göttliche Sein und seine Entfaltung zur Aktivität im Schein sind ein und dasselbe und sind doch zweierlei. Die Erscheinungswelt ist Schein und nicht Wesen des Göttlichen, und doch liegt ihrem Schein nichts anderes Wesenhaftes zugrunde als allein das Göttliche. Samsâra und Nirvâna sind zweierlei und doch ein und dasselbe, das göttliche Sein und seine Kraft, die sich entfaltet, sind nicht auseinanderzureißen. Das große

Symbol für diese logische Paradoxie, die alle Wahrheit vom brahman und seiner mâyâhaften Entfaltung umschließt, ist die Vereinigung der Liebenden: das Mysterium, in dem zwei unauflöslich eines sind. Ihr Bild in der Kunst ist Hieroglyphe für die göttliche Einheit der Welt, ist allumfassende Wesensaussage, die Gott und Mensch, Sein und Schein unterschiedslos zueinander in Beziehung setzt.

Da die weibliche Gestalt die schakti darstellt, die grammatisch weiblich ist, fällt ihr nach orthodox-brahmanischer Anschauung Aktivität als Ausdruck ihres Wesens zu. Schiva als das unentfaltete reglos Göttliche wird gern als ruhend dargestellt. Es heißt, er liege reglos wie ein Toter ausgestreckt, indes die Göttin, über seine Brust geneigt, zärtlich mit ihm verschmilzt[16]. – Die buddhistische Auffassung des Symbols vertauscht die Pole an ihm. Für sie ist nicht der männliche Teil Zeichen des reinen göttlichen Seins und die weibliche Gestalt Ausdruck seiner zum Schein sich entfaltenden Kraft, ihr ist die weibliche Gestalt die Weisheit vom jenseitigen Ufer des Nirvâna (prajnâ) oder die Leere, der göttliche Liebende aber, der sie umschließt, ist die Erscheinungsform, in der die höchste Wahrheit dem Bewußtsein greifbar wird: der Weg der Buddhalehre, der zur Wahrheit hinführt und dessen Bestand an Namen und Formen in ihr zur Aufhebung gelangt, (upâya) und das Ethos, mit dem die Wahrheit sich in der Welt des Scheins bezeugt. Dieses Ethos ist das Allerbarmen (karunâ): die notwendige Geste der Weisheit, die Namen und Formen als leer durchschaut, zur Unterschiedslosigkeit aller Erscheinung vordringt und um die universale Buddhanatur aller Dinge weiß. Der Gott umschließt die weibliche Gestalt der höchsten Weisheit und geht in sie ein, die an ihn schmilzt: – so stellt er die Einheit von Weisheit und Erkenntnisdrang zur Schau, die unlösliche Verbindung der Wahrheit mit dem Weg zu ihr, der nichts anderes als die Entfaltung ihres Wesens in das Reich der Formen und des Formulierten, der Namen und des Sagbaren ist und, wenn er in die Wahrheit mündet, seine Namen und Formeln als leer erweist.

Die buddhistische Auffassung hat die Pole des Männlichen und Weiblichen als Zeichen des Göttlichen und seiner Entfaltung augenscheinlich vertauschen müssen, weil sie sonst nicht mit dem grammatischen Geschlecht der Begriffe, die sie im Buddhismus verkörpern sollen, harmoniert hätten. Die Entfaltungsform der Wahrheit: der Weg der Buddhalehre, Upâya ist männlich, die höchste Weisheit, die Nirvâna, Leere ist, Prajnâ, hat weibliches Geschlecht. Der Gestus der beiden Figuren, wie der Buddhismus sie der schivaitischen Kunst entnahm, ließ diese Umdeutung zu: im hinduistischen Vorbild zur Mahâsukhagruppe ist Schiva nicht in totengleicher Ruhe dargestellt, sondern in ekstatischem Siegestanze. Die ursprüngliche schivaitische Bedeutung der Mahâsukha-Gruppe ist unverkennbar, da der Lamaismus bei ihrer Übernahme kaum etwas an ihr geändert hat: Mahâsukha in seinem waffenstarrenden grausigen Schmuck ist eine der schreckenerregenden (bhairava) Erscheinungsformen Schivas, die ihn als Besieger feindlicher Dämonen feiert. Er hat den elefantengestalteten Dämon erschlagen und feiert, von der Göttin ekstatisch umschlungen, seinen Triumph im Tanze. Die Trophäe, das blutige Fell des Feindes, schwingt er inmitten seiner Waffen.

Der Buddhismus hat an dieser episch-mythischen Situation substantiell nichts verändert, aber ihr Detail und ihre Requisiten bis ins einzelne einer völligen Umdeutung unterzogen. Die epische Situation ist zur zeitlosen Wesensaussage geworden, und alles, was sie in ihrer Eigenart charakterisierte, indem es nur sich selbst schlicht aussagte, ist vergeistigt zum Symbol. Der buddhistische Adept, der dieses ursprünglich rein schivaitische Bild des Göttlichen, das sich in seinem Bestande so treu geblieben ist, vor seinem inneren Auge aufruft, um sich selbst mit ihm gleichzusetzen, vollzieht an ihm ein großes Spiel der Interpretation, in dem das sinnliche Symbol allegorische Transparenz entwickelt.

Mahâsukha und seine Geliebte bezeichnen als Mittelfigur des »schrîcakra« das wesenhafte Sein, den »Leib von Demant« (vajrakâya), den der Eingeweihte als sein eigenes und aller Wesen Wesen erfahren will, indem er die Dynamik des »Kreises der Seligkeit« (schrî-cakra) vor seinem inneren Auge entwickelt. Einweihung lehrt ihn, – soll seine Andacht Erfolg haben – das Ziel seiner Übung gedanklich vorweg zu nehmen. Er muß sie damit beginnen, daß er sich selbst als die Mitte aller Mitten seines yantra weiß –: also als Mahâsukha, und an diesem Bewußtsein während des Prozesses innerer Bildentfaltung und -einschmelzung festhält. Als eine wirksame Vorbereitung dazu empfiehlt der Schrîcakra-sambhâra eine Übung für den Abend, die den Adepten befähigen soll, am nächsten Morgen den vielgliedrigen Prozeß innerer Schau in geeigneter Verfassung anzutreten. Vor dem Einschlafen soll der Gläubige sich selbst als »Buddha, dessen lauteres Wesen Demant ist« (Buddha Vajrasattva) wissen und mit diesem Wissen mählich in den ruhigen Stand der Leere gleiten. Wie mit einem göttlichen Leibe erwachend soll er sich selbst in seiner Umgebung als Mittelpunkt eines mandala fühlen, soll sich als das göttliche Sein in seinem reinen Stande wissen, indem er sich selbst als das ineinander verschlungene göttliche Paar erschaut. Ein mantra, mit dem er diese Gleichsetzung als Aussage vollzieht, hilft ihm dazu.

Dann bringt der Adept in sich das Gefühl hervor, das dem Wissen um die unterschiedslose Gleichheit aller Erscheinungen in der Leere, die ihr Wesen ist, gemäß ist und das einzig seiner göttlichen Situation angemessen ist:

er entwickelt das Gefühl des Allerbarmens, das sich in segnendem Gedenken nach allen Seiten unterschiedslos ausbreitet. Zu diesem Akt bedient er sich – wie durchgängig – innerer Anschauung. Er läßt Strahlen in den Farben der vier Himmelsrichtungen: blau, grün, rot und gelb von den Häuptern Mahâsukhas, als der er selbst vor seinem inneren Auge steht, nach allen Seiten ausgehen. Ihre Farben verbürgen, daß sein Gefühl des Allerbarmens (karunâ) den ganzen Weltenraum durchdringt.

Es folgen weitere vorbereitende Übungen innerer Bildentwicklung, die ihn reif machen sollen, das eigentliche mandala mit seiner außerordentlichen Gestaltenfülle vor dem inneren Auge zu entwickeln. In ihnen sieht der Gläubige sich in seinem menschlichen Stande als Adept und verehrt die lange Linie der Lehrer, auf der die Geheimlehre des mandala bis zu ihm selbst herabgekommen ist. Er schaut sich selbst zu einer unendlichen Schar verehrender Schüler anwachsend, die den Lehrern huldigen. An der Spitze dieser Lehrer steht Mahâsukha selbst, denn die Offenbarung des Göttlichen muß ja in letzter Instanz Selbstoffenbarung des Göttlichen sein. Mahâsukha ist der Urlehrer seines mandala wie Schiva der Urlehrer der orthodoxen Tantras. Er verehrt die Reihe der Lehrer, indem er in rein geistiger Form die Kultakte vor ihrer innerlich erschauten Anwesenheit vollzieht, die der Fromme vor dem sinnlich greifbaren Kultbild oder seinem inneren Gesicht zu üben pflegt. Mit Gebet und Bekenntnis weiht er sich auf der Ebene innerer Schau den Lehrern und der Lehre des mandala, in dem das Göttliche zum Heil des Eingeweihten sein Wesen in Namen und Formen gekleidet hat. Er rezitiert Formeln, die Hemmungen der bevorstehenden Andacht vernichten und ihren Erfolg verbürgen sollen und begleitet sie mit Bildern ihrer inneren Wirkung: er sieht zahllose lichte Gestalten, die den Weg der werdenden Buddhas (Bodhisattvas) zur Wahrheit an-

treten, und andere, dunkle, denen ein Dolch das Haupt durchbohrt.
Zum Abschluß dieser vorbereitenden Übungen, die ihn mit der Gewißheit durchtränken sollen, daß er reif ist, die Selbstoffenbarung der Wahrheit in Gestalt der Dynamik entfalteter und eingeschmolzener Gesichte an sich zu erfahren, spricht er die großen Formeln, die den Sinn des mandala: die Weisheit vom anderen Ufer umschließen:
»Om, ich bin rein (schuddha) in meinem Wesen, wie alle Dinge in ihrem Wesen rein (das ist: leer) sind.« – und: »mein Wesen ist Demant des Wissens um die Leere.«
In ihnen nimmt er denkend vorweg, was er schauend an sich erfahren will.
Aus dieser Leere, die sein eigenes Wesen ist, entwickelt er – analog der scheinbaren Entfaltung des reinen Göttlichen zum Schein – ein Bild der ganzen Welt. Sie ist nichts anderes als er selbst in seinen verschiedenen Sphären sinnlichen und geistigen Daseins und muß darum, wie sein eigenes Wesen die Gestalt des ineinander verschlungenen Paars, Mahâsukhas und seiner Geliebten zum wesenhaften inneren Kern haben.
Im Sinne altbrahmanischer Weltentfaltungslehre läßt er zunächst das Ungestaltet-Namenlose (die Leere, die er als sein Wesen weiß) sich schrittweis in die vier Elemente umsetzen, die auseinander hervorgehen: aus dem Leeren die Luft, aus der Luft das Feuer, aus dem Feuer Wasser und aus dem Wasser zuletzt Erde. Er vollzieht diesen Entfaltungsprozeß, indem er die Sinnbilder der Elemente vor sein inneres Auge bringt: einen weißen Halbkreis mit wehenden Fahnen, ein rotes Dreieck mit flammendem Juwel, einen weißen Kreis mit einem Topf und ein gelbes Quadrat mit dreikantigen Donnerkeilen an den Ecken. Sie entsteigen der Leere und gehen auseinander hervor, da die mantraschakti mystischer Silben, die ihre Erscheinung im Reiche des Schalls sind, sie aufruft: die Silbe »yam« ist

Luft und zaubert ihr symbolisches Bild herauf, »ram« das Feuer, »vam« das Wasser und »lam« die Erde. Sie entwickeln sich aus dem inneren Bilde der Silben, wie aus der Silbe »sum« die leuchtende Erscheinung des Götterberges Sumeru aufwächst, der Achse des Welteis, deren vierkantiger Juwelenleib mit Flächen von Kristall, Gold, Rubin und Smaragd in den Farben der vier Weltgegenden funkelt. Ein gläubiger Hindu würde auf seiner Gipfelfläche die Palastwelt des Götterkönigs Indra und seiner Seligen erblicken: Amarâvatî, die »Stätte der Unsterblichen«, der Adept des buddhistischen mandala entwickelt an ihrer Stelle einen Klostertempel (vihâra) als dem Buddha einzig gemäßen Raum. Ein quadratisches Gebäude aus Juwelen mit vier Eingängen auf den Seiten, umgeben von magischen Mauern aus Demant (vajra). Sein Dach ist zu einer Spitze aufgewölbt wie jene Kuppelgräber auf Erden, die als Reliquienbehälter vom völligen Nirvâna Erleuchteter zeugen. Die Mitte seines Inneren bildet ein Kreis mit einer entfalteten Lotusblume, deren acht Blätter sich nach allen Richtungen der Windrose erstrecken (den vier Hauptpunkten des Horizonts und den vier Zwischenrichtungen). Auf ihr sieht der Andächtige sich selbst stehen in Gestalt Mahâsukhas, der die weibliche Gestalt umschlungen hält. Als »Höchste Seligkeit der Kreise« (cakramahâsukha) sieht er sich vierköpfig und achtarmig und wird sich kontemplativ seines Wesens bewußt. Seine vier Häupter bezeichnen die vier Elemente Erde, Wasser, Feuer, Luft in ihrem immateriellen übersinnlichen Zustande, zugleich aber auch die vier unendlichen Gefühle (apramâna), mit denen sich in stetiger Übung durchdringen dem Nirvâna entgegenreifen heißt: das Allerbarmen (karunâ), die unendliche Liebe (maitrî), die unendliche Heiterkeit (muditâ) und die unendliche Gelassenheit (upekschâ). Sie bezeichnen ferner vier Formen des Wissens: um die Leere des Seins wie des Nichtseins (bhâva- und abhâvaschûnyatâ), um die Leere des Wesens (paramârthaschûnyatâ) und um die völlige Gleichheit aller Dinge in ihrer wesenhaften Leere. Das vordere Antlitz ist blau, das rückwärtige rot, die Gesichter zur Linken und Rechten grün und gelb: so beherrschen sie mit diesen Farben den Weltraum nach allen Richtungen. Jedes hat drei Augen, vor denen Vergangenheit, Gegenwart und Zukunft stehen und alle drei Welten: die Welt der Sinnlichkeit (kâmaloka), die formerfüllte Weltenreihe übersinnlicher Schau (rûpaloka) und die formleeren Welten höchster Yogaübung (arûpaloka).

Mahâsukha hat zwölf Hände. Sie bedeuten das Wissen um die zwölfgliedrige Formel des Werdens und Entwerdens von Scheinwelt und unwissend-gebundenem Bewußtsein: den Fundamentalsatz der buddhistischen Lehre (pratîtyasamutpâda). Den Stand höchster Vollkommenheit, das Leere-Sein, das sich als ichfreies unterschiedsloses Allerbarmen äußert, symbolisieren die Embleme der obersten beiden Hände, die umarmend gekreuzt sind: der Donnerkeil (vajra) als Zeichen des schûnyam, die nach allen Seiten tönende Glocke als Sinnbild des Erbarmens. Die obersten seiner ausgebreiteten Arme zerren nach rechts und links das Elefantenfell der Unwissenheit auseinander, das seinen Oberleib bedeckt, eine dritte Rechte hält eine stundenglasförmige Handtrommel wie sie Schiva in seinem ekstatischen Tanze trägt, wenn er das blutige Fell eines elefantengestaltigen Dämons siegestrunken im Walde seiner Arme schwingt; sie gilt als Zeichen der Freude, die von der Lehre ausgeht. Die vierte Hand zur Rechten hält eine Streitaxt, die Geburt und Tod abschneidet und den Samsâra an der Wurzel vernichtet; die nächste einen Dolch, der die Schar der Hemmungen auf dem Wege des Yogin (Stolz, Unglauben, Mangel an Ernst usw.) beseitigt, während die letzte Rechte einen langen Dreizack schwingt, der Zorn, Begierde und Verblendung tötet. Eine Linke trägt den Asketenstab mit Rasselringen, den der Mönch auf seinem Bettelgange bei sich führt, um schweigend und innerlich reglos sein Kommen denen anzuzeigen, die seine Schale mit Speise füllen wollen. Ihn krönt ein vajra. Er besagt, daß Mahâshukha, mit dem der Andächtige sich in innerer Betrachtung gleichsetzt, um ihm gleichzuwerden, im demantenen Stande der Leere weilt. Drei ausgestreckte Hände zur Linken halten eine mit Blut gefüllte Schädelschale, eine Wurfschlinge und am gestrafften Schopf den abgeschlagenen Kopf Brahmâs mit vier Gesichtern, denn der Zustand, den Mahâsukhas Gestalt symbolisiert, macht ein Ende mit Sein und Nichtsein, fängt alles Wesen mit demantener Schlinge und löscht die Welt des Samsâra aus. Ihre geistige Spitze, ihr oberster Regent ist für buddhistisches Denken Brahmâ. Er hat seine höchste Würde eingebüßt, den Sinn seiner Existenz im Rahmen orthodoxhinduistischen Denkens verloren: Wahrheit und Wesen über aller Erscheinung zu sein, Weltgrund und Quelle aller Offenbarung. Der Buddha hat ihn in seinem Wandel zur Erleuchtung seiner absoluten Stellung enthoben und in Schatten gedrängt. Für seine Anhänger ist Brahmâ nur der Weltgeist in der höchsten der Sphären, die übersinnliche Schau entriegelt, nur das sublimste Geschöpf der Scheinwelt – noch zu befangen in ihr, um die wahre allerhöchste Erleuchtung aus eigenes Kraft heraufzuführen, wie es der Buddha vermocht hat. Seine sublimen Geistigkeit ermangelt nichts außer dem Einen eben, was not ist: der Erleuchtung, die den Schein, in dem er waltet und von dem er selbst ein Teil ist, in Nirvâna aufhebt. Seine sublime Geistigkeit reicht nur hin, den Buddha als solchen zu erkennen, wenn er durch Erleuchtung Nirvâna erreicht hat, und dem Vernichter der Scheinwelt zu huldigen, wenn er den Sinn der Erleuchtung in sich bewegend einsam unter einem Baume sitzt. Sein Amt ist es, als höchster Regent der Scheinwelt den Erleuchteten anzuflehen, daß er mit seiner Weisheit die Welt erhelle und ins Nirvâna führe, wenn der Buddha seine Erkenntnis als eine dem Sinn der Vielen unfaßbare in sich zu verschließen geneigt scheint. Mit seinem göttlichen Munde feiert er den Beginn der Laufbahn des Erleuchteten, wie ihr Ende, wenn der Buddha mit dem Eingehen in völliges Erlöschen (Parinirvâna) den Schein seiner Leibhaftigkeit – sich selbst als nirmânakâya der demantenen Leere – leiblichen Augen entrückt.[17].

Mit dem rechten Fuße tritt Mahâsukha auf den roten abgemagerten Leib der Zeit, die Dolch und Schädelschale hält: – sie bedeutet den Irrwahn: das Nirvâna sei Vernichtung. Der Linke tritt einen schwarzen Dämon nieder, der in zwei rechten Händen Handtrommel und krummes Messer, in den Linken Stab und Schädelschale trägt. Er ist Symbol des entgegengesetzten Irrwahns: des Glaubens, der Samsâra sei ewig.

Wie diese großen Gesten und Embleme ist auch alles Detail an Haltung und Attributen der Gestalt Mahâsukhas bedeutungsvoll und muß vom Adepten in seinem besonderen, buddhistischen Sinn und seiner vergeistigten Bedeutung verstanden werden, um ihn ganz mit der Wesenhaftigkeit Mahâsukhas zu durchdringen, der er, sie anschauend, sich gleichsetzt.

Zum Zeichen, daß er die Frucht aller vorbereitenden guten Werke, die sein Wesen läutern, in sich aufgehäuft hat, ziert ein Wunschedelstein (cintâmani), der alle Gaben gewährt, das zum Schopfe aufgebundene Haar Mahâsukhas. Die Sichel des jungen Mondes schmückt die linke Seite seines Schopfes: sie bedeutet das unaufhaltsame Wachstum und Sich-Vollenden der Weisheit im Jünger. Ein vierkantiger Demant in den Farben der vier Weltgegenden krönt sein Haupt und bezeugt, daß die Buddhalehre, die in die Weisheit eingeht, wie Mahâsukha in die

Geliebte, sich an die Wesen aller Weltgegenden wendet. Die Kronen aus je fünf Schädeln, die er auf jedem seiner Häupter trägt, der Kranz von fünfzig abgeschlagenen Köpfen, der über seine Knie herabhängt, symbolisieren geistige Siege auf dem Wege zur Vollendung. Seine Gesichter dräuen und zeigen die Zähne, zum Zeichen, daß Mâra, der Versucher samt allem Irrglauben überwunden ist. Denn der Versucher, der den Weg des werdenden und vollendeten Buddha immer wieder gekreuzt hat, symbolisiert in seiner schillernden Erscheinung alle Hemmungen, die dem werdenden Buddha, dem Adepten des mandala begegnen können. Mit der Laute in der Hand, umgeben von seinen reizenden Töchtern, verlockt der Schöne zur Lust des Lebens und verlockt zum Wahn, für wesenhaft und gehaltvoll zu nehmen, was völlig leer ist. Den Widerstrebenden aber bedroht er in seiner schrecklichen Gestalt mit einem Heer tobender Unholde, um die Todesfurcht zu erwecken, die an das Leben bindet und die Erkenntnis fernhält, daß Tod und Leben gleich wesenlos sind.

Ohrschmuck und Halskette, Armringe, Gürtel und ein Knochenkranz auf dem Haupte Mahâsukhas bedeuten Unerschrockenheit, Liebe, Keuschheit, Kraft und innere Schau: die Fähigkeiten, die den Weg zur Erkenntnis der Wahrheit säumen.

Man mag es bewundern, wie vollständig es dem buddhistischen Denken gelungen ist, eine solche mit Emblemen beladene Gestalt des Schivaismus, ohne an ihr äußerlich zu ändern, in seinem Sinne auszudeuten. Wer mit indischer Symbolik vertraut ist, wird an diesen vergeistigenden Interpretationen kaum etwas Gezwungenes finden. Auch ist diese Umwandlung mythischen Emblems in allegorisches Requisit keine spezifische Leistung des Buddhismus, sie findet sich ebenso im hinduistischen Denken. – Der tantristische Einschlag im späten Buddhismus trug die Gestalt Schivas in den Zenith seines Symbolhimmels, aber eben sie bot einer vergeistigenden Interpretation in asketischem Sinne glückliche Angriffspunkte. Er vereinigt die Polarität des Sinnlichen und Asketischen in seinem Wesen. Das Kâmasûtra ist von seinem Diener, dem göttlichen Bullen Nandin, offenbart: aus dem Liebesspiel der Hochzeitsnacht des »Großen Gottes« mit seiner Gemahlin Pârvatî (Kâlî-Durgâ) kam den Menschen die Wissenschaft um die Kunst des Sinnenglücks. Aber Schiva ist auch der große Yogin unter den Göttern: der Strahl seines von Askese glühenden Auges verbrannte den Liebesgott zu Asche, als er den Pfeil gegen ihn aufzulegen wagte. Auch in der Haltung des Siegestanzes mit dem Elefantenfell, bei dem ihn seine trunkene Gattin umschlingt, trägt er die Zeichen des Asketentums. Wie alle anderen sind natürlich auch sie Mahâsukha verblieben: das Tigerfell mit um die Hüften baumelnden Pranken und Schweif, die Asche von Leichenplätzen als Schminke des Leibes und der lange Bettelstab des Wanderasketen.

Von Schiva, dem Herrn der schakti, die von ihm untrennbar ist, hat Mahâsukha auch den vierfachen Ausdruck seiner vier Gesichter: friedvolle Ruhe und drohenden Zorn, Herrscherpathos und die Rätselzüge der mâyâ, mit der Schiva als kosmischer Yogin das Erscheinungsspiel der Welt entfaltet.

Auch die weibliche Gestalt, die den gewaltigen Gott in liebender Ekstase umschlingt, ist dieselbe geblieben und für das wissende Auge des buddhistischen Adepten durchaus verwandelt. Sie ist nicht mehr Pârvatî (Kâlî-Durgâ) die Gattin Schivas, die Eingangsgebete königlicher Inschriften als lustvolle Erregerin seiner Kraft mit ihm zu feiern lieben; sie ist Symbol der Wahrheit. Sie umwindet den Körper des Erhabenen in entfesseltem Gliederspiel, nicht weil sie die göttliche Idealgestalt der liebenden Gattin ist, deren mythischer Flammentod so viele Scheiterhaufen der Witwenverbrennung auf Erden entzünden half –: in die kristallene Helle reiner Geistigkeit gehoben, sagt ihr unendlich liebevoller Gestus, ihre erfüllte Hingabe, daß Leere, Weisheit, vollkommene Stille und höchste Seligkeit unzertrennlich sind von Erkenntnisdrang, Weisheitsweg und Allerbarmen. Sie umarmt beseligend – wie das Nirvâna den Erleuchteten, den Sieger umfängt. Sie hat nur ein Gesicht, denn in der Leere, die aller Erscheinungen Wesen ist, haben sie alle unterschiedslos ein und dasselbe Antlitz. Sie hat zwei Augen, denn sie umgreift beiderlei Wahrheit: die Wahrheit des Scheins wie die höhere des Wesens. Ihre Linke hält eine Schädelschale, die rechte ein krummes Messer mit einem Griff aus Demant, dem Zeichen der Weisheit. Es schneidet alle Reflexionen ab, die der höchsten Erkenntnis im Wege stehen, da sie mit Namen und geistiger Form beladen sind. Ihr Haar fließt frei herab, denn der Knoten, der alle Dinge bindet, ist für sie gelöst. Sie ist nackt: kein Schleier der Leidenschaft, die auf Nichtwissen beruht, verhüllt sie. – Das Feuer höchsten Wissens verbrennt alles, was ihm entgegensteht, darum soll der Andächtige die Weisheit, die der Erkenntnisweg umschließt, inmitten eines Flammenkranzes schauen.

Rings um den quadratischen Klostertempel, in dem Mahâsukha und seine Geliebte als Bild der Leere, des reinen Seins und namenloser Seligkeit sich umschlungen halten, liegen form- und namenerfüllte Reiche des Bewußtseins, zu denen das formlose Sein sich entfaltet, zu denen der Yogin von der Erfahrung des Nirvâna als Sphären des Scheins zurücksinkt, solange seine Schein-Persönlichkeit – die Frucht langen Unwissens früherer Leben – sich noch nicht im letzten Erlöschen (Parinirvâna) des Todes aufgelöst hat. Von allen vier Weltrichtungen führen Tore in den Stand der Wahrheit, den die Tempelmauern umschließen; liegende Gazellen mit dem Rad der Lehre zwischen sich schmücken den Torsturz: ein Erinnerungszeichen an die große Heilstat im Gazellenhain zu Benares, wo der Buddha zuerst das Rad der Weltherrschaft seiner Lehre den Lauf beginnen ließ. Wie sie bis heute den Eingang buddhistischer Klöster schmücken, darf auch anderer Zierat festlicher Symbole, der den wirklichen Kultstätten eignet, ihrem Abbild vor dem inneren Auge nicht fehlen: Wimpel und Glockengirlanden, daneben weiße Sonnenschirme und Yakschweif-Wedel als Symbole des Weltherrschers zieren die Außenwände, Kuppelbauten als Zeichen des Nirvâna krönen die Eingänge wie das Dach des Tempels.

Wie diese Klosterhalle als Schale um den Kern der beiden göttlichen Gestalten – ein getreues Abbild wirklicher Kultstätten – auf dem Gipfel des Weltberges mit all ihrem bedeutsamen Detail vom inneren Auge des Adepten als Hieroglyphe des unsagbaren Standes der Vollendung aufzubauen ist, sollen sich um sie gestalterfüllte Sphären breiten, deren kosmographische und göttlich-personale Bestandteile andere Ebenen seines Wesens darstellen.

Ein blauer Kreis umgebe den Tempel als erste Entfaltung des Leeren zum benannten und geformten Schein: er bedeute das konturerfüllte Geistige (cittam). In ihm stehen mitsamt ihren Göttern acht große Wallfahrtsorte der indischen Erde. Denn dieses Indien, das sich wie ein spitz auslaufendes Lotusblatt vom Mittelpunkt der Welt gen Süden streckt, indes der Götterberg Sumeru im innersten, gegürtet vom Himâlaya und ferneren hohen Schneeketten, wie ein gewaltiger Blütenstempel der Mitte eines Lotuskelches entragt, ist ja wie die Welt gestalterfüllten Geistes, die sich von seiner Anschauung speist, Entfaltung der Leere zum Schein. Innen und Außen, die Welt und das Bewußtsein, das sie denkt, sind ein und dasselbe, zwei Kerne einer scheinbaren Polarität, zwei Scheinseiten eines Wesens, die ineinander stürzend zu ihrem Wesen eingehen, das Leere ist.

Weiter entfaltet sich die Leere zum Reich der Sprache, das der Adept als eine rote Ringfläche erschauen soll, die den blauen Kreis umschließt. Auch sie erfüllen heilige Orte der Erde mit ihren Gottheiten. Wie aber die innere Anschauung des mandala Ring um Ring in die Breite wächst und vom Geist über die Sprache aus dem Inneren des Menschen an seine Außenfläche drängt, sinkt die kosmische Bedeutsamkeit der hinzutretenden Vorstellungen, die über den Himmeln auf dem Gipfel des Weltberges anhub, tiefer und tiefer. Der blaue Kreis des Geistigen ist ein Zeichen für die Himmelswelten, mit deren Geistern der Yogin im Durchgang zur Leere, zum Nirvâna Rede und Antwort tauscht, die sprachlichen Schalles nicht bedürfen, der rote Ring ist Symbol der Erdfläche. Die Sprache leiht dem Geiste Schwingen, deren er, der dichten Atmosphäre sinnlicher Raumwelt enttauchend, zu entraten vermag. Wie sie die Brücke ist vom Geist zum Raum, grenzt der äußere Rand ihres symbolischen Bezirks an die weiße Ringfläche des Körperlichen, dem als Entfaltung im Weltgebäude Reiche unterhalb der Erdfläche entsprechen.

Dreimal acht Paare göttlicher Wesen in der Haltung Mahâsukhas und seiner Geliebten füllen die drei Ringe, die das Wesen des Menschen und das Weltganze in seinen drei Sphären als Entfaltungen der Leere (schûnyam) darstellen. Wenn der Yogin sein inneres Gesicht wie die Welle eines Steinwurfs in immer weiteren Ringen mit ihnen ausbreitet und sie klar erschaut, soll er sie nicht für bloße Schöpfungen seines inneren Auges voll symbolischer Bedeutung halten. In ihnen allen, die auf Indiens Erde ihre Stätten der Verehrung haben – Ziele der Wallfahrt –, tritt das reine Sein göttlich-personal auseinander, (sie sind der nirmânakâya des schûnyam).

Da aber die Entfaltung der namen- und formlosen Wahrheit, der Leere (schûnyam) im Reich des Geistes und der seelischen Haltung nichts anderes ist, als der vom Buddha verkündete Erkenntnispfad mit seinen Stufen, in dessen Begriffs- und Formelschatz die Wahrheit (dharma) auseinandertritt, wie das Göttliche aus seinem reinen Stande (dharmakâya) zum sinnlich greifbaren Schein (nirmânakâya) oder zum übersinnlich-inneren Schaubild (sambhogakâya) sich entfaltet, sind alle Gestalten dieser Ringe – dieser mandalas im mandala – zugleich nichts anderes als die formhafte Erscheinung der Wahrheit: sind die Grundbegriffe der Buddhalehre. Sie sind Wegsteine und Leitziele des Erkenntnispfades, die der Adept in vollkommen klarer Schau erreichen muß, um sie hinter sich zu lassen auf seiner Wanderung zum letzten Ziel, das die innerste Mitte des mandala darstellt.

Zu ihr strebt darum das innere Auge des Adepten von neuem, nachdem es Kreis auf Kreis aus ihr entwickelt und betrachtet hat, in einem letzten Akt zurück und läßt die entfalteten gestalterfüllten Sphären wieder zusammenschmelzen. Schritt um Schritt sinkt vor dem inneren Blick das vielfältig umeinander Gelagerte in seine Mitte zusammen und gerinnt zu einem großen vielfarbigen Demantkeil, den der Adept als seine eigene Leiblichkeit, sein eigenes Wesen weiß, denn die Mitte aller Mitten dieses mandala ist ja nichts anderes als der Schauende selbst, dessen innerstes einziges Wesen demantene Leere ist, wie er sich selbst am Eingang seiner Andacht als Mahâsukha und seine Geliebte wußte. Sein eigener Leib ist der demantene Weltberg und der Klostertempel auf seinem Gipfel, es ist sein Leib, an dem alle die Götter wohnen, die er einzeln in verschieden gefärbten Kreisen sah.

So hebt er die Welt, die er aus sich entbreitete, wieder in sich auf und verkündet sich selbst, am Ziele angelangt, die Erkenntnis des auswärts und einwärts vollzogenen Weges, die er als Losung seiner Andacht über ihren Eingang sprach:

»Om: mein Wesen ist Demant« und »Ich bin der lautere Demant alles demanten lauteren Wesens.«
Damit ist der Kreislauf zwischen programmatischer Formulierung und resümierender Aussage der Wahrheit vollzogen. Die durch Einweihung gedanklich vermittelte und nur gewußte Wahrheit ist zur unmittelbaren Erfahrung geworden, ihr Wissen ist zum Sein erhoben.
Wenn dieser Schleifenweg des Werdens und Entwerdens von Welt und Ich mit voller Klarheit aller symbolischen inneren Gesichte sich entrollt und in seinen Ausgangspunkt zurückschmilzt, wenn er beladen ist mit voller Einsicht in das Wesen seiner Gestaltenfülle und als Schau entfalteter Wahrheit, nicht bloß als Spiel innerer Bilder gesehen wird, wenn er nicht zuletzt getragen ist von dem Gefühl vollkommener Souveränität der inneren Anschauung über alles, was ihr Gegenstand werden kann –: sie ruft in ihr Feld und entbreitet, was sie will, und löscht es wiederum aus, wie es dem Sinn der höchsten Weisheit gemäß ist, die sich in der Ordnung des mandala entfaltet – dann allein findet ein mandala, als konformes Abbild innerer Bildentwicklung, Sinn und Erfüllung. Mancher mag, seine Schönheit betrachtend, seinen Sinn zergliedernd, es aus seinem Lebensboden reißen – nur der Eingeweihte vermag es zu beleben.
Für den Uneingeweihten besagt es nicht viel mehr als eine Landkarte für ein Kind, das ihre geheimnisvollen, konventionellen Zeichen noch nicht zu lesen vermag –: eine Ansammlung farberfüllter, augerfreuender Konturen, deren Bedeutung verschleiert bleibt. Und auch für den textkundigen Antiquar erwacht es nur zu einem scheinbaren Leben: er sitzt davor, wie ein Geograph vor der Karte einer Landschaft, die seinem Fuß und Auge verschlossen ist und zu deren Verständnis er nur Reiseberichte und Schilderungen anderer hat. Zwischen dem unterrichteten westlichen Betrachter eines mandala und dem

Eingeweihten klafft der ganze Abstand, der einen, der daheim mit Büchern, Karten, Bildern sich ein fernes Land erobern will, von den Kindern dieses Landes trennt, die zwischen seinen Bergen, unter seinen Bäumen groß geworden sind, aus seinen Flüssen trinken, aus seiner Erde aufstehen und sich nähren und sterbend wieder in sie versinken. Die Berge jenes Landes mögen dem Entfernten auf Bildern, die er beim Lichte seiner Lampe betrachtet, schön erscheinen, und er mag von ihnen auf ihre Bewohner schließen; aber für sie, die auf ihnen hausen, sind sie ganz anderer Mächte als lockender Schönheit voll: sie sind der Boden ihres Lebens, der sie zeugte, trägt und begraben wird. Erde, Luft und Wasser sind in ihnen selbst zu besonderer Gestalt und höherem als rein elementarischen Sein zusammengeronnen, und wie sie den Elementen ganz verbunden sind, kann nur erfahren, wer ihr Schicksal teilt und ihre Wege geht – betrachtend abzusehen ist es ihnen nicht. – Bei aller Schönheit der Struktur und Reizen des Details sind die mandalas bildlich kristallisierte Dynamik inneren Seins auf Grund von Gesichten. Abgewandelt wandeln sie den Adepten. Wer von ihrem schönen Schein zergliedernd ausgeht, um in die Mitte ihres Wesens zu gelangen, ist wie einer, der unbekannte Früchte abmalt, um sie kennenzulernen, anstatt hineinzubeißen – ob er sie nun verzehren kann oder nicht.
Die mandalas sind Landkarten ähnlich, in ihrer Entstehung wie in ihrem Wesen. In ihnen lebt sich nicht bildende Phantasie in immer neuer Freiheit ihrer Dynamik aus; sie werden entworfen wie Karten. Zunächst entsteht das geometrisierende Schema, das ihnen ihre Struktur gibt und ihren Raum in eine Menge kleinerer Räume aufteilt. So gliedert auch der Kartenzeichner die Fläche seiner Karte zunächst mit Längen- und Breitengraden oder einem Planquadrat. Diese kleineren Felder seiner Fläche stehen dann schon nicht mehr bedeutungsgleich nebenein-

ander. Sie sind schon wesensbestimmt durch die Beziehung zu den vier Richtungen der Windrose, die mit dem Netzschema der Karte mitgedacht ist. Was immer in sie eingetragen wird, ist schon von vornherein in seiner geographischen Richtung durch die Symbolik des Netzes festgelegt und mit einer Aussage behaftet. Ebenso ist alles figürliche Detail des mandala-Bildes, das dem linearen Schema einverleibt wird, durch seine Lage zur Mitte, mitunter auch durch seinen Ort im oberen oder unteren Teil des ganzes Feldes mit einer spezifischen Bedeutung beschwert. Durch seine Beziehung auf die Mitte erhält es seinen bestimmten Rang in einer Hierarchie der Werte auf der Skala der Entfaltung zwischen Schein und Wesen, rein durch die Stelle, an der es eingetragen ist.

Das figurale Detail, das dem linearen Schema des mandala einverleibt wird, ist ferner als anschauliches Symbol in seiner Form genauso scharf umrissen, so fest bestimmt, wie die Silbenzeichen bei einem linearen yantra mit eingetragenen mantra-Silben und -Worten. Es wird vom Künstler, der ein mandala mit figuralem Schmuck malt, in keiner Einzelheit frei geformt und läßt sich nicht abwandeln. Die figurale Formensprache des mandala ist in traditioneller Bindung genau so konventionell wie die Symbolreihe des Alphabeths, wenn auch viel reicher, und genau so konventionell wie der Symbolschatz geographischer Landschaftswiedergabe. Der Maler eines mandala handhabt sie wie ein Kartenzeichner die Symbole für Berge, Flüsse, Ortschaften, die er in sein Netzschema einträgt. Wollte der Zeichner sie auf seiner Karte auch nur im geringsten nach eigenem Ermessen variieren – in Größenverhältnissen, Farbgebung oder Kontur –, so wären mit ihnen eben nicht die Berge, Flüsse und Ortschaften da, die in ihnen zu symbolischer Darstellung kommen sollen, und die Landschaft seiner Karte wäre eine Phantasielandschaft. Sie könnte niemandem zu dem Zwecke dienen, zu dem er sie betrachtet, nämlich sich irgendwo zurechtzufinden. Ebenso muß alle Freiheit in der Ausbildung figuraler Details beim mandala fehlen, denn es ist ja ein Werkzeug, wie eine Karte, – ein yantra, und soll die Anschauung der Wahrheit vermitteln, damit sein Adept sich zwischen Schein und Wesen zurechtfinde. Es ist eine Wegkarte der Wahrheit. Darum wird sein figurales Detail nicht von Fall zu Fall frisch entworfen, sondern die festgelegten Symbole werden durch Pausen eingetragen und danach mit den traditionellen Farben, die ihnen zukommen, ausgefüllt. Aus dem Formenschatz figuraler Symbole wird jeweils herausgehoben und zu einem mandala vereinigt, was seinem ideellen Gehalt in der Sphäre der Anschauung entspricht; dabei können keinerlei künstlerische Rücksichten – etwa auf die Gesamtwirkung des formreichen und farbenfrohen Gebildes – dem individuellen Kontur des figuralen Symbols oder seinem Farbton etwas abdingen. Damit wäre den figuralen Elementen ihr Symbolcharakter genommen, der Sinn des mandala als Wesensaussage wäre zerstört, es wäre kein yantra mehr: es wäre zu nichts mehr von Nutzen. Wie der Maler eines mandala verfährt auch der Kartenzeichner bei der Eintragung seiner Symbole in ein neues Netzschema gern mechanisch und paust ab, weil es auch ihm um unbedingte Treue und Korrektheit zu tun ist. In beiden Fällen füllt sich ein Linienschema mit Symbolen, deren Form als Hieroglyphen im Dienst einer Wesensaussage dank dieser Funktion vorab aller Freiheit der Gestaltung entrückt ist.

Die mandalas mit figuralem Schmuck enthalten in ihrem linearen Netz einen Komplex von Symbolen, der in sich durch die Bezüge der einzelnen Ideen seiner Bestandteile aufeinander und auf eine Gesamtidee zusammengehalten wird. Aber kein Band formaler Tektonik verbindet das Figürliche in seinem Kontur und seiner Farbgebung miteinander; die figuralen Symbole präsentieren sich als ein reines Nebeneinander, das durch das lineare Netz ebenso voneinander getrennt wie zusammengeklammert wird. Jede Figur schwebt selbstgenugsam in sich selbst und bezieht das Recht, im einzelnen von Form und Farbe so zu sein, wie es ist, nicht aus einer Zugehörigkeit zu einem künstlerischen Gesamtplan. Sie haben jede ihr Leben für sich und sind von keinem Gesetz unbedingter künstlerischer Ökonomie bis ins kleinste ihrer Erscheinung erfaßt und bestimmt und zu dienenden Stücken eines tektonischen Zusammenhanges verbaut. Der Sinn des Individuellen ihrer Erscheinung liegt nicht in ihrer Beziehung auf ein künstlerisches Ganzes, das sie durchwaltet und zu Gliedern eines künstlerischen Organismus machte, sondern in ihrem Wesen als Symbole. Also in etwas Außerästhetischem. Das mandala ist nicht, wie Gemälde sonst zu sein pflegen, ein ästhetischer Organismus, sondern ein Symbol-Mosaik. Genauso wie die Lagerung alles Details durch seine Funktion als Symbol im mandala eisern festgelegt ist, versagt sich auch alles Individuelle des Details jedem Eingriff in seine Form, der sie nach Gesichtspunkten künstlerischer Wirkung abtönen, verändern und zu einem Organismus zusammenschmelzen wollte.

Was den ästhetisch eingestellten Betrachter an der Formenwelt des mandala fesseln kann, ist die künstlerische Durchbildung alles Details, das Schöne aller einzelnen Erscheinung und, sie umfassend, die Ordnung, die alles beherrscht. Diese Ordnung ist aber Ausdruck eines ideellen Bezugssystems der Symbole ohne alle tektonische Dynamik. Das betrachtende Auge vermag in der Fülle figuraler Symbole, die das lineare Schema füllen, bei jedem einzelnen, in das es sich versenkt, beliebig lange zu verweilen, ohne von ihm dort irgendwohin gelenkt zu werden. Das Ganze macht sich als solches im einzelnen nicht geltend und löscht die Selbstgenügsamkeit am Einzelnen nicht aus. Ideell ist das Ganze wohl etwas anderes und mehr als die Summe seiner Teile, aber rein optisch ist es nur diese Summe in geordnetem Beieinander. Es ist kein gegliederter Organismus, an dem jedes Glied, eben weil es nur Glied ist, unablässig auf das Ganze verweist, an dem es allein sein Lebensrecht und seinen Sinn hat.

Ein tibetisches mandala umgibt eine zentrale Buddhafigur, die im Blütenboden eines Lotus thront, mit einem Ringe von acht Buddhas, die sich auf die entfalteten Blätter der Blume verteilen. Die Blätter, die sie einnehmen, und zwischen denen die Spitzen von acht weiteren Blättern sichtbar werden, weisen in die vier Weltrichtungen und ihre Zwischenpole[18]. Hier ist der Buddha das Symbol der reinen Leere. Er, dessen Erleuchtung Nirvâna ist, war den Buddhisten die ursprüngliche und natürliche Hieroglyphe des demantenen, absoluten Seins, ehe Symbole des schivaitischen Tantrismus seine Gestalt vielfach in den Hintergrund drängten. Freilich gebührt die Mitte aller Mitten als Sitz nicht einem durch Historie und Legende auf Erden beglaubigten Buddha, wie Schâkyamuni, dem »Weisen aus dem Schâkyageschlecht«, der im Licht der Geschichte Indien durchwanderte, sondern dem Buddha, der jenseits von Raum und Zeit, Namen und Formen ewiges Nirvâna ist. Er bezeichnet die einzige Wesenhaftigkeit, die Leere, der Schâkyamuni wie andere Buddhas früherer und kommender Weltalter und zahlloser anderer Weltgebäude als ihre Reflexe im Reiche sinnlichen Scheins (als nirmânakâya) gegenüberstehen, wie Amitâbha und andere Buddhas, die unsere Erde nicht gesehen hat, als ihre Spiegelungen auf den Ebenen übersinnlicher innerer Schau (dhyâna) erscheinen (als Dhyânibuddhas). Buddhas der sinnlichen Erscheinung (nirmânakâya) und Buddhas übersinnlicher Schau (sambhogakâya) reihen sich um den uranfänglichen Buddha (Âdi-Buddha), der ewiges Nirvâna ist, in Kreisen oder Schichten als Sinnbilder der Bewußtseinsebenen und Erscheinungssphären, in die das reine Sein, durch verschiedene Grade der Unwissenheit (avidyâ) gebunden, auseinandertritt.

Der Lotos, der den ewigen Buddha im Kreise seiner höchsten Entfaltungsformen trägt, blüht im Inneren eines quadratischen Klostertempels, der sich mit vier Toren nach den vier Weltgegenden öffnet. Sie sind mit einem liegenden Gazellenpaar geschmückt, und die acht Juwelen der Weltherrschaft, die den irdischen Buddha als geistigen Weltherrscher kennzeichnen, umgeben den Tempel an seinen Eckflächen (zur Linken z. B. Pferd und Elefant).

Der Kranz von acht Buddhas, der den uranfänglichen Buddha ewigen Nirvânas umfängt, steht vielleicht zum Zeichen jener höchsten Bewußtseinsebenen, zu denen der buddhistische Yogin sich nacheinander erhebt, ehe er ins Nirvâna eingeht. Leer an Formen reichen sie unmittelbar an den Stand der reinen Leere heran. Es sind ihrer vier an Zahl: das Bewußtsein leerer räumlicher Unendlichkeit, das Gefühl leeren unendlichen Bewußtseins ohne ein Raumelement, und – über beide hinaus – das Gefühl, an nichts mehr zu haften, und endlich der Grenz- und Übergangszustand zwischen Bewußt und Unbewußt. Daß diese vier hier durch acht Gestalten symbolisiert werden, kann seine Erklärung darin haben, daß ihr Ring zugleich die erste Entfaltungsstufe des reinen Seins darstellt, die den unendlichen Raum in sich begreift. Sein Symbol sind die vier Himmelsrichtungen samt den Zwischenrichtungen, die ihre rechten Winkel halbieren[19].

Der weite rechteckige Raum, der den Kreisbezirk des Klostertempels rings umschließt, scheint sich schichtweise in drei kosmische Regionen zu gliedern, die sich im Reiche des Psychischen als niedere Bewußtseinssphären darstellen und kosmisch tiefer als der Gipfeltempel des Weltberges mit seiner Klosterstille gelegen sind, den sie umgeben. Zuhöchst auf Wolken schwebt das Reich formerfüllter Schau oder die Himmelssphäre. Ihre Gestalten sind die Spiegelungen der reinen Leere auf den Bewußtseinsebenen des Yoga, die unterhalb der vier höchsten, formleeren liegen. Hier ist das Reich der »Seligen-Glücks-Leiber« (sambhogakâya), deren Gegenwart dem inneren Gesicht erreichbar ist. Drei Buddhas, die dem sinnlichen Auge entrückt sind, aber Gegenstand der Schau werden können (Dhyânibuddhas), flankiert von Dhyânibodhisattvas, symbolisieren zwischen Sonne und Mond thronend diese Sphäre.

Unterhalb, im mittleren Bezirk, ragen die Berge der Erde, die nur bis an die Wolkenschicht heranreichen, über der die Himmels-Sphäre klarer Schau sich breitet. Sie sind Symbol der Erdfläche und der äußeren Sinnenwelt. In ihrem Schatten sitzen irdisch-leibhafte Träger der Wahrheit, buddhistische Heilige von Genien beschirmt, die ihnen zu Häupten schweben. Sie sind nirmânakâya: Reflex der reinen Leere des Mittelkreises auf der Ebene sinnlichen Bewußtseins, wie die Dhyânibuddhas über Wolken sambhogakâya der reinen Leere sind: ihre Spiegelung auf der Ebene übersinnlicher Schau.

Zutiefst webt flammenumlodert das dämonische Unterreich, dessen Gestalten sich in drohender Abwehrgeste gegen den Irrglauben wenden und die wahre Lehre gegen seinen Angriff schützen, –: das Reich des Leibes und der physischen Gewalt, die Entfaltung der reinen Leere zu dumpfer Stofflichkeit, die berufen ist, den geistigen Entfaltungsformen der Leere auf ihrem Heimgang aus der Sinnenwelt zum wahren Stande schirmend zu dienen. –

Diese drei Sphären der äußeren rechteckigen Fläche haben keine tektonische Verbindung unter sich, so wenig wie sie tektonisch mit der Mitte verbunden sind. Was sie vereint ist das rein ideelle Moment des gemeinsamen Dienstes an ein und demselben Sinnzusammenhang, – dasselbe Mo-

ment, das sie auch mit der Mitte verbindet, die so entschieden gegen sie abgesetzt ist.
Auch in sich selbst haben diese drei Sphären keine Tektonik, sondern nur Ordnung, nämlich Symmetrie. Die drei Dhyânibuddhas samt den Dhyânibodhisattvas über den Wolken schweben nebeneinander, wie etwa Medaillons, die als Gruppe zu einem Wandschmuck vereinigt sind, die aber auch ebensogut ein jedes für sich bestehen können. Ebenso die flammenumlohten Gestalten der Tiefe und die Heiligen vor den Felskulissen. Was sie zusammenhält und jeden von ihnen an seinen Ort verteilt, ist ihr Symbolcharakter. Sie sollen nacheinander vom inneren Auge entwickelt und zusammengefügt werden, oder das äußere Auge soll sie ablesen und einen Sinnzusammenhang aus ihnen entnehmen. Sie sind zusammengefügt wie Wortsymbole zu einem Spruche (mantra), die auch ein jedes für sich bestehen können und die aus ihrem eigenen Sinne leben. Aber zum mantra vereint, ergeben sie einen umfassenderen Sinn: eben die Wesensaussage des Spruches. Ein gemaltes mandala, das die innere Bildentwicklung nach Anweisung des Schrîcakrasambhâratantra für das äußere Auge fixierte, wäre nichts anderes als die figurale Hiroglyphenschrift des mantra: »Ich bin der lautere Demant alles demanten lauteren Wesens.«
Auch die Symmetrie der Figurenverteilung entspringt zuletzt nicht dekorativ-künstlerischer Absicht. Sie wird ideell gefordert. Sie ist gegeben durch die Idee der Entfaltung eines Kerns zu unterschiedlichen Sphären der Erscheinung. Diese Entfaltung ist in sich unendlich und gleichmäßig. Die endliche Zahl der Symbole, die das Unendliche dieses Vorgangs darstellt, muß das Unwillkürlich-Gleichförmige und Unindividuelle an ihm durch innere Symmetrie und Gleichgewicht der Verteilung zum Ausdruck bringen. Die von individuellem Gestus belebten menschenähnlichen Gestalten aller drei Sphären sind dar-

um gleichmäßig in sich isoliert und durch die gleiche Ruhe der Symmetrie gebunden, wie die leblosen acht Glückssymbole, die wie Medaillen im Halbkreis oben um den Mittelring gelagert sind.

Der Boro Budur ein Mandala
mit Dynamik der Einschmelzung

Das Kernstück eines solchen tibetischen mandala, in dessen Mitte sich Buddhagestalten kranzförmig um eine zentrale Buddhafigur zusammenschließen, gemahnt wie ein kleines Geschwister an die Gipfelterrassen des Boro Budur auf Java. Wie immer figürliches Detail dieses räumlich so entfernten aber geistesverwandten Riesenbaus, das noch endgültiger Benennung harrt, schließlich erklärt werden mag, – eines scheint deutlich: man darf den Boro Budur das größte mandala nennen, das die Kunst des Buddhismus jemals als Sinnbild seiner Wahrheit in die Welt des Sichtbaren gestellt hat.

Der geheime Sinn seiner in symmetrischer Ordnung gebändigten Formenfülle entschleiert sich nicht, wenn man seine große Anlage[20] einfach als ein in sich ruhendes Gebilde aufnimmt, wie es sich vor dem Auge des Uneingeweihten ausbreitet. Der Boro Budur ist ein Wallfahrtsziel. Die Struktur seiner übereinander aufsteigenden Galerien und Wandelgänge ist wie ihr reicher figuraler Schmuck durch und durch aus seiner Bestimmung zu begreifen, daß er in spiralenförmigem Pilgergange abgeschritten und bis zur Höhe bezwungen sein will. Der Sinn des Boro Budur ist, im Wallfahrer, der seine mit figuralem Schmuck beladenen Terrassen umwandelt und zu seinem schmucklosen Gipfel aufsteigt, einen seelischen Prozeß, eine vollkommene Wandlung seines Seinsgefühls auszulösen, die der Dynamik innerer Gesichtsentwicklung beim Adepten der erwähnten mandalas wesensverwandt ist. Das streng geometrische Schema seines Aufbaus, in dem äußere Vierecke als Grundlagen innere Ringe umschließen und tragen, scheint geschaffen, den figuralen Symbolen eines inneren Prozesses und einer großen Wesensaussage, die in ihm erfahren wird, Raum zu gewähren, sich nebeneinander in sinnvoller Ordnung zu entfalten. Ebenso aber scheint der ganze figurale Schmuck seinerseits nur bestimmt, das strenge architektonisch-geometrische Gefüge in seinem Sinne zu verdeutlichen, das vom Pilger, der kreisend in seinen Stufenbau eingeht, leiblich und seelisch als Dynamik erfahren wird. Zwischen der Ordnung des Grund- und Aufrisses und ihrer reichen figuralen Füllung besteht dieselbe absolute ideelle Verbindung, wie zwischen dem linearen Schema und der figuralen Symbolwelt eines gemalten mandala.

Die Struktur des Boro Budur fordert den Wallfahrer, der ihm naht, zu einer leiblichen Dynamik umwandelnder Besteigung auf, die einen geistigen Sinn hat. Diese Funktion verbindet den Boro Budur mit seinen älteren architektonischen Verwandten, etwa den Thûpârâma- und Ambaschthala-Dagobas auf Ceylon und den ältesten Vertretern seines Typs auf dem indischen Festlande in Sântschi und Barhut[21] Aber die leibliche Dynamik, zu der sie auffordern, und die seelische, die jene auslösen wollen, ist einfacher als die des Boro Budur. Einfacher ist darum auch ihre architektonische Form und ihr Schmuck. Es ist nicht verwunderlich, daß Form und Sinn der alten Reliquienbehälter in diesem späten Glanzstück ihrer Entwicklungsreihe eine Umbiegung zum monumentalen mandala erfahren haben: hier spiegelt sich nur im Reiche der Architektur, was vorher im Felde der samâdhi-Technik geschah. Auch ihr ist im älteren Buddhismus das mandala als Vehikel zum Nirvâna fremd. Es erscheint im buddhistischen Formenkreis als ein Stück des unaufhaltsamen Zuwachses an hinduistischen Ideen und Symbolen, deren Eindringen ein Hauptmotiv seiner Entwicklungsgeschichte bildet. Weil das Augen- und Bewegungserlebnis, das dem Eingeweihten, der den Boro Budur beschreitet, aufgegeben ist, eine Übersetzung des spätbuddhistischen

Yogaweges der geschilderten mandala-Technik in die Sphäre optischer und räumlicher Sinnfälligkeit, eine Veranschaulichung des buddhistischen Nirvâna-Weges ist, verdient der oft beschriebene Prachtbau in diesem Zusammenhang erwähnt zu werden.

Auch die einfache terrassenlose Anlage des Kuppelbaus von Barhut hat mit ihrem reliefgeschmückten Zaun den Sinn, im Pilger, der sie verehrenden Ganges nach rechts herum umkreist, ein geistiges Erlebnis dynamisch zu entwickeln: Während seine Augen die lange Reihe der Zaunreliefs mit Szenen aus der äonenlangen Wanderung des Buddha Schâkyamuni zur Erleuchtung, die Nirvâna ist, entlanggleiten, nimmt er – selbst noch fern vom höchsten Ziel – auf seinem Rundgange in der Spur des »Pfadbereiters« wandelnd, diesen Weg bis ins Nirvâna, das durch den Kuppelbau der Mitte sinnfällig dargestellt wird, betrachtend und bedenkend innerlich vorweg. Eine Wallfahrt nach Barhut konnte für den Gläubigen bedeuten, in einem sinnfälligen Prozesse symbolisch-nachahmend an sich durchzumachen, was ihm die Buddhalegende als weltalterweiten, in seiner Typik verpflichtenden Entwicklungsgang des Meisters erzählend gelehrt hatte. In den heiligen Bezirk des Steinzaunes tretend begann er in seinem wissensschweren Abschreiten eine erschütternde symbolische Nachfolge des Buddha und ward sich, über viele Wiedergeburten aus dem Samsâra zur Erleuchtung ihm nachgleitend, aufs vollkommenste seines gleichen Weges und Zieles bewußt.

Aber Geist und Füße des Pilgers, der die bild- und kuppelgeschmückten Terrassen des Boro Budur umschreitend sich bis zu seinem Gipfel emporschraubt, vollziehen symbolisch einen anderen Gang: den Heimweg aus der Scheinsphäre formerfüllter Sinnlichkeit, aus der Niederung der Bewußtseinsspaltung in das Ich und das Andere (= Welt) zur reinen Leere.

Figur 1. Grundriß des Boro-Budur

Vier quadratische Terrassen, eine über die andere aufsteigend, umschließen mit gebrochenen Linien die kreisförmige Mitte, die sich in drei kuppelbesetzten Ringstufen von der Kuppel des Gipfels ihnen entgegensenkt. Ihre viereckigen Wandelgänge sind eine formerfüllte Welt. Mit fortlaufenden, nur durch Reliefpfeiler gegliederten und durch vier Treppen unterbrochenen Bildbändern geschmückt erzählen sie auf den beiden untersten Stufen die Geschichte der unendlich vielen Leben Schâkyamunis: seinen Weg der Vorbereitung und des Heranreifens zur Buddhaschaft, seine Erleuchtung und die Verkündung der Wahrheit. Ihr Inhalt entspricht den Motiven der Reliefs am Steinzaun von Barhut. Auf ihnen stellt die reine Leere sich als nirmânakâya dar. So beglückend ihre Zeichen sind, umfangen sie den Pilger mit der Enge eines Korridors. Denn die Außenbalustraden der unteren Umgänge sind zu Wänden aufgereckt und bildgeschmückt wie die Innenwände, die den nächsthöheren Absatz tragen. Bedeutsame Formen umgeben den umwandelnden Betrachter unausweichlich von allen Seiten. Nur über seinem Haupte blaut die reine Leere.

Erst auf der höchsten der gewinkelten Terrassen verebbt die Flut des Bildlichen. Die äußere Wand senkt sich zu kuppelgekröntem Zaun, der bildlos zur Linken des Pilgers die formleere Himmelswölbung wachsen läßt. Denn die oberen quadratischen Umgänge gehören schon nicht mehr der formerfüllten Welt der Sinne, sondern den Ebenen formerfüllter Schau: ihr Reliefschmuck ist dem kommenden Buddha Maitreya geweiht, dessen Glanz noch kein sinnliches Auge, nur inneres Gesicht erblickt hat, und dem Dhyâni-Bodhisattva Samantabhadra.

Samantabhadra, der »allseitig Gütige« ist eine bevorzugte Gestalt des buddhistischen Pantheons. Als Dhyâni-Bodhisattva gehört er den Entfaltungssphären an, denen allein innere Schau (dhyâna) zu nahen vermag. Sein Name weist ihn als symbolische Verkörperung des Allerbarmens aus, das die einzig mögliche Geste darstellt, die dem höchsten Wissen um die unterschiedslose Leere aller Namen und Formen übrig bleibt. Das »Schrîcakrasambhâratantra« handelt von ihm in der Anweisung zu einer Andacht, die dem »Träger der Demantwaffe« Vajradhara geweiht ist. Vajradhara ist eines der vornehmsten Symbole, mit denen der Stand der Vollendung, die reine Leere, im buddhistischen Tantrismus bezeichnet wird. Er wird zweiarmig dargestellt, in ekstatischer Vereinigung mit seiner schakti. Wie Mahâsukha ist er Abwandlung eines schivaitischen Bildtyps, Symbol des unentfalteten göttlichen Wesens, das zwei und eines mit seiner schakti ist[22]. Über den Weg, der in den Zustand Vajradharas erhebt, lehrt das »Schrîcakrasambhâratantra«: Übung in der doppelten Richtung innerer Bildentwicklung, nämlich im Wege der Entfaltung und Einschmelzung des Entfalteten, führt zu zwei Graden von samâdhi, in denen der Unterschied von Seher und Gesicht sich auslöscht und mit ihm die Spaltung in das Ich und das Andere, die Bewußtsein ist. In ihrem Wesen sind diese beiden Grade von samâdhi gleich, in ihrem Auftreten verschieden. Als niederer gilt der willentlich durch Yogatechnik herbeigeführte, als höherer der unwillkürlich auf Grund von Gewöhnung hereinbrechende. In ihm ist Nirvâna zur zweiten Natur des Adepten geworden. Dauernde Pflege dieses höchsten Zustandes begnadet mit der höchsten Weisheit (prajnâ), die jenseits alles Weltwissens liegt. Zu dieser Pflege aber gehört vollkommener Wandel in der vorbildlichen Bahn des Dhyânibodhisattva Samantabhadra, des »allseitig Gütigen«. Will man Nirvâna erreichen, so gilt es seine Geste, die Übung jener Liebe, die den wesenlosen Unterschied von Ich und Nicht-Ich auslöscht, vorwegzunehmen und praktisch zu seiner zweiten Natur zu machen. Dann führt der Weg über die zwölf Stadien des Bodhisattvaweges zur Vollendung: zur Buddhaschaft. Das Allerbarmen, die große Tugend der Wissenden, verleiht Wunderkräfte. Sie sind die Vorzeichen, die das Eingehen in den demantenen Zustand Vajradharas ankündigen, dessen Hände den Demantkeil der Wahrheit und die Glocke des Erbarmens halten. Samantabhadra als Verkörperung des Allerbarmens ist darum der vornehmste Weggeleiter zur Erleuchtung, die Nirvâna ist. Als Vorbild jedes werdenden Buddha (Bodhisattva), der Erleuchtung anstrebt, ist er selbst ein Bodhisattva, und als ideale Verkörperung der höchsten Bodhisattva-Tugend lebt er in der Welt reiner Schau (dhyâna) als Dhyânibodhisattva. In ihr stellt er den Übergang von der formerfüllten Welt der Sinne zur formleeren Welt inneren Gesichtes dar, die der Vorhof des Nirvâna ist.

Schreitet der Wallfahrer über seine gestalterfüllte, reliefgeschmückte Sphäre hinaus, so gelangt er auf die oberen Kreisterrassen. Hier scharen sich zweiundsiebzig kleinere Kuppeln mit netzartig durchbrochenem Steinmantel um eine große ganz geschlossene Kuppel auf erhöhter Mitte. In diesem Bezirk sind alle verschwenderischen Formen bildlicher Darstellung und fortlaufenden Ornaments geschwunden, die ihre Motive: Menschen, Tiere und Blumen der äußeren Sinnenwelt und ihren Spiegelungen im inneren Gesicht entnehmen. Hier ragt mit immer neuen Spitzen ein Wald von Symbolen des Nirvâna in die reine Leere des Himmelzeltes, die mit unterschiedsloser Bläue vom Zenith sich bis zum Horizont der Berge und Wälder wölbt. Aber diese durchbrochenen Kuppeln, die in Ringterassen gestuft einander überragen, sind noch nicht Symbol des höchsten Standes, da jede in ihrem Inneren eine Buddhagestalt birgt, deren Form dem Auge nur durch das steinerne Netzwerk fast entrückt ist. Sie sind Zeichen der höheren Welten formloser Schau, die den Vorhof des Nirvâna bilden. Sie alle überragt der Gipfel der ganzen Anlage: ein zentraler massiver Kuppelbau. Er trägt eine Buddhagestalt in sich, die er mit rings geschlossener Wölbung dem Auge ganz entzieht. Die mit Netzwerk vergitterten Kuppeln rings um ihn her nehmen ihrer Form nach eine Mittelstellung ein zwischen der massiven Zentralkuppel und den zu Nischen geöffneten, gleichsam halbierten Kuppeln der tieferen Balustraden, die ihre Dhyânibuddhas frei dem Auge zeigen. Sie sind ein Mittelglied zwischen diesen tieferen Symbolen erschauter Formen innerer Gesichte und dem zu höchst gelegenen Symbol entrückten Seins. Mittwegs zwischen beiden liegend leiten sie architektonisch-formal wie ideell von den Bezirken formerfüllter innerer Schau zum ewigen Nirvâna hin, zu der Kuppel in ihrer aller Mitte und sind Abbilder des formleeren Übergangsstadiums zwischen den Sphären innerer

Gesichte, die Namen und Formen haben, zum namen- und formlosen Stande, der sich vor sich selbst verschweigt.

Bei dem verehrenden Rundgange, den der Boro Budur mit seinen Wandelgängen den Wallfahrer vollziehen heißt, handelt es sich nicht um eine bloße Nachfolge Schâkyamunis mit Geist und Fuß. Hier kehrt die reine Leere, die im menschlichen Bewußtsein in Ich und Formenwelt auseinandergetreten ist, zu ihrem wahren Stande heim, steigt durch die Gestaltenwelt der Sinne und Gesichte über das Reich formleerer Schau symbolisch zu ihrem anfangslosen Nirvâna auf, streift die Fesseln der Unwissenheit, die ihr das eigene Wesen verhüllt, in Ringen ab, die wie die durchwandelten Terrassen zu ihren Füßen liegenbleiben, und wird erloschener namen- und formloser Buddha, wird Leere, die das Wesen aller Erscheinungen ist. Hier erfährt der Pilger in äußerer sinnfälliger Umgebung, für die der ganze Bau als yantra dient, den Heimweg aus den äußeren Sphären eines mandala, die Bewußtsein, Welt und Ich in unterschiedlichen Prägungen sind, zu dessen Kern: zum eigenen wahren unaussagbaren Wesen.

Der Sinn des Boro Budur liegt ganz elementar in der Stufenfolge der Situationen, in denen das Symbol des Buddhabildes von der untersten Stufe bis zum Gipfel auftritt. Auf den erzählenden und schildernden Reliefbändern ist es eingesponnen in Menschenleben und Naturzusammenhang. In den zu Nischen aufgespaltenen Kuppeln darüber wird es dem Auge, das sich zu seiner Schau erhebt, in unverwobener Einsamkeit sichtbar. In voller Deutlichkeit. In den vergitterten Kuppeln der oberen Ringterrassen steht es an der Grenze des Entrücktseins, wie der Geist des buddhistischen Yogin in formleerer Schau an der Grenze von Bewußt und Unbewußt steht. Im Gipfelbau ist es dem Auge ganz unfaßbar. Der Eingeweihte erfaßt die Identität des Buddhasymbols in allen vier Sphären. Und er ergreift, daß es durchaus nichts anderes bedeutet, als sein eigenstes innerstes Wesen, das Nirvâna und Erleuchtung ist (wenn auch noch von Unwissenheit verhüllte). Er entfaltet die untere Sphäre sinnlicher Anschauung, indem er ihre Galerien entlangschreitet und ihre symbolische Bilderwelt sich vor seinem Auge entbreiten läßt. Er erhebt sich über dieses Reich des nirmânakâya, hebt es auf und schmilzt es ein, indem er zur mittleren Höhe aufsteigt und die Ebenen der Symbole innerer Schau betritt. Er läßt auch dieses Reich des sambhogakâya unter sich und hebt es auf, wenn er über die Ringterrassen formleerer Schau zum Gipfelsymbol des Nirvâna gelangt. Vor ihm erfährt er sich selbst als vajrakâya und weiß: »*Om:* mein Wesen ist Demant. Ich bin der lautere Demant alles demanten lauteren Wesens.«

DAS REIN LINEARE YANTRA

Figurales Kultbild und lineares yantra

Neben dem figuralen Kultbilde (pratimâ), dessen Formenschatz der sinnlichen Welt entlehnt ist, steht das rein lineare yantra. Der Form nach sind beide grundverschieden, aber ein Name – yantra – und eine Funktion setzt sie einander gleich. Beide sind Geräte, die dazu geschaffen sind, das Schaubild eines Gottes, das der Gläubige vor seinem inneren Auge aufruft, in sich aufzunehmen.

Die Unerbittlichkeit dieser rein linearen yantras als Wesensaussagen vom Göttlichen ist ohnegleichen, mögen sie rein linear gehalten oder mit Silbenzeichen und Worten durchsetzt sein. Daß sie Seite an Seite mit dem körperhaft menschenähnlichen yantra (pratimâ) in Kultpraxis wie in Sprachgebrauch stehen und für jene eintreten können, wie jene für sie, zeigt, daß ein Versuch, die pratimâ-yantras in ihrem Wesen vom ästhetischen Eindruck des Uneingeweihten aus aufzuschließen, nicht versprechen darf, ihr Inneres zu entriegeln und das Wort zu finden, das ihr Wesen fängt und bannt.

In ihrer Materialität sind diese rein linearen yantras ornamentaler Flächenfüllung verwandt, sind aber ideell von dekorativer Kunst grundverschieden. Sie sind in ihrer Struktur durch und durch bedingt als graphischer Ausdruck eines ideellen Sachzusammenhanges, sie sind durch und durch Bedeutung und ruhen völlig in sich als Abbild eines Wissens, das die Schau des Geistes erfüllt und unerbittliche Ordnung strahlt. Sie sind nicht – wie dekoratives Ornament – in Linien und Flächen verewigte Dynamik des Formwillens, der aufteilend und Bahnen ziehend sich in die Materie gestaltend eingräbt.

Aller Architektur sind sie als Ausdruck eines Wesenszusammenhanges überlegen, denn in ihr ringt der ausprägende Wille mit der Schwerkraft des Stoffes und mit seiner Masse, und was der bauende Wille, sie meisternd, schafft, geschieht in Unterwerfung unter ihr Gesetz, in Anpassung an ihre Notwendigkeit, die, in die Schöpfung des Baus aufgenommen, höchstens den Schein der Freiheit erzeugen kann. Nur das wunderbare Netz der Bahnen, das Himmelskörper vor dem Auge des Kundigen über den nächtlichen Himmel ziehen, ist dem Liniengefüge der yantras vergleichbar.

Die formale Verschiedenheit bei funktionaler Identität, die zwischen figuralem und rein linearem yantra besteht, erzeugt für den uneingeweihten Betrachter eine Spannung. In ihr liegt der Appell, die Eigenart der Erscheinungen beider Typen aneinander aufzuhellen. Nur ein Auge, das sich in die Form des linearen yantra versenkt hat und um ihren Sinn weiß, wird die Form des figuralen Kultbildes in ihrer Absicht richtig verstehen können. So fremd sie einander scheinen, sind sie unzertrennlich.

Augenscheinlich werden beide Typen ihrer Aufgabe, yantra, Behältnis für das innere Schaubild zu sein, mit ihren grundverschiedenen Mitteln auf verschiedene Weise gerecht. Das figurale Schaubild ist, wie sein besonderer Name »pratimâ« besagt, ein »Ebenbild«-yantra für das innere Gesicht und bildet seinen Formenschatz dreidimensional-körperhaft nach, das rein lineare yantra redet eine andere Sprache, als dem Auge geläufig ist. Ihre Verwandtschaft beruht in der gemeinsamen Beziehung auf den Stoff des kultischen Yoga: das innere Schaubild, ihre Unterschiedlichkeit ergibt sich aus der Art, wie sie ihm als yantra dienen.

Die literarische Überlieferung, die von der Götterwelt des Hinduismus handelt, lehrt auch, wie ihre innerlich erschauten Gestalten im yantra abzubilden und zu verehren sind, und hebt den formalen Gegensatz der yantra-Typen durch ihre Beziehung auf den Akt inneren Sehens auch für das Auge des Uneingeweihten auf. Es gilt dabei nur, figurales Kultbild wie lineares yantra nicht als selbstgenugsame Gebilde schöpferischer Gestaltung, sondern als funktional bestimmte Utensilien einer psychisch-sakralen Handlung zu fassen.

Groß ist die Schar unterschiedlicher personaler Erscheinungsformen, in denen das Göttliche sich offenbaren kann, wenn es seinen namen- und formenlosen Stand im Spiele seiner mâyâ aufgibt. Aber die Fülle unterschiedlicher Ansichten, in denen diese personalen Entfaltungen sich darbieten können, ist Legion. Sie muß unendlich sein, da ja die ganze Erscheinungswelt und das Wesen des Menschen nichts anderes als das Göttliche in immer neuen Spielformen seiner Entfaltung ist. Darum enthalten die Tantras eine kaum übersehbare Menge von individuellen Anweisungen zu figuraler innerer Bildentwicklung (dhyâna), und die Tradition der Purânas, die im ganzen etwas älter ist als die der Tantras, überliefert eine Menge von Vorschriften, wie das figurale Kultbild persönlicher Gotteserscheinungen im einzelnen auszuführen ist, je nach dem besonderen Aspekte, an den der Gläubige entsprechend seiner Sektenzugehörigkeit und dem besonderen Zweck seiner Kultübung sich wenden mag.

Das Agnipurâna z. B. gibt unter anderem detaillierte Angaben, wie die verschiedenen Erscheinungsformen Vischnus im Kultbilde darzustellen sind. Die verschiedenen Darstellungsmöglichkeiten des Gottes, die hier gelehrt werden, unterscheiden sich voneinander ganz elementar – auf feinere Unterschiede geht der Text nicht ein – durch die verschiedene Verteilung der Embleme, die der Gott in seinen Händen hält. Durch ihre spezifische Ordnung wird der besondere Aspekt des Gottes in jedem Falle kenntlich gemacht. Dem Uneingeweihten mag es bedeutungslos erscheinen, ob dieselben Embleme: Muschelhorn, Keule, Lotus und Messerring (Wurfscheibe) oder Bogen bald in dieser, bald in jener rechten oder linken Hand des vierarmigen Gottes erscheinen. Für den kultisch Eingeweihten verrät ihre Anordnung – und in vielen Fällen sie allein –, welche Erscheinungsform des Gottes er im Bilde vor sich sieht, welche Seite seines Wesens das Göttliche in Vischnus Person ihm jeweils zukehrt, und welche Form der Verehrung allein ihm darum jeweils gemäß ist. Sein Kultakt kann nur dann fruchtbar sein, wenn die Erscheinung des Gottes im Kultbilde dieselbe ist wie in der inneren Anschauung und dem zu ihr gehörigen mantra entspricht. Sonst ist die laute oder innerliche Rezitation des mantra (japa), die ein wesentlicher Bestandteil der Kultübung ist samt allem übrigen Detail des Kultes (pûjâ), das jedem Aspekt der Gottheit individuell angepaßt ist, nur ein zweckloses und gefahrvolles Spiel mit den übermenschlichen Kräften.

Die Erscheinungsformen, die z. B. Vischnus göttliche Person in der Gesamtheit der mythischen Überlieferung aufweist, sind zahlreich, aber ihre Menge zeichnet Vischnu nicht vor anderen großen Göttern des Hinduismus, z. B. Kâlî-Durgâ aus. Die bekannten Verkörperungen (avatâras) erschöpfen die Fülle seiner Erscheinungsformen nicht. Diese avatâras – die tierischen Gestalten, Fisch, Schildkröte und Eber, die Mischform von Mann und Löwe (Nrisimha), der Zwerg (Vâmana), der zum Riesen wachsend mit drei Schritten im Weltraum nicht mehr Platz findet, Râma, der ideale königliche Held des Râmâyana, und sein brahmanischer Namensvetter mit dem Beile, der dämonentötende Krischna, der die Bhagavadgîta verkündet und sein Halbbruder Balarâma, der den Pflug als Waffe führt, Buddha, der Lehrer des Nirvâna, und Kalkin, der erlösende Held, der Indiens Boden von der Herrschaft der Ungläubigen säubern wird – sind nur ein bedeutsamer Teil der Erscheinungsformen, in denen der Gott sich menschlicher Fassungskraft darstellt. Einige von ihnen schillern in sich mit mehreren Aspekten: Vâmana der »Zwerg« und Trivikrama, »der die drei Schritte macht«, sind Differenzierungen ein und desselben avatâra, sie verkörpern die Eingangs- und die Schlußphase desselben Mythus. Ebenso beziehen sich die drei Erscheinungsformen Vischnus als Krischna, Govinda und Dâmodara auf ein und dieselbe Menschwerdung des Gottes und halten verschiedene Seiten an ihr fest. Zu ihnen kommen andere. So viel Namen der Gott hat, so viele verschiedene Erscheinungen seines Wesens sind den Menschen bekannt, denn unterschiedliche Benennungen für denselben Gegenstand drücken verschiedene Seiten seines Wesens aus. Für sie alle gibt es individuelle Formen innerer Schau, und das Kultbild muß diesen mit ebenso vielen differenzierten Ausprägungen der Gottesgestalt entsprechen.

Der 48. Kapitel des Agnipurâna gibt in Form eines knappen Kataloges die elementaren Unterschiede an, die das Kultbild Vischnus je nach der Verkörperung des Gottes, die es zur Anschauung bringen soll, charakterisieren. Es nennt deren Namen und lehrt in stereotyper Reihenfolge die Verteilung der Embleme, die dem Bilde, um es als Darstellung Vischnus gelten zu lassen, eigen sein müssen. Ihre Aufzählung geht »rechtsherum« vom Beschauer (pradakschinam), das heißt, sie steigt vom unteren der beiden rechten Arme zum oberen rechten auf, um über den oberen linken zum unteren linken herabzugleiten. Das Geheimnis, wie mit denselben Attributen, die dem Gott ziemlich unveräußerlich anhaften, die verschiedenen Erscheinungsweisen seines Wesens bezeichnet werden können, liegt in der Variation der Gruppierung ihres monotonen Ensembles nach dem einfachsten Prinzip der Permutation. Dank diesem Prinzip ist jedes Kultbild, das diese Attribute aufweist, als Darstellung Vischnus kenntlich, und doch sind sie alle als Bilder unterschiedlicher Anschauungsweisen seiner göttlichen Person leicht auseinander zu halten. Die Einfachheit und konsequente Durchführung dieses Prinzips im Aufbau der Kultbilder Vischnus ermöglicht es, die Darlegungen des Agnipurâna schematisch darzustellen:

Aspekt Vischnus	Emblem der rechten unteren Hand	der rechten oberen	der linken oberen	der linken unteren Hand
Nârâyana	Muschelhorn	Keule	Lotus	Messerring (Wurfscheibe)
Mâdhava	Keule	Messerring	Muschelhorn	Lotus
Govinda	Messerring	Keule	Lotus	Muschelhorn
Vischnu mokschada (»Erlöser«)	Keule	Lotus	Muschelhorn	Messerring
Madhusûdana	Muschelhorn	Messerring	Lotus	Keule
Trivikrama	Lotus	Keule	Messerring	Muschelhorn
Vâmana	Muschelhorn	Messerring	Keule	Lotus
Schrîdhara	Lotus	Messerring	Bogen	Muschelhorn
Hrischîkescha	Keule	Messerring	Lotus	Muschelhorn
Padmanâbha varada (»der gabenverleihende Lotusnablige«)	Muschelhorn	Lotus	Messerring	Keule
Dâmodara	Lotus	Muschelhorn	Keule	Messerring
Vâsudeva	Keule	Muschelhorn	Messerring	Lotus
Samkarschana	Keule	Muschelhorn	Lotus	Messerring
Pradyumna	Keule	Messerring	Muschelhorn	Lotus
Aniruddha	Messerring	Keule	Muschelhorn	Lotus
Puruschottama	Messerring	Lotus	Muschelhorn	Keule
Adhokschaja	Lotus	Keule	Muschelhorn	Messerring
Nrisimha	Messering	Lotus	Keule	Muschelhorn
Acyuta	Keule	Lotus	Messerring	Muschelhorn
Upendra bâlarûpin (als Kind)	Muschelhorn	Keule	Messerring	Lotus
Janârdana	Lotus	Messerring	Muschelhorn	Keule
Hari	Muschelhorn	Lotus	Messerring	Keule
Krischna[23]	Muschelhorn	Keule	Lotus	Messerring

Schema zum Aufbau des Kultbildes Vischnus

Neben diesen Anweisungen bietet dasselbe Agnipurâna Vorschriften für die Darstellung verschiedener Aspekte Vischnus, die weniger schematisch sind. Statt vierarmiger Bilder sind für manche seiner Erscheinungsformen auch zweiarmige möglich, und hinsichtlich der Verteilung der Embleme läßt die Tradition mitunter die Wahl. Sofern die Formgebung dem Erfordernis eindeutig und bezeichnend zu sein genügt, gibt es für sie kein unverbrüchliches Gesetz, sondern eine Mehrzahl von Regeln, die eine engbegrenzte Wahlfreiheit innerhalb verschiedener traditionell ausgeprägter Typen bedeutet. Im anschließenden 49. Kapitel handelt das Agnipurâna unter anderem von der Darstellung der zehn avatâras Vischnus in Kultbildern:

Vischnus Verkörperung als Fisch und als Schildkröte sollen tiergestaltig dargestellt werden »oder auch mit menschlichen Gliedmaßen (narângin)«, und in der Darstellung als Eber, der die Erde aus den Fluten des Weltmeeres hebt (bhûvarâha) soll er »in der Rechten die Keule halten, in der Linken aber das Muschelhorn, oder den Lotus, oder auch (seine Gemahlin) Lakschmî. Die Göttin Schrî (= Lakschmî) soll sich auf seinem linken Ellbogen oder Schenkel (kûrpara) befinden, die Erde und die Schlange Ananta (Verkörperung des Weltmeeres) sich zu seinen Füßen schmiegen« (Vers 1-3).

In seiner Verkörperung »Halb-Mann-halb-Löwe« soll er »mit aufgerissenem Rachen« dargestellt werden. Sein Opfer, der von seiner Pranke »getroffene Dämon liegt auf seinem linken Schenkel. Er zerfleischt ihm die Brust. Um seinen Hals hängt eine Blumenkette, und in seinen beiden unteren Händen« – die oberen wühlen in seinem Opfer – »schwingt er Messerring und Keule« (Vers 4).

»Als Zwerg soll er Sonnenschirm und Stab tragen«, denn in seiner Verkörperung als Zwerg (vâmana), der sich zum Weltriesen auswächst, erscheint er menschenhaft als bet-

telnder Brahmane und hat darum nur zwei Arme, um die Attribute zu halten, die der von ihm angenommenen Maske entsprechen. Daneben »darf er aber auch vierarmig gebildet werden« (Vers 5). Der Text verrät nicht, welche Embleme er dann in den beiden übrigen Händen hält. Wahrscheinlich solche, die sich bei seinen vierarmigen Darstellungen gewöhnlich finden und allen menschenähnlichen Aspekten Vischnus mehr oder weniger gemeinsam sind: Muschelhorn, Messerring, Lotus oder Keule.
Von den drei verschiedenen Râma-Gestalten, die zu Vischnus avatâras gehören, wird die des Brahmânen Râma, der zum Unterschiede von den anderen beiden »Râma mit dem Beile« zubenannt ist, nur als vierarmig gelehrt: »Râma soll Bogen und Pfeil in der Hand halten und Schwert und Beil bei sich führen« (Vers 5). – Vom Prinzen Râma, dem Helden des Râmâyana, heißt es: »Râma trägt Bogen, Pfeil, Schwert und Muschelhorn, oder er wird als zweiarmig gelehrt« (Vers 5/6). Welche Embleme der Vierergruppe, die – rechtsherum verteilt – seine vierarmige Gestalt kennzeichnen, der Zweiarmige übernimmt, oder ob er andere führt, verschweigt der Text. Die zwiefache Möglichkeit der Formgebung mit zwei oder vier Armen hängt hier wie in anderen Fällen augenscheinlich von dem verschiedenen Lichte ab, in der solche Menschwerdungen des Gottes betrachtet werden können: er erscheint zweiarmig, wenn betont wird, daß der Gott menschliche Gestalt angenommen hat, vierarmig aber, wenn der göttliche Charakter seiner irdischen Erscheinung unterstrichen werden soll. – So kann auch die dritte Râma-Inkarnation Vischnus im Kultbilde bald mit zwei, bald mit vier Armen gestaltet werden. Es handelt sich um den Halbbruder Krischnas (der seinerseits selbst ein avatâra Vischnus ist), um Balarâma, der nach dem Pfluge zubenannt wird, mit dem er die Fluten der Yamunâ aus ihrem Bette hinter sich herzog, als der Fluß dem

Ansinnen des Trunkenen nicht entsprach und auf seinen Ruf nicht zu ihm geflossen kam, damit der Held ein Bad in ihm nähme. Über seine Gestaltung im Kultbild wird gelehrt: »Râma trägt Keule und Pflug, oder er ist vierarmig. In der erhobenen Linken soll er den Pflug halten, niederwärts (in der anderen Linken) das schimmernde Muschelhorn, in der erhobenen Rechten einen Mörserstößel (wie man ihn zum Enthülsen von Reis verwendet) und niederwärts (in der anderen Rechten) einen schimmernden Messerring« (Vers 6/7). Eine andere Anweisung beschreibt ihn als »zweiarmig, in der einen Hand das Muschelhorn haltend, mit der anderen den Gestus des Schenkens (geöffnete Hand mit abwärts geneigten Fingern) vollziehend, oder auch als vierarmig.« Dann »hält er Pflug, Mörser, Keule und Lotus« (augenscheinlich »rechtsherum«) in den vier Händen (Vers 11/12).

Wenn der orthodoxe Hindu den großen häretischen Lehrer des Nirvâna, den Buddha, als Menschwerdung Vischnus in seinem Pantheon gelten läßt, übernimmt er für seine Darstellung Merkmale, die der Buddhismus für die Form der Buddhabilder ausgeprägt hat. Das Agnipurâna beschreibt den Buddha-avatâra Vischnus: »Ruhevollen Wesens, mit lang herabgezogenen Ohren, von hellgelber Hautfarbe. Mit einem langen Gewande (ambara) bekleidet, einen Lotus in erhobener Hand haltend und mit Händen im schenkenden (varada) und schutzverleihenden Gestus (abhayadâyaka).«

Kalkin schließlich, der Befreier indischer Erde, der letzte avatâra Vischnus, der von der Zukunft zu erwarten ist, soll im Bilde dargestellt werden »mit Bogen und Köcher, auf einem Pferde reitend und Schwert, Muschelhorn, Messerring und Pfeil in den (vier) Händen haltend.«

Komplizierter als diese Kultbilder des nur vierarmigen Vischnu sind die vielarmigen Erscheinungsformen Kâlî-Durgâs. Von ihnen spricht das fünfzigste Kapitel des

Agnipurâna. Es trägt den Titel: »Aufzählung der Merkmale der Kultbilder (pratimâ) der Devî.« (Devî = »Göttin« schlechthin ist eine gewöhnliche Bezeichnung Kâlî-Durgâs). Seine ersten Anweisungen gelten der Darstellung der Göttin im Aspekt der »Candî«, der »Zornig-Wilden«, die den Feind aller Götter, einen Dämon in Stiergestalt im Kampfe überwindet und durch ihren Sieg dem göttlichen Prinzip die schon verlorene Weltherrschaft wiedergewinnt. Ihre Beschreibung beginnt mit den Worten:
»Candî soll mit zwanzig Armen gebildet werden. In ihren rechten Händen hält sie einen (dreizackigen) Spieß (schûla), ein Schwert, einen Wurfspeer, einen Messerring, eine Wurfschlinge, einen Schild, einen Pfeil, eine Handtrommel und einen kurzen Speer.« Mit der achten ihrer rechten Hände vollzieht sie die schutzverleihende Geste »fürchte dich nicht!« (abhaya). Da die Beschreibung mit den rechten Händen beginnt, geht sie augenscheinlich, wie alle übrigen, wenn nichts anderes vermerkt ist »rechtsherum«, das heißt, sie beginnt bei der untersten rechtenHand und steigt zum Haupte auf, um auf seiner anderen Seite mit der Aufzählung der Embleme in den linken Händen fortzufahren. »In den linken Händen hält sie (also in absteigender Folge) einen (zauberkräftigen) ›Schlangen‹-Lasso, einen Schild, ein Beil, einen Haken, einen Bogen, eine Glocke, ein Banner, eine Keule, einen Hammer und einen Spiegel.«
Dieses eigentümliche Ensemble an Attributen erklärt sich aus dem Mythus, dessen Heldin sie ist. In ihrer Verzweiflung über die Macht des Dämons Mahischa, der sie aus dem Himmel vertrieben hat, schaffen alle Götter vereint aus den Strahlen ihres Zornes, die ihnen entströmend sich zusammenballen, die gewaltige Gestalt der Candî, der »Wild-Wütenden«[23]. Sie allein wird imstande sein, den Dämon zu vernichten, vor dem alle Götter ohnmächtig

weichen mußten. Denn in ihr sind die Strahlen der mannigfachen Kräfte aller Götter in eins zusammengeflossen. Ihr Wesen ist die Totalität aller göttlichen Kräfte. Sie ist die schakti, die in ihnen allen individuell differenziert als göttliche Kraft lebendig ist. War sie in ihnen zersplittert und eint sie sich im Bilde der Candî, um gesammelt das göttliche Prinzip gegenüber dem dämonischen zu behaupten, so ziemt es sich, daß alle übrigen göttlichen Personen, die sich ihrer Kraft entäußert und sie in der Göttin zusammengegossen haben, ihr auch die Waffen und Embleme übertragen, deren sich ihre individuelle göttliche Kraft machtvoll zu bedienen pflegte. Darum vereint Candî in ihren Händen die Waffen der verschiedensten Götter, so wie ihr Leib mit zwanzig Armen in sich die Kraft vieler zwei- und vierarmiger Götter vereinigt. Ihr Bild würde nicht die zusammengestrahlte Kraft aller göttlichen Individualitäten darstellen, wenn sie nicht Schivas dreizackigen Spieß, Vischnus Messerring, den Wurfspeer des Feuergottes und den zauberkräftigen Schlangenlasso in Händen hielte, der Varuna, dem König der Wasser, gehört, in denen die Schlangen ihre Heimat haben. Der Windgott gab ihr Pfeil und Bogen, Indra die Glocke seines Elefanten, Kâla, der Todesgott Schwert und Schild, Vischvakarman, der kunstfertige Baumeister der Götter, sein Zimmermannsgerät, das Beil.

Aber mit der Aufzählung dieser Attribute, die richtig geordnet in die Hände des Kultbildes der Candî gehören, ist die Vorschrift, wie es zu gestalten sei, noch nicht abgeschlossen. Der Text fährt fort:

»Unter ihr liegt der (stiergestaltige) Dämon Mahischa mit abgeschlagenem Kopfe. Sein Haupt ist vom Rumpfe getrennt. Eine männliche Gestalt mit einem Schwert in erhobener Hand steigt mit wütendem Ausdruck aus seinem Nacken auf. Der Mann hält einen Spieß in der Hand, speit Blut und seine Augen, seine Haare und sein Kranz sind rot. Aber der Löwe (auf dem die Göttin reitet) hat ihn schon mit seinen Kiefern gepackt, und die Wurfschlinge schnürt ihm den Nacken. Mit dem rechten Fuße steht die Göttin auf dem Löwen, mit dem linken tritt sie auf den niedergeworfenen Dämon. Diese Candî ist dreiäugig... (Vers 1-6)

Neben diesem zwanzigarmigen Bilde Kâlî-Durgâs im Aspekt der Candî gibt es auch einfachere für dieselbe Situation. Das Agnipurâna schließt sein zweiundfünfzigstes Kapitel »Merkmale von Kultbildern (pratimâ) der Göttin« mit der Schilderung einer zehnarmigen Darstellung:

»Candikâ soll zehn Arme haben. Zur Rechten hält sie Schwert, Dreispieß, Messerring und Speer, zur Linken den ›Schlangen‹-Lasso, einen Schild, einen Haken, ein kleines Beil und einen Bogen. Sie reitet auf einem Löwen, und Mahischa wird mit dem Dreispieß am Haupte getroffen.« – Da von den fünf rechten Händen nur vier durch Embleme charakterisiert sind, die linken Hände aber andere Waffen halten, als den Dreispieß, der den Dämon trifft, muß es die freibleibende Rechte sein, die den tödlichen Streich gegen ihn führt, und der Spieß, der den Dämon trifft, muß ein anderer sein als der, welcher unter den vier Emblemen der übrigen rechten Hände aufgeführt wird. Wahrscheinlich ist es die oberste (in der Zählung »rechtsherum«: die letzte) der rechten Hände, die den Hieb gegen den Dämon führt. Denn unter der Vielzahl der Arme fällt gemeinhin den obersten, die organisch aus der Schulter entwachsen, die Rolle der Aktion zu, während die übrigen, deren Artikulation am Rumpfe weniger markant ist, sich mit der bescheideneren Funktion, in ruhiger Haltung Embleme zu tragen, begnügen müssen. So vollziehen die beiden obersten Arme Mahâsukhas den Akt der Umarmung, der den symbolischen Sinn der Mahâsukha-Gruppe ausdrückt, während die übrigen Arme ohne Gestus nur die Embleme tragen, die Mahâsukha in seinem Wesen erläutern[24].

Diese Beschreibungen von Kultbildern Kâlî-Durgâs im Aspekt der Candî sind reichhaltiger als die knapp-schematischen Angaben über Differenzierungen der Emblemverteilung, auf die das Agnipurâna sich bei den Anweisungen für Kultbilder der verschiedenen Aspekte Vischnus beschränkt. Aber auch sie sind noch sehr lückenhaft und beschränken sich auf Elementares. Über den Gesichtsausdruck der Göttin z. B. lehren sie nichts, ebensowenig über ihr Gewand und ihren Schmuck an Haupt, Leib und Gliedern. Und doch ist das alles – wie alles Detail an einem Kultbilde – wichtig und bedeutsam und innerhalb gewisser Grenzen der Variationsmöglichkeit genauso festgelegt, wie die in den Texten aufgezählten Attribute. Das Agnipurâna erlaubt es sich, seine gedrängten Vorschriften von diesem sekundären Detail zu entlasten, das nicht ganz so wesentlich bedeutungtragend ist, wie die Embleme und Gesten, die es verzeichnet, weil es seine Kenntnis bei dem Eingeweihten voraussetzen darf. Die literarische Tradition der Mythen, in denen der Aspekt der Gottheit handelnd auftritt, enthält Beschreibungen ihrer Erscheinung, die handwerkliche Tradition der Kunstübung, die sich wie jedes Gewerbe im Heimatlande der Kasten in der Regel vom Vater auf den Sohn fortpflanzt, und nicht zuletzt die Vorbilder, die frühere Geschlechter als typisch-verbindliche Darstellungen hinterlassen haben, sichern die Formgebung des Kultbildes vor Willkür und Wandlung ihres symbolischen Zeichenbestandes.

Wieviel wesentliches Detail aufzuzählen sich das Agnipurâna versagt und wie reichhaltig der traditionell notwendige Formenbestand der Kultbilder ist, die es mit so monotonen Angaben gegeneinander abhebt, lehrt ein Vergleich seiner Charakteristik des Trivikrama-Vischnu mit den vorhandenen bildlichen Ausprägungen dieses Typs. Vom Bilde der Candî ist die Gestalt des besiegten Dämons unzertrennlich, der im Todeskampfe den Stierleib, in dem er sich unüberwindlich dünkte, verläßt, um, aus dem enthaupteten Nacken herausfahrend, in Mannesgestalt der Göttin zu erliegen. Vischnu erscheint in seinem Aspekt als Trivikrama nicht notwendig in der Aktion seiner drei kosmischen Schritte, sondern auch in statuarischer Ruhe. Aber wie das Bild der Candî des Gegners nicht entraten kann, dessen Gestalt und Haltung die Göttin erst in ihrem Wesen verdeutlichen und ihren Aspekt genau bestimmt, bedarf auch die Gottheit, die sich im Kranze ihrer Embleme ruhevoll präsentiert, in ihrem Bilde gemeinhin einer Umgebung und Begleitung, die das Wesen ihrer Erscheinung verdeutlichen helfen. Die allgemein gültige Anschauung umgibt das hohe Wesen des Gottes mit einer Art Hofstaat, der in ihrem Bilde mehr oder weniger reichhaltig vertreten sein will. Seine Zusammensetzung und Haltung ist durch die Aussagen der göttlichen Selbstoffenbarung in der literarischen Überlieferung vorab und dauernd innerhalb enger Grenzen geregelt. Vischnu-Trivikrama ist traditionell von seinen beiden Gemahlinnen begleitet[25]: Lakschmî, die Göttin des Glücks und der Schönheit steht zu seiner Rechten, Sarasvatî, die »flutenreiche« Göttin der Rede lautespielend zu seiner Linken. Zwei Gefolgsleute (âyudhapuruscha) flankieren die Gruppe. Die Haltung ihrer Hände – die rechte in schutzverleihendem Gestus (abhayamudrâ), die linke in die Hüfte gestützt – ist so fest geprägt wie die liebliche Haltung der Göttinnen mit »dreifacher Biegung« des Leibes (tribhanga). Traditionell in seinem Bestande ist auch das Gewimmel niederer göttlicher Wesen, das den Gott umgeben muß, wenn er sich im Trivikrama-Aspekt ruhevoll präsentiert: Musizierende Genien (Gandharva) schweben über Wolken und tragen ihre Frauen, die auf ihren Schenkeln reiten; weibliche Genien, deren Rumpf in welliges Gefieder endet (Kinnarî), erheben sich über elefantennasigen Meerungeheuern (makara) und Löwengreifen, die Elefantenreiter samt ihren Elefanten niedertreten. Von ihnen allen schweigt das Agnipurâna in seiner knappen Liste, obschon sie in dieser Anordnung nur dem Aspekt Trivikrama – und nur in einer seiner möglichen Darstellungen – eigen sind. Wird Vischnu unter dem Aspekt Trivikrama in der kosmischen Aktion der drei Schritte, die sein Name Trivikrama bezeichnet, dargestellt, so hält die Tradition ein anderes Schema bereit, das dank der Dynamik seines Gegenstandes mehr Variationsmöglichkeiten bietet[26].

Das Agnipurâna schweigt von dem reichen Gefolge göttlicher Wesen (âvarana-devatâ), das Vischnu-Trivikrama begleitet, wie es den traditionellen Schmuck seiner Gestalt verschweigt: die Brahmanenschnur, die von der linken Schulter zur rechten Hüfte herabläuft, den Brustschmuck mit dem Juwel Kaustubha, den Blumenkranz, der die Knie des Gottes säumt, die langgezogenen Ohren, die von Ringen beschwert sind, die Schmuckringe an Unter- und Oberarmen und an den Füßen und die glückverheißenden Zeichen der Vollkommenheit auf Stirn und Handfläche. – Genausowenig verrät der Text, daß zum Kultbilde Vischnus, wenn er im Aspekt Janârdana sitzend dargestellt wird, das Reittier des Gottes gehört: Garuda, der göttliche König der Vögel. Er darf voraussetzen, was sich für den Eingeweihten von selbst versteht: daß eine sitzende Gottheit immer auf dem individuell ihr zugehörigen Sitze, zumeist ihrem Reittier (vâhana) dargestellt wird: Schiva auf dem Stier Nandin, Durgâ auf dem Löwen, der Kriegsgott Skanda auf dem Pfau, der liegende Vischnu auf der großen Schlange, Brahmâ auf dem Lotussitz. Man muß andere Texte befragen, wenn man eine Vorstellung des typischen Details, das individuell den einzelnen Aspekten göttlicher Wesen zugeordnet ist, gewinnen will: von den göttlichen Gestalten, die sie umgeben (âvarana-devatâs), ihren Reittieren (vâhanas), von ihrer Haltung und ihrem Schmuck.

Solche detaillierten Beschreibungen finden sich in den Tantras. Sie bilden in ihnen einen notwendigen Bestandteil der Vorschriften, die vom Zeremoniell der Verehrung göttlicher Personen und ihrer Aspekte handeln: nämlich die Anweisung zur Entwicklung des inneren Bildes der Gottheit, deren Kult beschrieben wird. Das Prapancasâra-Tantra z. B. gibt in seinem sechzehnten Kapitel eine Anweisung für die innere Bildentwicklung (dhyâna) bei Verehrung des Mondes. Es schreibt folgendes Schaubild der Gottheit vor:

»Er steht auf einem fleckenlosen (weißen) Lotus und sein mondgleiches Antlitz strahlt heiterste Ruhe. Seine rechte Hand vollzieht den Gestus der Wunschgewährung (varada), die linke hält einen Lotus. Er ist mit einer feinen Perlenschnur und anderem Schmuck geziert. Er schimmert wie Kristall und Silber.« – Seine männliche Erscheinung umgeben als symbolische Personifikationen seiner göttlichen Kraft (schakti) in ihren verschiedenen Auswirkungen neun weibliche Gestalten: »Seine neun schaktis sind: »Râkâ« – die personal gedachte Vollmondsnacht – »Kumudvatî« – die Herrin der weißen Lotusblüten, die sich des Nachts öffnen, – »Nandâ« – ›Freude‹: so heißen drei glückbringende Tage des Mondmonats, – »Sudhâ« – das ist: ›Unsterblichkeitstrank der Götter‹, dessen Gefäß der Mond ist, – »Sanjîvanî« – die ›Lebenspendende‹, – »Kschamâ« – die ›Wohlgesinnte‹, – Âpyâyinî« – die ›Fülle Verleihende‹, – »Candrikâ« – das ist der »Mondschein« – und »Âhlâdinî« – die »Erquickende« – In diesen neun personalen Aspekten seiner göttlichen Energie entfaltet sich das milde segenvolle Wesen des Mondes vor der inneren Anschauung des Andächtigen, so wie es der indischen Vorstellung entspricht, die in dem »Kühlstrahligen«, der die Hitze des indischen Sonnentages löscht, das Sinnbild alles Erquickenden und Trostreichen sieht.

»In den Staubfäden der Lotusblume«, in deren regelmäßige Figur die göttliche Erscheinung samt ihrem Gefolge hineingeschaut wird, »wird die Gestalt des Gottes verehrt; die schaktis soll man außerhalb (des Blütenbodens) verehren. Auf den Blätterspitzen des (achtblättrigen) Lotus soll man die acht Planeten verehren, und unmittelbar neben ihnen (das heißt: zwischen den Blattspitzen) die Hüter der (acht) Himmelsrichtungen. »Die schakti's schimmern hell wie blühender Jasmin und tragen Perlenschnüre aus Sternen. Sie sind mit ganz weißen duftenden Blumen geschmückt und halten silberne Schalen. Ihre Blumenketten und Gewänder sind weiß; sie haben weiße Schminke aufgelegt und halten ehrfürchtig die hohlen Hände aneinander. So werden sie gedacht[27]«.

Ein ähnliches, aber figurenreicheres Bild entwirft das folgende Kapitel des Prapancasâra-Tantra für die innere Anschauung bei der Verehrung des Gottes Ganescha, des elefantenköpfigen »Herrn der Scharen«[28]. Dieser Sohn Schivas und Kâliî-Durgâs, der »alle Hemmnisse aus dem Wege räumt«, ist als Helfer in allen irdischen Nöten eine der beliebtesten Volksgottheiten Indiens und wird weithin in jedem Dorfe verehrt. Von seinem inneren Schaubild heißt es:

»In einer Vierecksfläche von gebrochenem Kontur[29], die in ihrem inneren Kreise von Sonnenlicht und Mondenschein erfüllt ist, und aus Juwelen besteht, die durchweht ist von einem duftenden Winde, der einen feinen Sprühregen von den Wogen des Zuckermeeres her mit sich führt, der lieblicher ist als das Flügelschwingen von Bienen, die sich auf Götterbäumen und Jasmin aufhalten, sitzt Ganescha unter einem himmlischen Baume (von dem

man Erfüllung aller Wünsche pflücken kann), dessen Früchte Edelsteine, dessen Blüten Diamanten und dessen Zweige Koralle sind.« Sein Sitz ist »ein gemalter Lotus, dessen Füße mit Löwengesichtern geschmückt sind« – also eine Kombination des Löwenthrons (simhâsana, mit dem Lotussitze (padmâsana. Dieser Lotus »strahlt von drei (einbeschriebenen) ›Sechsspitzern‹« – d. h. von drei ineinander verschränkten Dreieckspaaren[30]. Ganescha »hat einen dicken Bauch« – er ist der Gott der Gedeihlichkeit –, »er hat nur einen Stoßzahn, er hat zehn Arme und ein Elefantengesicht und ist von rötlicher Farbe«. Von seinen »lotusgleichen Händen« ist die unterste rechte »mit Getreidekörnern gefüllt«, die nächsten beiden halten (in aufsteigender Folge) eine Keule und einen Bogen aus Zuckerrohr, der vierte rechte Arm trägt ein Mutterschaf, der oberste einen Messerring. Mit den linken Händen hält er (in absteigender Folge) ein Muschelhorn, eine Wurfschlinge, einen Lotus, seinen zweiten Stoßzahn, an dessen Spitze Reis hängt, und eine Schale voll Juwelen. – »Man soll ihn schauen, wie seine von Geschmeide schimmernde Gattin ihn mit ihren Lotushänden umarmt, – ihn der Entfaltung, Vernichtung und Bestehen des Alls bewirkt, den Zerbrecher, den reichen Glücksspender.« Mit einem Regen von Juwelen, Perlen und Korallen, der aus der Schale fließt, die seine Hand hält, verstreut er einen Strom ohne Ende ringsumher, um seinen andächtigen Verehrern (sâdhaka) Fülle des Glücks zu verleihen. Einen Kranz von Bienen, der nach dem süßen Brunstschweiß seiner Schläfen lüstern ist, vertreibt er wieder und wieder durch Schlagen mit den Flächen seiner Ohren. Von Göttern und Dämonen wird ihm paarweis aufgewartet:
Gerade vor ihm steht ein Bilvabaum und neben diesem Ramâ (die Göttin des Glücks und der Schönheit: Lakschmî) und Ramescha (das ist »Ramâs Gemahl«: Vischnu); zu seiner Rechten unter einem Feigenbaum die

Tochter des Berges (Pârvatî, d. i. Kâlî-Durgâ) und der Gott, der den Stier zum Zeichen hat (Schiva); in seinem Rücken unter einem Pippalbaum die Göttin der Liebeslust (Rati) und der Gott mit den fünf Pfeilen (d. i. der Liebesgott); zu seiner Linken neben einem Priyangubaum die Erdgöttin und der göttliche Eber (d. i. Vischnu im Eber-avatâra.«

Der Andächtige, der in Ganescha die Gottheit seines Herzens verehrt, ordnet ihm als dem höchsten, die anderen bekannten personalen Aspekte des Göttlichen unter als sein huldigendes Gefolge: die ehrwürdigsten: Schiva und Durgâ, Vischnu und Lakschmî ebenso wie mindere göttliche Erscheinungen. Die Vorschrift innerer Bildentwicklung führt auch die Embleme auf, die diese Gottheiten des Gefolges (âvarana-devatâ) in ihrer Individualität charakterisieren. Es sind die typischen Embleme dieser Götter, nur ist ihre Zahl bescheiden, da ihre Träger, ihrer untergeordneten Stellung entsprechend, nur zweiarmig gegenüber der zehnarmigen Zentralfigur Ganeschas erscheinen: »Zu erschauen ist das erstgenannte Paar (Vischnu und Lakschmî) mit zwei Lotusblumen und einem Messerring in Händen, das andere Paar (Schiva und Kâlî-Durgâ), mit Wurfschlinge, Haken, Beil und dreizackigem Spieß, das dritte Paar (Liebeslust und Liebesgott) mit zwei Lotusblumen, einem Bogen aus Zuckerrohr und Pfeilen, das letzte Paar (Erde und Vischnu als Eber) mit Papagei und Reisähre, Keule und Messerring.«

Damit ist die Schar der âvarana-devatâs, die zur Erscheinung des Gottes gehören, aber noch nicht erschöpft. »Zu schauen sind«, so heißt es weiter, »ringsum an sechs Ekken der Winkel des Diagramms aus Dreispitzen (weitere) »Herren der Scharen«. Diese weiteren »Herren der Scharen« sind begrifflich Dubletten der Zentralfigur: Ausstrahlungen ihres Wesens, das sich in der Erscheinung vervielfältigt. In ihrer Form sind sie bescheidener gehalten als die Zentralfigur, aber vierarmig gestaltet stellen sie sich mächtiger dar als die huldigenden vier Götterpaare unter Bäumen. Sie »tragen in (zwei) Händen Wurfschlinge und Haken und vollziehen (mit den beiden anderen) den Gestus ›Fürchte dich nicht‹ (abhaya) und die Geste der Wunschgewährung (ischta). Sie sind mit ihren jugendlichen Geliebten vereint. Die Farbe ihrer Leiber ist rot«, um ihre Liebeslust und Lebensglut anzudeuten. »Sie erliegen völlig der Gewalt entfesselter Liebesleidenschaft« – damit wird angedeutet, daß sie in derselben Haltung wie Mahâsukha und seine Geliebte vorzustellen sind. Falls sie in der Haltung Vajradharas zu denken wären, würde der Text wohl vermerken, daß sie sitzend vorzustellen seien.

Neben ihnen umkränzen andere personale Teilaspekte der göttlichen Wesenheit Ganeschas die Zentralfigur: »An der Ecke (des Diagramms), die der Zentralgestalt frontal gegenüberliegt, ist der »Frohsinn« (âmoda) vorzustellen, in den beiden Ecken ihm zur Seite der »Jubel« (pramoda) und der »Lachemund« (sumukha) zu schauen, und im Rücken der »Finstergesicht« Zubenannte (durmukha) und zu dessen beiden Seiten »Der Hemmungen behebt« und »Der Hemmungen schafft«.

»Zur Linken und zur Rechten von ihm hat man sich Behälter mit Muscheln und Lotusblüten vorzustellen, die von Perlen und Rubinen glitzern und immerdar in Strömen Schätze regnen. (Vier) Paare jugendlicher Göttinen haben ihren Platz bei diesen Schatzbehältern Ganeschas: »Erfolg« und »Fülle«, »Liebreiz« und »Lusterfülltheit«, »Hinschmelzen in Lust« und »Die vor Lust Aufgelöste«, Die Schätze Haltende« und »Die Schätzereiche«. Mit ihnen erfährt das lebensfrohe Bild des Gottes seine Abrundung[31].

Die großen Götterpaare des figurenreichen Schaubildes, die, heiligen Bäumen zugeordnet, Ganescha aus allen vier

Weltgegenden huldigen, dienen dazu, ihn als höchste aller persönlichen Erscheinungsformen des Göttlichen auszuweisen. Wenn sogar sie ihm huldigen, muß er der mächtigste sein, und seine Verehrung sicherlich reichste Frucht bringen. Die übrigen Gestalten des Gefolges sind dazu bestimmt, die verschiedenen Züge seines Wesens sinnfällig darzustellen, sie haben eine den Emblemen seiner zehn Arme verwandte Aufgabe. Daraus erklärt sich, daß sie in plastischen Darstellungen, die das Bild des Gottes vereinfachen, auch fehlen können. In ihnen mischen sich düster-drohende Züge, die Ganescha als Sohn Schivas (religionsgeschichtlich könnte man sagen: Abspaltung seines Wesens) und der Dunklen Göttin eigen sind, mit den liebenswerten und segensreichen, die den Gott als volkstümlichen Nothelfer kennzeichnen. Ein Gott des Lebens und des Alltags hält er als Schutzherr bäuerlicher Arbeit und ländlichen Gedeihens Getreidekörner und Mutterschaf in Händen, neben den Vernichtungswaffen seiner Eltern; Lebensbejahung und Liebeslust strahlt in verschiedenen Tönungen personal gefaßt von der Hoheit seiner Zentralfigur aus. Von vorn betrachtet ist der große Gott ganz Heiterkeit, Wohlwollen und Freigebigkeit, seine düsteren Aspekte »Finstergesicht« und »Der die Hemmungen schafft« bilden seine Rückseite. Das bedeutet: wem der Gott, der alle Hemmnisse auf dem Wege zu Glück und Gedeihen beseitigen kann, den Rücken wendet, der findet nur Hemmnisse vor seinem Fuß. So zeigen auch die plastischen Darstellungen des Gottes, die darauf verzichten müssen, sein Wesen in einer Vielheit von Gestalten zu entfalten, auf seiner Rückseite eine dräuende Fratze, während vorn sein Elefantenantlitz gern den Ausdruck hoheitsvoller Gutmütigkeit und wohlwollender oder verschmitzter Klugheit trägt[32].

Dergleichen detailreiche Beschreibungen göttlicher Erscheinungen finden sich in der Tantraliteratur allerwegen, wo sie von ihrem Hauptgegenstand, dem Kult der Göter, handelt. Die Entwicklung eines vollständigen und korrekten Schaubildes der Gottheit des Herzens ist ja die unerläßliche Voraussetzung jeder Andacht mit oder ohne yantra. Das Prapancasâra-Tantra z. B. enthält vom neunten bis zum zweiunddreißigsten Kapitel (seinem vorletzten) nahezu in jedem Kapitel Vorschriften, wie Bilder göttlicher Erscheinungen in innerer Schau (dhyâna) zu entwickeln sind. Nacheinander werden Schaubilder (dhyâna) der bekannten Gottheiten des Hinduismus im Zusammenhang des besonderen Rituals geschildert, das zur Verehrung einer jeden von ihnen gehört. Das zwölfte Kapitel lehrt z. B. das dhyâna der Lakschmî im Kreise ihrer neun schaktis, die verschiedene Seiten ihres Wesens verkörpern, weiterhin ihr dhyâna als Ramâ, ein Aspekt, in dem sie von zweiunddreißig schaktis umgeben ist. Vorschriften für dhyânas Vischnus, Schivas und Kâlî-Durgâs verteilen sich entsprechend der Unzahl von Aspekten, die diesen großen Gottheiten eigen sind, auf viele Kapitel[33]. – Auch für die Verehrung heiliger Versmaße, in denen das Göttliche Form annimmt, gibt es personale Bilder der inneren Anschauung[34].

Solche Anweisungen zu innerer Bildentwicklung sind in der Beschreibung göttlicher Aspekte von bemerkenswerter Detailfülle. Immerhin sind sie praktisch nur für den Eingeweihten brauchbar, der mit der Technik, solche figurale Gruppierungen auf einem linearen Grunde von Dreispitzdiagrammen, Lotusblattkränzen und dergleichen zu vollziehen, vertraut ist. Der Uneingeweihte wäre nicht bloß in Verlegenheit, wie er viele der genannten Gestalten, z. B. im Schaubild Ganeschas bildlich korrekt darstellen sollte, z. B. »Frohsinn« und »Jubel« oder »Finstergesicht« und die »Schätzereiche«. Mindestens ebensoviel Kopfzerbrechen dürfte ihm die exakte Verteilung aller göttlichen Gestalten auf die Ecken der ineinander verschränkten Dreispitz-Paare verursachen. Es liegt im esoterischen Charakter der Tantraliteratur wie der Purânas, daß ihre Angaben für innere Bildentwicklung wie Anfertigung von Kultbildern – was ja auf eines herausläuft, da das Kultbild räumliche Konkretion, Materialisation des Schaubildes sein muß, um als yantra fungieren zu können: um Kultbild zu sein – für den Uneingeweihten ungenügend sein müssen. Sie treiben als literarische Niederschläge im Strom einer mündlichen Tradition vom Lehrer zum Schüler und dienen nur dazu, Wesentliches und Typisches für das Gedächtnis zu fixieren, während anderes Detail, das im Strome dieser Überlieferung als selbstverständliches Ingrediens mitschwimmt, ungesagt bleibt. Wieviel jede textlich fixierte Anweisung verschweigt, hängt jeweils davon ab, wieviel sie sich zutraut, ohne Schaden für Korrektheit und Vollständigkeit der Überlieferung verschweigen zu dürfen, weil es ohnehin mitüberliefert wird. Sie tradiert Geheimwissen, das von keinem Uneingeweihten dem es unseligerweise in die Hände fällt, sinnvoll ausgenutzt werden darf. Je mehr sie lehrend verschweigt, desto sicherer ist sie vor Profanierung ihrer Geheimlehren. Es gehört zum Wesen der Eingeweihten, sich allerwärts durch Andeutungen verständlich zu sein und sich mit bruchstückhaften, andeutenden Lehrsätzen als Gedächtnisstützen lebendiger Tradition zu begnügen. Auf demselben andeutend-enigmatischen Prinzip literarischer Fixierung beruht die gesamte Tradition orthodox-brahmanischer Philosophie in ihren klassischen Aphorismentexten, die ohne den (nachträglich auch schriftlich fixierten) Kommentar des Lehrers ein Buch voll dunkler Rätsel bleibt. Nur ist bei ihr das Prinzip des Weglassens mit einer Überlegenheit gehandhabt, vor der die Ausführungen der Purânas und Tantras kaum mehr esoterisch stilisiert erscheinen.

Die Formensprache des rein linearen yantra

Die Schilderungen innerer Bilder göttlicher Erscheinungen, wie sie das Prapancasâra-Tantra und andere Vertreter der Tantraliteratur als verbindliche Vorstellungen vom Göttlichen lehren, eignen sich vielfach kaum zu Gegenständen plastischer Darstellung. Die Abschnitte des Agnipurâna, die Vorschriften über die richtige Anfertigung figuraler Kultbilder enthalten, beschränken darum den zur Versinnbildlichung göttlicher Wesenheit notwendigen Apparat an Symbolen im Vergleich zu den Lehren der Tantras außerordentlich. Aber auch die malerisch-zeichnerische Darstellung der Götterschilderungen der Tantras stellt hohe Anforderungen an natürliches Geschick und technische Schulung. Tempel und Klöster konnten über beide verfügen, dank eines lebendigen Kunsthandwerks, das sich in ständisch abgeschlossener Familien- und Schultradition fortgepflanzt oder dank klösterlicher Übung, die sich von einer Mönchsgeneration auf die nächste vererbte. Zeugnis solcher künstlerischen Klostertradition ist das abgebildete tibetische mandala. Aber die Tantralehren handeln vornehmlich von häuslichem Kult, der sich vom Vater auf den Sohn forterbt und sich erblich unter den Augen und in der Lehre des erwählten geistlichen Lehrers der Familie vollzieht. Wie Lehre und Einweihung sich in der Familie von Generation zu Generation erneut fortzupflanzen pflegt, erbt sich das Amt des Lehrers und geistlichen Beraters der Familie (guru) im Geschlecht des Lehrers fort. Die Religiosität der Tantras ist an das Haus gebunden und lebt sich im Schoße der Familie aus. Der Eingeweihte ist zumeist sein eigener Priester. Für das Gerät, das er zu seinem Gottesdienst benötigt, ist er darum im Ganzen auf sich selbst gestellt. Die Bedürfnisse des häuslichen Kults sind aber mannigfach, je nach den Bedürfnissen des Tages und den

Wunschzielen des Einzelnen. Für alle Notstände und Wünsche des Lebens wie für die Erhebung über alle menschliche Bedürftigkeit halten die Tantras rituale Bräuche bereit, die sich von Fall zu Fall sehr verschiedenen Erscheinungsformen des Göttlichen zuwenden und für deren Verehrung verschiedener ritueller Stoffe, vor allem aber verschiedener yantras bedürfen. Grund genug also, diese yantras bei aller Korrektheit, die das Geheimnis ihrer Zweckmäßigkeit ist, möglichst einfach zu gestalten, damit auch ein technisch Ungeschulter je nach Bedarf die verschiedensten unter ihnen für sich verfertigen und in Gebrauch nehmen kann. Der Eingeweihte muß zudem von fremder Hilfe handwerklich Geschulter unabhängig sein, denn er bedarf der yantras in vielen Fällen zu persönlichen Zwecken und magischen Praktiken, deren Absicht er geheim halten muß.

Darum stehen neben den figuralen Kultbildern (pratimâ) und den yantras mit kunstvoller figuraler Füllung, die mit ihrer künstlerischen Ausführung auf lange Lebensdauer in Tempeln, Klöstern und Hausaltären berechnet sind, rein lineare yantras als eine formal sehr viel bescheidenere Gattung, deren Herstellung keiner besonderen handwerklichen Schulung und Geschicklichkeit bedarf, sondern nur des Wissens durch Einweihung. Sie können von Fall zu Fall mühelos geschaffen werden, wie Bedarf es erheischt.

Formal sind diese rein linearen yantras den figural erfüllten (z. B. den tibetischen mandala-Malereien) eng verwandt. Beiden Typen ist die symmetrisch-konzentrische Flächenaufteilung gemeinsam und deren linearen Elemente: z. B. Kreislinien und Ringe von Lotusblättern. Eigenartig und befremdend mag dem unerfahrenen Auge an den rein linearen yantras die vielfach gebrochene (schischirita »gefröstelte«) Linie erscheinen, die bei vielen von ihnen einen regelmäßig gestalteten Rand bildet. Nur ein

Auge, das den Formenschatz figural gefüllter yantras in sich aufgenommen hat, wird keine Schwierigkeit finden, ihren Sinn zu enträtseln. Es erkennt, daß dieses Quadrat mit vier vorgelagerten T-förmigen Stücken, die symmetrisch aus den Seiten vorspringen, nichts anderes ist als das Innere eines quadratischen Tempels samt seinen Eingängen mit den ihnen breit vorgelagerten Stufen, die aus allen vier Weltgegenden in sein Inneres führen. Die massiven Mauern, die in der figuralen Darstellung dieses Symbols grundrißhaft den quadratischen Innenraum des Tempels an seinen vier Ecken umklammern, scheinen der vereinfachenden Stilisierung dieser rein linearen Gebilde zum Opfer gefallen zu sein. Diese Umbildung des massiven Tempelgrundrisses zu einem linearen Schema, dessen Bedeutung nur aus seiner farbig-sinnlicheren Darstellungsweise im figuralen Bildwerk verständlich wird, erweist die rein linearen Gebilde eben als Vereinfachungen sinnfälligerer Geschwister. In die abstrakt-einfachen Bildwerke, die das weitverbreitete praktische Bedürfnis täglich-häuslicher Andachtsübungen und magischer Akte gebieterisch forderte, zog aus dem Formenschatz der figuralen Bildwerke, die in Kloster und Tempel neben ihrer Funktion als yantra auch dekorative Bedeutung hatten, nur ein, was ihrer schlichten Stilisierung angemessen war.

In der Genügsamkeit an dieser abstrakten Einfachheit lebt ein Stück ursprünglicher, »primitiver« Phantasie, die noch nicht der formalen Ähnlichkeit des Symbols mit seinem Gegenstande bedarf, um seiner Gültigkeit als Symbol gewiß zu sein. In den Tantras gewinnen ja untere Volksschichten, die bislang von brahmanischer Bildung wenig durchtränkt waren, den Anschluß an die große Ideen- und Symbolwelt des Brahmanismus und gewinnen literarisch Stimme durch den Mund von Brahmanen, die ihr eigenes Erbgut als gültiges Gefäß der Wahrheit vielfach mit ehemals abgelehnten oder ignorierten Inhalten

volkstümlicher Geheimkulte füllen. Die Tatsache, daß aus diesen unteren Schichten des Volks das erotische Element mit seiner großen Symbolik – aber nicht nur mit ihr – sieghaft bis in den Gipfel der göttlichen Gestaltenwelt dringt, scheint ein idealer Parallelprozeß zum Eindringen dieser primitiven Symbolformen in die kanonische Formensprache des Brahmanismus, der sie zu Ausdrucksmitteln einer ideellen Symbolgeometrie entwickelt.
Die außerordentliche Vereinfachung, die das zweidimensionale Kultbild im Übergang vom figural erfüllten Liniengefüge zum rein linearen Gebilde erfährt, vollzieht sich nach zwei Prinzipien: der Reduktion auf rein lineare Symbole und Schrift und dem Verzicht, Elemente des inneren Schaubildes im yantra zur Darstellung zu bringen. Der Reduktion auf rein lineare Symbole unterliegen die regelmäßig gestalteten bildhaften Elemente: Vierecks- und Kreislinien und auch die Kränze von Lotusblättern, die den mit figuraler Malerei erfüllten yantras ihre symmetrische Tektonik geben, ohne Schwierigkeit. Sie gehen ihrer Farbe verlustig und werden, auf den reinen Umriß vereinfacht, entmaterialisiert. – Zum Ersatz der figuralen Füllung dieses linearen Schemas, die besondere technische Mittel (verschiedene symbolische Farben z. B.) und eigene Schulung erheischt, bildet das rein lineare yantra eine besondere Symbolsprache aus: es füllt sein lineares Gefüge mit graphisch-linearen Symbolen, zu denen obendrein Schriftzeichen treten können.
Unter den graphisch-linearen Symbolen spielt das Dreieck (besser: »Dreispitz«) eine hervorragende Rolle. Statt mit den geometrischen Bezeichnungen »trikona« und »tryaschra« = »Dreispitz« wird es auch oft mit »yoni« = »Schoß« bezeichnet. Yoni wird in der Bedeutung »Schoß« ganz allgemein zur Angabe des Ursprungs und der Herkunft verwendet, ist aber daneben in der graphischen Darstellung als Dreieck Symbol des Weiblichen[35].

Das weibliche Element bezeichnet in der Symbolsprache der Tantras die Kraft (schakti) des Göttlichen, mit der das Göttliche sein Wesen spielend entfaltet und zur Erscheinung bringt. Yoni ist schakti. Weil nun alle Individuation des Göttlichen in einer personalen Gotteserscheinung ein Spiel der schakti des attributlosen reinen Göttlichen ist, bietet sich das Dreieck als Symbol der schakti auch als ein natürliches Schema zu entfaltender Darstellung der unterschiedlichen Aspekte an, in die das Wesen alles personal Göttlichen für die Betrachtung des Eingeweihten auseinandertritt, wenn es in allen seinen Komponenten erfaßt werden soll. Darum ist beim Schaubilde Ganeschas der Lotussitz des Gottes erfüllt von drei ineinander verschränkten Dreieckspaaren. Sie bilden eine Art Grundriß seines göttlichen Wesens. Sie geben ein Ordnungsschema ab, in dem die umgebenden Gottheiten der Zentralgestalt sich als Ausstrahlungen ihres Wesens symmetrisch verteilen. Wie diese Gottheiten sich als Ausdruck der unterschiedlichen Wesenszüge und Kräfte, als Symbole der schaktis der angeschauten göttlichen Person zu einem nuancenreichen Gesamtsinn zusammenschließen, so fügen sich die Ecken und Winkel des Diagramms, denen sie einzeln zugeordnet sind, zu einem komplizierten Liniengefüge zusammen. Das kahle Diagrammm aus ineinandergeschobenen Dreiecken und anderen linearen Elementen, umrahmt von bedeutsamen Ringen, Lotusblattlinien und anderen verwandten Zeichen genügt für den Eingeweihten, die individuelle Wesenheit einer personalen Erscheinung des Göttlichen zu bezeichnen. Wofern er dank seiner Einweihung mit solchem Liniengebilde überhaupt einen Sinn verbinden kann, weiß er auch um den Gehalt, mit dem er seine stumme Tektonik zu beleben vermag: eben um die figuralen Elemente innerer Bildentwicklung, die jeder Dreiecksspitze, jedem Ringe, jedem Lotusblatt und ihren Zwischenräumen zugehören. Für den Akt der Verehrung ist er angewiesen, das Bild der Gottheit samt den umgebenden Gestalten, ihren schaktis, vor dem inneren Auge aufzurufen – wozu ihm wiederholte, litaneihafte Rezitation der Verse, die des Gottes Erscheinung beschreiben, verhilft – und das vollendete Schaubild in das lineare yantra, das er vor sich hingezeichnet hat, hineinzuprojizieren. Dann belebt sich der rätselhafte Grundriß des göttlichen Wesens, den er in Form des linearen Gefüges der Überlieferung gemäß entworfen hat.

Zwischen dem figural erfüllten Schaubild göttlicher Person und dem rein linearen Schema, das ihm als Gefäß, als yantra dient, besteht dieselbe genaue Übereinstimmung, wie zwischen Schaubild und figuralem Kultbild. Das figurale Kultbild kommt dem Bedürfnis nach sinnlicher Anschauung bis an die Grenze des Möglichen entgegen, indem es ihren Inhalt mit seinen Mitteln abbildet. Das lineare yantra reicht der inneren Anschauung nur ein Ordnungsschema dar und heißt die innere Schau, seine Rahmen mit ihrer Gestaltenwelt anfüllen. Sofern der Eingeweihte dieses bare Schema auf Grund langer Übung spontan mit dem gestaltenreichen Abbild des Wesens seiner Gottheit füllen kann, ist das rein lineare yantra für ihn unmittelbar Abbild der göttlichen Wesenheit. Als solches schmückt es auch Tempel an Stelle figuraler Gebilde. Denn wer es betrachtet, belebt es mit der Anschauung, die ihm zukommt. In jedem Falle ist es für den eingeweihten Gläubigen kein bloßes lineares Gebilde, sondern Wesensaussage über einen Aspekt des Göttlichen. Es ist in jeder seiner Flächen, in jedem Winkel seines inneren Kernes beladen mit einem Stück Wissen um den Gott, das sich freilich nicht aussagt und zur Schau stellt, sondern vom Wissenden angesprochen und mit einem figuralen Element seiner inneren Schau verdeutlicht werden will.

Das lineare yantra löst seine Aufgabe, Gefäß des inneren Schaubildes zu sein mit dem großen Verzicht auf alles

Figurale, das eigentlich Stoff des inneren Gesichtes ist. Es beschränkt sich auf den tektonischen Rahmen, auf das Ordnungsschema der figuralen Fülle des inneren Gesichts. Das figurale yantra kennt diesen Verzicht nicht; aber seine Fähigkeit, innere Gesichte zu spiegeln, ist dafür in anderer Hinsicht begrenzt. Als Plastik (zumal als Bronze) verzichtet es zumeist auf eine getreue Wiedergabe der lokalen Farbtöne, die vom Inhalt jedes inneren Gesichtes unzertrennlich sind und in ihm dank der symbolischen Bedeutsamkeit der Farben eine ganz wesentliche Rolle spielen. Mehr noch: es verzichtet auf die Wiedergabe von so überaus gestaltenreichen komplizierten inneren Gesichten, wie sie – z. B. bei dem geschilderten Schaubild Ganeschas – vom linearen yantra mit seiner abstrakten Grundrißsymbolik noch mühelos bewältigt werden. Es eignet sich nur zum Gefäß vergleichsweise einfacher, nicht allzu figurenreicher Schaubilder göttlicher Wesenheiten.

Zwar zeigen umfangreiche Reliefdarstellungen Göttergestalten häufig in einem größeren Kreise huldigender, begleitender oder überwundener Mitspieler. Aber ihre Zahl pflegt sich auf die Figuren zu beschränken, die zur Verdeutlichung der Situation, die diese erzählenden Reliefs festhalten, entsprechend der episch-literarischen Überlieferung der Szene erforderlich sind. Es pflegt keine begriffliche Zerlegung des göttlichen Wesens in seine Komponenten (wie bei Ganescha in »Lachemund« und »Finstergesicht« usw.) einzutreten, noch strahlt sich die Kraft des Gottes ringsum in Dubletten seiner Erscheinung aus. Der Raum des Reliefs nimmt keine beliebige Menge von Gestalten in sich auf. Denn er dient einer Wesensaussage des Göttlichen, zu deren Korrektheit vor allem Deutlichkeit aller Teile der Aussage gehört. Sie dürfen einander nicht überschneiden und perspektivisch abdecken, sondern werden im Bewußtsein ihrer Bedeutsamkeit neben- und übereinander gesetzt. Darum ist das figurale Relief, das notwendig von einer Vorderansicht ausgeht und in die Tiefe gestaffelte Figurengruppen nur übereinander ordnen kann, wenig geeignet, das innere Schaubild einer Gottheit wiederzugeben, das in eine große Anzahl symbolischer Gestalten sternförmig nach alllen Seiten symmetrisch auseinandertritt. Noch weniger eignet sich augenscheinlich die Einzelbildsäule (Rundplastik oder Halbrelief) zur Wiedergabe solcher inneren Schaubilder. Sie aber ist die verbreitetste Form des figuralen Kultbildes. Ihre Form widerstrebt der Wiedergabe allzu figurenreicher, symmetrischer Schaubilder einer göttlichen Wesenheit, deren komplizierte Zusammensetzung mit einem Blick nur aus der Vogelperspektive, nicht aus irgendeiner Seitenansicht zu erfassen ist. Das rein lineare yantra nimmt gegenüber diesem komplexen Gesichten eben den Standort der Vogelperspektive ein und hält nach Art einer Landkarte den bloßen Grundriß fest.

Das rein figurale yantra (Kultbild, pratimâ) und das lineare yantra unterscheiden sich – abgesehen von den Mitteln der Darstellung – also auch durch die Menge des dargestellten figuralen Gehalts. Dieser quantitative Unterschied läßt sich vielleicht nicht ziffernmäßig festlegen, ist aber mit der verschiedenen Struktur beider Typen und ihrem verschiedenen Blickpunkt: Vorderansicht und Aufsicht, gegeben. Ist das lineare yantra figural erfüllt, wie z. B. bei tibetischen mandalas, so ist sein Plus an figuralem Gehalt gegenüber der durchschnittlichen pratimâ auch dem Uneingeweihten greifbar; bietet es sich dem äußeren Auge als ein rein lineares Gefüge dar, so kann man sein figurales Plus aus der literarischen Überlieferung entnehmen, die angibt, welcher figurale Gehalt der inneren Schau dem linearen Gefüge zugeordnet ist und vom Eingeweihten ihm auch tatsächlich durch einen Akt der Ineinssetzung von yantra und Schaubild einverleibt wird.

Da beide Typen in der Funktion als yantra für einander

eintreten können, beziehen sie sich augenscheinlich auf Schaubilder, die unter sich verschieden sind an Struktur und Gestaltenfülle, auch wenn sie dieselbe göttliche Wesenheit darstellen. Beiden yantra-Typen entsprechen verschiedene Schaubildtypen. Neben vergleichsweise einfachen, die sich auf die Gestalt des Gottes beschränken und zu ihr seinen Sitz, sein Reittier, einige Gefolgsgottheiten (Gemahlinnen, Diener usw.), vielleicht noch den überwundenen Feind fügen, um seine Zentralgestalt verdeutlichend zu umrahmen, stehen figurenreiche, die sein Wesen Zug um Zug in besonderen Gestalten seiner Umgebung versinnbildlichen. Bei ihnen werden die unterschiedlichen Wesenszüge, zu deren Ausdruck bei den einfacheren Bildern eine Mehrheit von Gesichtern und eine Vielzahl von Armen mit mannigfachen Emblemen dienen, in Gruppen besonderer Figuren ausgeprägt. Der Wald von Armen, der bei vergleichsweise einfachen Bildern dazu dienen muß, die mannigfachen Wesenszüge der Gottheit darzustellen, wandelt sich hier zu einem Walde von Gestalten, der die zentrale Figur, deren Wesen er verdeutlicht, in symmetrischer Ordnung seines Bestandes umkränzt.

Das lineare yantra mit seiner Beschränkung auf ein Ordnungsschema ist besser geeignet solch ein figurenreiches Schaubild der Gottheit abzubilden, als ein figurales Kultbild, und man darf wohl annehmen, daß diese figurenreichen Schaubilder eben im Anschluß an die Symbolik rein linearer yantras und im Zusammenhang der Grundidee ihrer Symbolsprache zur Ausbildung gelangt sind. Literarisch beherrschen diese figurenreichen Schaubilder die Schicht der Tantras, während die einfacheren vorwiegend in den Purânas gelehrt werden. Der Zentralbegriff der Ideologie der Tantras ist die schakti. Kraft ist das Wesen der Welt. Alle göttliche Person ist nur eine ihrer selbstgewählten Erscheinungsformen. Die ewige göttliche schakti tritt in eine Unzahl göttlich personaler Erscheinungen auseinander. Jede göttliche Person aber, als Erscheinung der schakti entfaltet ihre schakti wieder in einer Reihe von Aspekten, die man ihre schaktis nennen kann. Die Idee der schakti löst die großen Gestalten der hinduistischen Götterwelt in ihrem selbstgenugsamen und miteinander rivalisierenden Nebeneinander auf und führt sie auf das ihnen gemeinsame Element zurück: auf sich selbst, die göttliche Energie. Schakti ist das Wesenhafte an der Gottheit, das Unterschiedliche ihrer Gestalt ist nur Erscheinung: Aspekt der schakti. Mit der Idee der schakti wird ein uralter, langer Kampf der individuellen Gottesbegriffe um Vorrang und Alleingeltung beendet: keiner von ihnen wird Sieger im Streit der Sekten und Kulte. Sie stehen — wenn auch von unterschiedlicher Macht- und Glanzesfülle — einander gleichgeordnet da, indem sie allesamt der Idee, die ihr göttliches Wesen ausmacht, der schakti, der göttlichen Kraft, als ihre Manifestationen untergeordnet sind.

Symbol der schakti ist das Dreieck: graphisches Zeichen des Göttlich-Weiblichen. Weil schakti sich in mannigfachen Aspekten göttlich-personal darstellt, ist das Dreieck in mannigfachen Kombinationen das natürliche Zeichen zum Ausdruck unterschiedlicher göttlicher Individuation. Weil es als Ganzes bedeutsam war, mußte auch jedem seiner Teile besondere Bedeutung innewohnen. Auf Grund seiner reinen Struktur durfte es Glied um Glied mit begrifflichen Werten belastet werden, in die sich die ideelle Wesenheit, die es symbolisiert, zerfällen ließ. Diese Einstellung zum graphischen Symbol öffnete den Weg zur Ausbildung einer Geheimsprache in linearen Bildern, deren Glieder Stück um Stück die einzelnen Komponenten eines göttlichen Wesens versinnbildlichen.

Aber das Dreieckssymbol bezeichnet nicht nur die schakti, das Ewig-Weibliche des Göttlichen Weltganzen, sondern auch sein Widerspiel, in das dieses sich gleichermaßen – polar attributhaft auseinandertretend – entfaltet. Das läßt sich schon theoretisch aus dem Begriff des Göttlichen, als des Undifferenzierten, Attributlosen schließen, wenn man eine Figur wie das Schrîyantra betrachtet und aus den erklärenden Texten dazu nur entnimmt, daß es das Abbild des höchsten Göttlichen in seinem Entfaltungsgange zu attributhaften göttlichen Erscheinungen darstellen soll. Wäre das Dreieck nur Symbol des Weiblichen, nur yoni, so wäre dieses höchste Göttliche rein weiblich, da nur Dreiecke das Mittelfeld der Figur füllen und ihren bedeutsamen Kern bilden; es wäre also nicht jenseits aller Unterschiedlichkeit attributlos rein, sondern einseitig polar gebunden und attributhaft bestimmt. Zudem bliebe unerklärlich, wie dieses einsame Göttlich-Weibliche aus sich allein eine Gestaltenfülle entfalten könnte. Augenscheinlich gilt es in dem Drängen der Dreieckspaare dieses Gebildes, die mit einander zugekehrten Spitzen sich ineinander schieben, Symbole der schöpferischen Vereinigung des männlichen und weiblichen Pols zu sehen, in die das attributlose Göttliche mit Beginn seines lustvollen Entfaltungsspieles mâyâhaft zeugend auseinandertritt.

Ein Kommentar zu Versen, die das Schrîyantra beschreiben, bestätigt diese Mutmaßung[36]. Er stellt an den Eingang der Anweisungen, wie die Figur des Schrîyantra zeichnerisch zu entwerfen sei, einige allgemeine Regeln und Definitionen (paribhâschâ), die für die späteren Ausführungen gelten. In ihnen unterscheidet er zwei Typen von Dreiecken: die »schakti« und den »vahni«, je nach Lage zum eingeweihten Zeichnenden. Beim »schakti«-Dreieck ist die Grundlinie vom Zeichnenden entfernt, die Spitze ihm zugekehrt (die »schakti«-Dreiecke sind die »oberen« mit abwärts gekehrter Spitze); beim »vahni«-Dreieck weist die Spitze vom Leibe des Zeichnenden fort, und die Grundlinie ist ihm nahe. – Von einem Dreieck, dessen Spitze dem Zeichnenden zugekehrt ist, gilt: »sein Name ist ›schakti‹, und die Namen (weiblicher) Gottheiten, wie Pârvatî z. B. (der Aspekt der Göttin Kâlî-Durgâ als Tochter des Himâlaya und Gattin Schivas) sind Synonyme dafür.« Es ist also ein Symbol aller weiblichen Erscheinungsformen des Göttlichen. – Entsprechend sagt der Kommentar von einem Dreieck, dessen Spitze vom Körper des Zeichnenden (oder des betrachtenden Eingeweihten) weg in den Raum und in das »schakti«-Dreieck hineinweist: »sein Name ist ›vahni‹ und Namen (männlicher) Gottheiten, wie Schiva z. B. sind Synonyme dafür[37].« – Das Wort vahni ist männlichen Geschlechts, wie schakti weiblich ist, und hat die Grundbedeutung »Feuer«, dann bezeichnet es aber auch allgemein männliche Gottheiten[38]. Vier männliche Dreiecke gehen in fünf weibliche ein, und in ihrer aller Mitte ist ein Punkt zu denken, (der bei der graphischen Darstellung fehlen darf): er ergänzt das innerste schakti-Dreieck zum Paare. Das ganze Symbol wirkt wie ein Bild vibrierender Schöpfungsseligkeit der ewig zeugenden göttlichen Kräfte, deren Wesen Vereinigung ihrer Polarität ist.

Vielleicht wohnt auch den Symbolen der beiden Lotusblattkränze, deren inneren Samenboden das Zeichen der verschränkten Dreiecke füllt, ein erotisch-kosmischer Nebensinn inne[39]. Aber ihre tektonische Rolle als innerer Rahmen des symmetrischen Gebildes entspricht der Funktion des sechzehnblättrigen Lotus mit acht Buddhafiguren im Inneren des tibetischen mandala und deutet auf einen einfacheren Gedankenzusammenhang. Die Kreisfläche des Bildkerns, die von Lotusblättern mit auswärts gekehrten Spitzen umkränzt wird, ist augenscheinlich nichts anderes als der Lotusthron, auf dem seit alters Brahmâ, der »aus sich selbst Entstandene Lotusgeborene (padmaja, padmayoni)« sitzt. Sie ist nichts anderes als die Lotusknospe, die das Urwesen auf den Wassern der Urzeit barg, die sich entfaltet hat und ihm zum Throne dient. Als Sitz des Brahmâ ist der Lotus Symbol des Absoluten, aus sich selbst Entstandenen, Selbstherrlichen und geht als Sitz oder als Ruhepunkt der Füße auf andere Gestalten über, die als höchste, urwesenhafte bezeichnet werden sollen, z. B. auf Vischnu, Schiva, Lakschmî, und wird allgemeines Attribut der göttlichen Person, die jeweils bei einem Frommen als Gottheit seines Herzens den Vorrang vor anderen genießt. In der Darstellung des Buddha ist der Lotussitz nichts Selbstverständliches. Insofern er als ein Mensch gedacht wird, der kraft seiner Vollendung (weil er ein vollkommener Mensch, ein »mahâpuruscha« ist) zum geistlichen Weltherrscher berufen ist, stellt ihn die Kunst auf dem Löwenthrone sitzend dar, der ein Symbol der Herrschaft ist; insofern er aber, zur kosmischen Wesenheit aufgerückt Symbol des Absoluten ist: wandelndes Nirvâna und Symbol der Leere, die das Wesen aller Dinge ist, erscheint er auf dem Lotusthrone sitzend, der das Abzeichen des Absoluten ist. Wie er thront auch der Jina, der aus eigener Kraft zur Wahrheit gelangte und in ihr verharrende Heilige des Jainismus auf einem Lotussitz, und ebenso werdende Buddhas (Bodhisattvas) wie Heilige des Hinduismus, die bei Lebzeiten aus menschlicher Unvollkommenheit zu gotthafter Haltung aufgestiegen sind. Darum ist auch der Lotus der allein angemessene Standort und Sitz jener göttlichen Paare, die das Absolute, die reine Leere verkörpern und ist notwendig zentrales Rahmenwerk der figural erfüllten mandalas, wo er die Kernsphäre des reinen Seins bezeichnet. In dieser Funktion ist er aus dem Schatz sinnfälliger Formen in die Gruppe anschaulicher Zeichen der linearen Symbolsprache übergeführt worden, um hier im einzelnen mit besonderer Bedeutung beladen zu werden. Im yantra des Mondes z. B., bei dem Staubfäden in die Blätter einzuzeichnen sind (wie im yantra der Annapûrnâbhairavî, wird die Gottheit in den Staubfäden der Lotusblume verehrt, augenscheinlich weil sie die Strahlen des Mondes symbolisieren. In den Vorschriften zur Anfertigung des Schrîyantra zitiert Bhâskararâya dagegen einen Vers des Bhûtabhairavatantra, der es verbietet, die Kränze der Lotusblütenblätter mit Staubfäden zu versehen, weil der Eingeweihte sich damit der Gefahr aussetzt, von seiten niederer Genien (bhairavra) und deren weiblichen Gesellen (yoginî) Schaden zu nehmen[40].

Das Schrîyantra

Das rein lineare yantra konnte bislang bei Liebhabern indischer Kunst nicht das Interesse finden, das ihm als erhellendes Seitenstück zum figuralen Kultbild gebührt, weil vor den Textveröffentlichungen Arthur Avalons und ihren einleitenden Analysen die Durchdringung der ideellen Seite dieser interessanten Formgebilde in den Anfängen steckte und ältere Textpublikationen wie beiläufige Bemerkungen kein tiefergehendes Interesse für diese dunkle und verwickelte Materie hatten wecken können. Um einige Bezüge zwischen dem linearen yantra und seinem geistig-funktionalen Zwilling, dem figuralen Kultbild (pratimá) deutlich zu machen, gilt es darum, eines dieser Gebilde zu charakterisieren. Das Schrîyantra, das man das vornehmste aller linearen yantras nennen darf, eignet sich dazu besser als andere, die z. B. im Prapancasâra-Tantra nur in knappen Kapitelabschnitten behandelt werden, da seiner Erläuterung ganze Werke gewidmet sind[41].
Für das Auge des Uneingeweihten mag sich der Kern des Schrîyantra nur als eine Verschränkung von vier Dreiecken mit aufwärts gekehrter Spitze (vahni) und fünf Dreiecken mit abwärts geneigter Spitze (schakti) darstel-

Figur 2. Dreispitz   Figur 3. Achtspitz   Figur 4. Innerer Zehnspitz

len; dem Eingeweihten klärt sich ihr Liniengefüge auch zu einer Reihe konzentrisch umeinander gelagerte Gebilde: zu innerst befindet sich ein Dreispitz (Dreieck), das von einem Achtspitz umschlossen ist. Weiter nach außen breiten sich ein kleineres und ein größeres Zehnspitz in den Raum und ein Vierzehnspitz gibt den äußersten Kontur ab. Bhâskararâya leitet seine Vorschriften, wie das Schrîyantra zu entwerfen sei, mit einem Zitat aus dem Yâmalantantra ein, das seine Formelemente aufzählt: »Die höchste Gottheit hat vom Schrîcakrarâja verkündet, er bestehe aus:

einem Punkt (bindu), (der in der Zeichnung fehlen darf),
einem Dreispitz (trikona),
einem Achtspitz (vasukona),
zwei Zehnspitzern (daschâra-yugma),
einem Vierzehnspitz (manv-asra),
einem Achtblatt (nâga-dala),
einem Sechzehnblatt (schodaschâra) (eigentlich = Sechzehnspitz),
drei Kreisen (vrittatraya),
drei Erdhäusern (dharanî-sadana-traya) (das Viereck wird »Erdhaus« (z. B. bhûgriha) genannt, weil das Element Erde in den Tantras als gelbes Quadrat dargestellt wird[42].

Die einzelnen einander zugekehrten schakti- und vahni-Dreiecke kommen nur als Bauglieder des yantra in Betracht, nicht aber als Stücke, denen eine individuelle Sym-

185

bolbedeutung eignete. Bedeutsam sind die konzentrischen Gebilde, die vom Punkt in der Mitte und vom innersten Dreieck bis zum Rahmenquadrat auseinander hervorwachsen. Sie bieten der inneren Bildentwicklung einen neunteiligen Stufenweg dar, auf dem sich, wie bei dem figural gefüllten mandala Mahâsukhas Prozesse der Formentfaltung und -Einschmelzung abspielen. Der Nityâschodaschikârnava lehrt über diese Übung innerer Gesichte[43]: »Die Entfaltung (srischti) geht aus vom ›Neun-Dreispitz-Gebilde‹ (navayoni[44]) und endet bei der ›Erde‹ (nämlich dem äußeren Quadrat); das Zusammenraffen (samhriti) wiederum beginnt bei der ›Erde‹ und endet beim ›Neun-Dreispitz-Gebilde‹, so ist die Lehre...«

Dieses konzentrische Gebilde ist neunfältig: das erste Glied (von außen her) bilden die drei quadratischen Konturen (bhûtraya), das zweite ist das Sechzehnblatt, als drittes wird das Achtblatt genannt, darauf folgt der Vier-

Figur 5. Äußerer Zehnspitz

zehnspitz (manukona), fünftes ist der Zehnspitz (daschakona) und auch sechstes ist ein Zehnspitz, das siebente ist der Achtspitz (vasukona) und das achte ist der Dreispitz der Mitte (madhyatryasra). Neuntes ist der Mittelpunkt des Dreispitzes (tryasramadhya).«

Das Verfahren, das Schrîyantra zu zeichnen, bewegt sich

auf diesem neunteiligen Wege in umgekehrter Richtung, nicht von außen nach innen im Gange der Einschmelzung (samhriti oder laya-krama), sondern von innen nach außen im Entfaltungsgange (srischtikrama). Es beginnt beim Neunspitzgebilde, bei dessen Herstellung der mittelste Dreispitz von selbst herausspringt[45]. Bhâskararâya sagt über dieses Verfahren[46]: »Zunächst zeichne man ein schakti-Dreieck und schneide es in seiner halben Höhe

Figur 6. Vierzehnspitz

durch eine Horizontale und ziehe an ihren beiden Enden ansetzend, zwei Linien, die sich jenseits der Spitze des ersten schakti-Dreiecks zu einer zweiten Spitze vereinen, und bilde so ein zweites schakti-Dreieck. (Figur 7) Darauf zeichne man ein vahni-Dreieck: man setze jenseits der Basis des ersten schakti-Dreiecks an und zeichne eine Spitze (oder Winkel: kona) und lege seine beiden Schenkel so, daß sie mit den Seiten der beiden vorhandenen Dreiecke Schnittpunkte von zwei Geraden (sandhi) und Schnittpunkte von drei Geraden (marman) ergeben müs-

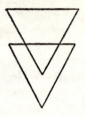

Figur 7.

sen, und lege die Basis so, daß sie sich mit der Spitze des zuerst gezeichneten schakti-Dreiecks berührt. Dann ergeben sich acht Dreiecke, die nach den acht Himmelsrichtungen weisen und ein neuntes, das in der Mitte liegt: also im ganzen neun. Es ergeben sich sechs Schnittpunkte von zwei Geraden und zwei Schnittpunkte von drei Geraden und zwei »Handtrommeln« (damaru: Einschnürungen, wie sie für die stundenglasförmigen Handtrommeln charakteristisch sind[47].« – Im Mittelpunkt des mittelsten Dreiecks ist der Punkt (oder Tropfen = bindu) zu zeichnen. – »So entstehen drei konzentrische Gebilde (cakra)« – nämlich Punkt, Dreispitz und Achtspitz. (Figur 8)
Die weitere Entfaltung des Kerns geht derart vor sich, daß zunächst die Grundlinie des ersten (oberen) schakti-Dreiecks nach beiden Seiten verlängert wird und von ihren neuen Endpunkten zwei Gerade gezogen werden, die sich jenseits der Spitze des zweiten schakti-Dreiecks schneiden. »Dieses (neue) schakti-Dreieck begreift alles in sich außer dem vom Zeichnenden abgekehrten Dreispitz des Neun-Dreispitz-Gebildes (nämlich der Spitze des vahni-Dreispitzes).« Die Schenkel dieses neuen, größeren schakti-Dreiecks werden so geführt, daß sie durch die Eckpunkte der Grundlinie des vahni-Dreispitzes hindurchgehen. – Ebenso wird die Basis des vahni-Dreiecks entfaltet und von ihren neuen Endpunkten werden Linien gezogen, die sich jenseits der Spitze des vorhandenen vahni-Dreiecks

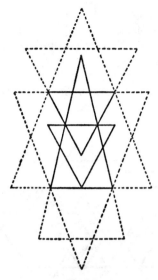

Figur 8.

vereinigen. Die beiden Seitenlinien des neuentstehenden vahni-Dreiecks werden so gelegt, daß sie durch die Endpunkte der unverlängerten Grundlinie des ersten schakti-Dreiecks laufen. Dieser Entfaltung nach den Seiten und der Spitze folgt eine entsprechende Flächenausdehnung über die Grundlinie hinaus, die am ersten schakti- und am vahni-Dreieck vorgenommen wird. Das zweite schakti-Dreieck bleibt wieder unberührt. Die Schenkelseiten beider Dreispitze werden über die Grundlinien hinaus verlängert und es werden zwei neue Grundlinien parallel zu den alten gelegt. So entsteht der erste Zehnspitz der an den Endpunkten der ursprünglichen Grundlinien des ersten schakti- und des vahni-Dreiecks Schnittpunkte von drei Geraden (marman) aufweist, und »aus drei schakti- und zwei vahni-Dreispitzen besteht.« (Figur 8.)

Mittels desselben Verfahrens wird aus dem kleineren

Zehnspitz der größere und daraus der Vierzehnspitz entwickelt. Zum größeren Zehnspitz gelangt man, indem man das oberste schakti-Dreieck und das unterste vahni-Dreieck durch Verbreiterung der Grundlinie in Breite und Höhe und durch Verlängerung der beiden anderen Seiten über die Grundlinie hinaus in die Tiefe ausdehnt, und die neuen Seitenlinien, die von den verbreiterten Grundlinien

Figur 9.

ausgehen durch die bisherigen Endpunkte der Grundlinien des obersten schakti- und des untersten vahni-Dreiecks laufen läßt. Vom Zehnspitz zum Vierzehnspitz kommt man, indem man die beiden obersten schakti- und die beiden untersten vahni-Dreiecke in derselben Weise in die Höhe und Breite wie in die Tiefe entwickelt.

Um diesen entfalteten Kern werden die äußeren Sphären konzentrisch gebreitet bis zum dreifachen Quadrat (bhûpura/bhûbimba), »das mit vier Toren geschmückt ist[48].« So entstehen die neun Sphären, die von außen nach innen die verheißungsvollen Namen tragen: »alle drei Welten verzaubernd« (trailokyamohana) = das Viereck, »Alle Wünsche erfüllend« (sarvâschâparipûraka) = das Sechzehnblatt, »Alles erschütternd« (sarvakschobhakara) = das Achtblatt, »Alle Art Glück verleihend« (sarvasaubhâgyadâyaka) = der Vierzehnspitz, »Allen Gewinn verschaffend« (sarvârthasâdhka) = der größere Zehnspitz, »Allen Schutz verleihend« (sarvarakschâkara) = der kleinere Zehnspitz, »Alle Krankheit wegnehmend« (sarvarogahara) = der Achtspitz, »Aus allen Wunderkräften der Vollendung bestehend« (sarvasiddhimaya) = der Dreispitz, »ganz aus Seligkeit bestehend« (sarvânandamaya) = der Punkt in der Mitte[49]. Hier stellt sich die all-eine, universale göttliche Kraft, die der Eingeweihte kontemplativ als sein eigenes Wesen erschaut und mittels kultischer Übung in sich erweckt in neunfachem Aspekte dar: je nach den Wunschzielen, mit denen der Gläubige sich ihr nähert. Die äußeren Sphären stellen verschiedene Formen der Macht über die Erscheinungswelt, die Erscheinung der schakti ist, auf Grund der Einheit des Ich mit der schakti dar, aber nach der Mitte zu kehrt die vielfältig entfaltete göttliche Kraft in ihre reine Form zurück: über die Summe der Vollkommenheiten und Wunderkräfte (siddhi) die den Eingeweihten (sâdhaka), den vollendeten Yogin dem Kreislauf der Erscheinungswelt entrückt, geht der Weg in die Einheit undifferenzierten göttlichen Seins, das die Lehre des Vedânta, aus den Upanischads schöpfend, als »Seligkeit« erkennt, weil es »eines ohne ein zweites« und »geistig« ist: immaterielle Totalität reinen Seins.

Diese neun Sphären (cakra) sind spielende Entfaltung des reinen Seins, das im Punkt der Mitte (bindu) als formlos, undifferenziert sich darstellt. Indem es sich in die Zweiheit von Ich und Welt spaltet, wird es sich seines Wesens als Kraft (schakti) je nach dem Grade der Wunsch- und Wahnbefangenheit oder der Erleuchtungsnähe in unterschiedlichen Formen bewußt, deren Sinnbilder die verschieden geformten äußeren Sphären sind: vom inneren Dreieck bis zum umrahmenden Viereck. Zwischen diesen Formen waltet ein unablässiger Fluß; sie sind nicht schlechthin und für sich, sondern sind nur Aspekte des Einen, die sich in Wahnbefangenheit (avidyâ) zu immer kompakterer Stofflichkeit der Vorstellung, was schakti sei, und zu immer kompakteren Wunschzielen auseinander entfalten können, die aber auch ebenso in schrittweiser Annäherung an die Wahrheit von außen nach innen ineinander schmelzen und sich aufheben können. Welt und Ich sind Spiegelbilder voneinander, aber die Erkenntnis, was sich in beiden eigentlich spiegelt, hebt beide Spiegelbilder auf: ihre ausgebreitete Fülle stürzt in undifferenzierte Ausdehnungslosigkeit zusammen, – deren Symbol der Punkt in der Mitte ist, der nicht eingetragen wird, – wie in der von außen nach innen schreitenden Kontemplation des Eingeweihten die vielblättrigen und vielspitzigen Gebilde sich in der leeren, formlosen Mitte auflösen. Zwischen den neun Sphären des yantra walten die Beziehungen kosmischer Zuständlichkeiten, die nichts anderes sind als Haltungen des Bewußtseins: Entfaltung, Bestand und Auflösung. Die drei äußeren Sphären sind wesenhaft Entfaltung, die mittleren Bestand, die inneren Auflösung, und in der Dreiheit dieser drei Gruppen wiederholt sich das Spiel der drei Zuständlichkeiten: das äußere Viereck ist Entfaltung der Entfaltung, das Sechzehnblatt Bestand der Entfaltung und das Achtblatt ihre Auflösung, so wie bei der innersten Gruppe der Achtspitz Entfaltung der Auflösung, das Dreieck Bestand der Auflösung und der unsichtbare Punkt Auflösung der Auflösung ist[50]. Die Entfaltung der universalen göttlichen Kraft ist ihrer Form nach so fließend, wie die Bewußtseinsform des Eingeweihten (sâdhaka), der im Yoga von der Erscheinung auf das undifferenzierte Sein zurückgeht, in dem Seher und Gesicht zusammenstürzen, denn dieses Bewußtsein, das über seine eigene Grenze als Differenziertes, also Bewußtes, hinausstrebt, ist ja nichts anderes als göttliche schakti. Die innere Dynamik der neun Sphären schlägt den Takt zu den Schritten, in denen das Göttliche (die schakti) aus menschlichem Bewußtsein zu seinem reinen Wesen heimkehrt.

Dieses reine Ordnungsschema wird zum Kultbild, indem es Stück um Stück mit einer Fülle figuraler Elemente belebt wird, die aus der Ebene innerer Schau mittels prânapratischthâ in sein Liniengefüge eingesetzt werden[51]. Zum Zweck der Verehrung, die in der Zweiheit von Gott und Mensch lebt, muß die höchste schakti attributhaft vorgestellt werden. Ihr inneres Schaubild[52] könnte einer malerischen oder plastischen Darstellung zum Vorwurf dienen:

»Die Göttin ist schön wie ein Lotus und rötlich wie die Strahlen der jungen Morgensonne, von der Farbe einer (roten) Japâblume, granatapfelblütengleich, wie ein Rubin schimmernd, wie Saffranwasser gefärbt,

umrahmt mit einem Netz von Rubinglöckchen des schimmernden Diadems, belebt von sich ringelnden Locken, die einem Volke blauschwarzer Bienen gleichen,

das Rund ihres lotusgleichen Gesichts hat die Farbe der Sonne im Aufgang, die zarte Fläche ihrer Stirn ist etwas gebogen, dem Halbmond gleich, die lianenschlanke Braue ist geschwungen wie Schivas Bogen,

ihre Augen schaukeln in zitterndem Spiel von Seligkeit und Freude, ihre goldenen Ohrgehänge funkeln von der Fülle sprühender Strahlen, die Rundung ihrer schönen Wangenflächen ist vollkommener als das Nektar-Rund des Mondes, ihre Nase ist gerade wie die Meßschnur, die Vischvakarman (der Bildner unter den Göttern) verwandte, als er uranfänglich (vorbildliche) Gestalten schuf,

sie hat nektarsüße Lippen, die rot wie Bimbafrucht und rötliche Korallen sind, sie besiegt mit der Süße ihres Lächelns jenes Weltmeer, dessen Geschmack Süße ist, bestrahlt von der Reihe ihrer Zähne, die wie Diamanten und Granatapfelkerne schimmern,

ihre Zunge erleuchtet die Welt wie ein Juwelenkern, ihre Stimme ist sanft, ihr Kinn ist mit unvergleichlichen Reizen geschmückt, ihr Hals ist muschelförmig, ihre Arme sind hell wie Lotuswurzelfasern,

die Lotusblüten ihrer zarten Hände sehen aus wie Blätter roter Lotusblumen, der Glanz der Nägel ihrer lotusgleichen Hände wandelt die Himmelsfläche ihr zum Baldachin,

ihre ragende Brüste ziert eine lianengleiche Perlenkette, drei Falten zieren ihre Leibesmitte, ein Nabel schmückt sie, der wie ein Wasserwirbel im Strome der Anmut ist[53], ihre Hüften umgibt ein Gürtel, der aus Perlen ohne Preis gefertigt ist,

wie der Treiberstachel eines Elefanten läuft eine feine Härchenreihe zwischen den elefantengleich mächtig gerundeten Hüften, ihre Schenkel sind zart wie liebliche Pisangstämme, und ein Paar Knie schmückt sie, das Diademen aus Rubinen gleicht,

ihre beiden Beine sind so anmutig wie Pisangschäfte, ihr Knöchelpaar tritt nicht hervor, mit ihren Zehen übertrifft sie die Schildkröte (an Zierlichkeit), die mondgleich schimmernden Nägel ihrer schlanken langen Zehen umstrahlen sie rings,

ihr Lächeln breitet sich wie eine Welle von Schmelz, hundert mildstrahlenden Monden gleich,

ihre Röte ist röter als Mennig, Japåblumen und Granatapfelblüten, sie trägt rote Gewänder und hält Wurfschlinge und Haken in erhobenen Händen; sie steht auf einer roten Blume und ist mit rotem Schmuck geziert,

sie hat vier Arme und drei Augen und trägt fünf Pfeile und einen Bogen[54], im Munde hält sie ein Betelblatt, in

das ein Stück Kampfer gewickelt ist[55]; Gott Indra, mit
einem Korb in der Hand, reicht ihr ein Betelblatt[56],
ihr Leib ist rot von Safran und strömt von Moschusduft,
alles Gewand an ihr ist voll Sinnenreiz, sie ist mit allem
Schmuck geziert,
mit dem Juwelenschmucke ihrer Häupter berühren Brahmâ und Vischnu ihre lotusgleichen Füße,
sie versetzt die Welt in Entzücken, sie taucht die Welt in
Freude, sie verführt die Welt zu sich, ihr Wesen ist Entstehungsgrund der Welt, sie besteht aus allen heiligen Silben und Sprüchen (mantra), sie strahlt von allem Glück,
sie besteht aus allen Göttinnen des Glücks (Lakschmî),
die Ewige (nityâ) ist beseligt von höchster Seligkeit[57]«.
Anschauungen und Vergleiche, die das weibliche Schönheitsideal Indiens bezeichnen und in jahrhundertelanger
Übung höfischer Kunstpoesie sprachlich ausgeprägt und
längst völlig traditionell geworden sind, werden hier –
wie häufig in den Tantras – zu einer Schilderung des
Schaubildes der höchsten Göttin verwendet, die am Maßstabe indischer Stilkunst gemessen, keinerlei literarische
Ambition hat, sondern von der Würde des Gegenstandes
getragene Sachlichkeit ist. Daß dieser Strom verherrlichender Worte den Uneingeweihten streckenweise wie ein
Preislied anmuten mag, entspricht der Funktion dieser
dhyâna-Vorschriften, die, auswendig gewußt, laut oder
innerlich rezitiert werden, um das entsprechende innere
Schaubild aufzurufen: – zum Erfolg dieses Unterfangens
ist eine innere Ergriffenheit notwendig, die durch das
Mitschwingen hymnischer Obertöne bei der baren Aufzählung des reichen Formbestandes ausgelöst werden
kann.
Diese erste, höchste schakti, in der das Reine Göttliche
sich formhaft darstellt, trägt den Namen Tripurasundarî[58]. Wie das reine Sonnenlicht die Farbenskala, die es
in sich birgt, in Regenbogen über Regenbogen bricht, ent-

faltet diese allumfassende Zentralgestalt in den Sphären, die sie rings umgeben, die in ihr beschlossenen Nuancen ihres Wesens in Ringen individueller schaktis: die universale Kraft tritt auseinander zu partikulären Kräften. Das mittelste Dreieck füllen die drei Aspekte Kâmeschvarî, »Herrin der Liebe« (in der abwärts geneigten Spitze), Vajreschvarî, »Herrin des Demants« (rechte Ecke) und Bhagamâlâ »die mit dem Kranz der Herrlichkeiten Geschmückte«[59] (linke Ecke). Im Achtspitz tritt sie zu acht Gestalten auseinander[60]: Vaschinî »die zu Willen macht«, Kâmeschî »die Herrin der Liebe«, Modinî »die Lust erregt«, Vimalâ »Die Fleckenlose«, Arunâ, »die Rötliche«, Jayinî »die Sieghafte«, Sarveschî »die Herrin des Alls«, Kaulinî »die schakti des Kula«[61]. Zwischen diesem Kranze von acht Gestalten und der Trias in den Ecken des Mitteldreiecks soll der Eingeweihte in den Flächen der vier Dreiecke, die nach den vier Haupthimmelsrichtungen weisen, die Waffen der Gottheit erschauen: die Pfeile des Liebesgottes (untere Spitze), den Bogen (linke Mittelspitze), die Wurfschlinge (obere Spitze), den Haken (rechte Mittelspitze)[62].

Die Ecken des inneren Zehnspitzes füllen zehn »Große Göttinnen, die alle Erfüllungen schenken« als Teilaspekte der Zentralgestalt[63]: »Die Allwissende« (sarvajnâ), die »Allkraft« (sarvaschakti), die »Herrschaft über alles verleiht« (sarvaischvaryapradâ), »die aus Erkenntnis aller Dinge besteht« (sarvajnânamayî), »die alle Krankheiten vernichtet« (sarvavyâdhivinâschinî), »deren Wesen ist, alles zu halten« (sarvâdhârasvarûpâ), »die alles Übel hinwegnimmt« (sarvapâpaharâ), »die aus aller Seligkeit besteht« (sarvânandamayî), »deren Wesen ist, alles zu schützen« (sarvarakschâsvarûpinî) und »die aller Wünsche Frucht gewährt« (sarvepsitaphalapradâ[64].

Zehn andere Göttinnen spiegeln als »Gefolge« (âvarana) im Spitzenkranze des äußeren Zehnspitz das Wesen der

Zentralgestalt in anderen Reflexen: »Die alle Vollendung Verleihende« (sarvasiddhipradâ), »die alle Glücksfülle Verleihende« (sarvasampatpradâ), »die allerwärts Freude bereitet« (sarvapriyankarî), »die allerwärts Glückverheißendes bewirkt« (sarvamangalakârinî), »die alle Wünsche gewährt« (sarvakâmapradâ), »die alles Glück verleiht« (sarvasaubhâgyadâyinî), »die allerwärts den Tod zur Ruhe zwingt« (sarvamrityupraschamanâ), »die alle Hemmnisse fernhält« (sarvavighnanivârinî), »die an allen Gliedern Schöne« (sarvângasundarî), und »die von allen Leiden erlöst« (sarvaduhkhavimocinî)[65].

Die schaktis, in denen das Göttliche sich innerhalb des nächsten Ringes, auf den Spitzen des Vierzehnspitzes offenbart, sind zum größeren Teile Kräfte der erotischen Sphäre. Im Angesicht der Zentralgestalt, in der untersten Spitze steht ihre Erscheinungsform als »Alles in Aufregung versetzende schakti« (sarvasamkschobhinî schakti), dann folgen im üblichen Kreise, »die alles zum Hinschmelzen bringt« (sarvavidrâvinî), »die alles an sich zieht« (sarvâkarschinî), »die alles in Jubel versetzt« (sarvâhlâdanikâ), »die alles betört« (sarvasammohinî), »die alles starr macht« (sarvastambhanakârinî), »die alles öffnet« (sarvajambhinî), »die alles zu Willen macht« (sarvavaschankarî), »die alles entzückt« (sarvaranjanî), »die alles in Rausch versetzt« (sarvonmâdinî). Die übrigen vier schaktis stellen mannigfache Seiten der göttlichen Kraft dar: »die alle Zwecke fördert« (sarvârthasâdhanî), »die allen Überfluß anfüllt« (sarvasampattipûrinî), »die aus allen heiligen Sprüchen besteht (sarvamantramayî), und »die alle Polarität (zwischen dem Ich und dem Anderen und alle Polaritäten, die aus dieser ersten in der Besinnung des Ich entspringen) aufhebt« (sarvadvandvakschayankarî[66]).

Auch die Gottheiten des achtblättrigen Lotusringes leiten ihre Namen vom Liebesgott ab: »Blume des Liebesgottes«

(oberes Blatt), »Gürtel des Liebesgottes« (rechtes Blatt), »Rausch des Liebesgottes« (unten), »Von Liebesrausch trunken« (links), »Strich des Liebesgottes«[67] (rechts oben), »Wucht des Liebesgottes« (rechts unten), »Stachel des Liebesgottes« (links unten), »Blumenkette des Liebesgottes« (links oben[68]).

In den Gottheiten des sechzehnblättrigen Lotusringes stellt sich die Göttliche Kraft in sechzehnfacher Brechung als Sinnes- und Seelenkraft des Menschen dar, nämlich als schakti, »die Wünsche anzieht«, »die den Willen anzieht«, »die das Ichgefühl anzieht«, »die den Schall anzieht«, »die die Tastempfindung anzieht«, »die die Farbempfindung anzieht«, »die die Geschmacksempfindung anzieht«, »die die Geruchsempfindung anzieht«, »die den Gedanken anzieht«, »die innere Festigkeit anzieht«, »die Gedächtnis anzieht«, »die Benanntes anzieht«, »die Keime anzieht«, »die das Selbst anzieht« (diese wird »die höchste« genannt), »die das Unsterbliche anzieht« und »die den Leib anzieht«[69].

Das umrahmende Viereck enthält drei Sphären in sich. In der innersten stehen die acht göttlichen Welthüter: sie dienen als Tempelhüter des quadratischen Heiligtums und stehen jeder in der Himmelsrichtung, die nach ihm benannt ist: Indra im Osten, also am oberen Tor, Yama im Süden am rechten Tor, Varuna am unteren und Soma am linken Tor, Agni und Rakschas[70] oben und unten an den rechten, Vâyu und Schiva unten und oben an den linken Ecken[71]. Die mittlere Sphäre des Vierecks nehmen die acht »Mütter« ein: acht Gemahlinnen der Hauptgötter des Hinduismus oder ihre schaktis. Denn die schakti eines Gottes, der individuelle Teil der universalen göttlichen Kraft, der einen Einzelgott zur individuellen Offenbarung des Göttlichen macht, wird ja im Tantrismus als seine Gattin vorgestellt, mit der er unauflöslich vereint ist, wie andererseits »schakti« schlechthin die Gattin bezeichnet⁷². In dieser Sphäre entfaltet sich die universale schakti zu den großen Göttinnen: Brahmânî (schakti Brahmâs) am unteren Tor, Mâheschî (schakti Schiva/Maheschas) am linken Tor, Kaumârî (schakti des Kriegsgottes Kumâra oder Skanda) am oberen Tor und Vaischnavî (schakti Vischnus) am rechten Tor. In den Ecken stehen links unten Vârâhî (schakti Vischnus im Eber-Aspekt), links oben Aindrî (schakti Indras), rechts oben Câmundâ (ein schrecklicher Aspekt der Gemahlin Schivas) und rechts unten Mahâ-Lakschmî, die Gattin Vischnus. Sie »erfüllen alle Wünsche«⁷³.

»Erfolg in allen Dingen verleihend« sind auch die zehn Aspekte der Göttlichen schakti, die Tore und Ecken der äußersten Sphäre besetzt halten und ober- und unterhalb des Schrîyantra einzusetzen sind. Es sind Aspekte der göttlichen Allmacht: die Kraft unendlich klein zu sein (am unteren Tor), die Kraft unendlich leicht zu sein (linkes Tor), die Kraft unendlich groß zu sein (oberes Tor), die Kraft der Herrschaft über alles (rechtes Tor). In den vier Ecken, die, wie die Tore, die vier Himmelsrichtungen, ihrerseits die Zwischenrichtungen beherrschen, wird links unten die magische Kraft, anderen den eigenen Willen aufzulegen, verehrt, links oben die Kraft, selbstherrlich nach eigenem Willen zu wesen (auch Gestalten nach Wunsch anzunehmen), rechts oben die magische Kraft der Freuden und Genüsse, rechts unten die Allmacht der Wünsche. Unterhalb des unteren Tores (ein Fleck, der dem Nadir entspricht) hat die Kraft, alles zu erlangen, ihren Platz und über dem oberen Tor (im Zenit) die Kraft aller Wünsche⁷⁴. Hier ist die bekannte achtgliedrige Reihe der Wunderkräfte (siddhi) Schivas, die seine Allmacht bilden und die dem vollendeten, gottgleichen, schivahaften Yogin eignen, zu einer zehngliedrigen Folge erweitert, – nicht um sie inhaltlich um wesentliche Nuancen zu bereichern, sondern um die Göttliche

schakti in alle zehn Richtungen des Weltraums strahlen zu lassen.
Weil diese neun Sphären vom Punkt der Mitte bis zum äußeren Viereck Ordnungsschemata unterschiedlicher Entfaltung oder Aspekte der Göttlichen schakti darstellen, wird sie in jeder von ihnen in ihrem Mittelpunkt umgeben von den verschiedenen Ringen der schaktis, die Komponenten ihrer Aspekte sind, unter verschiedenen Namen verehrt. Diese Namen sind in ihrer sprachlichen Form untereinander verschieden, meinen aber das selbe, so wie die Aspekte der Göttlichen schakti unter sich verschieden, aber Aspekte des selben Wesens sind: Tripurâ, Tripureschî, Tripurasundarî, Tripuravâsinî, Tripuraschrî, Tripuramâlinî, Tripurasiddhâ, Tripurâmbâ, Mahâtripurasundarî[75]).
Die elementare Beziehung des schrîyantra und seinesgleichen zur pratimâ und zum mandala liegt in der Identität der Funktion. Die Entfaltung dieses figural erfüllten Ordnungsschemas vor der inneren Schau oder die belebende Projektion seiner inneren Gestaltenfülle in das sinnlich greifbare Schema hat kein höheres Ziel, als den Eingeweihten seine eigene Gottnatur erfahren zu lassen.
»Sein eigenes Selbst soll er als das Selbst der Tripurâ vorstellen ... dessen Erscheinungsform Licht ist ...«[76].
Denn wie es im Nityâschodaschikârnava vom Eingeweihten heißt: »die Göttin Tripurâ ist sein eigenes Wissen um sich selbst (samvid, von Bhâskararâya mit âtman selbst umschrieben), ihre rote (Leibes-) Farbe ist das Begreifen an ihm, ihre Wurfschlinge und ihr Haken sind bekannt als ihrem Wesen nach bestehend aus Liebe (râga) und Haß, ihre (fünf) Pfeile sind die Sinneseindrücke wie Schall, Tastempfindung usw., ihr Bogen ist das Denken .. [77]
»Sie trägt die Schlinge, deren Erscheinung Liebe zur Erscheinungsfülle ist, sie strahlt mit dem Haken, dessen

Aussehen Zorn ist, ihr Bogen aus Zuckerrohr hat zur Gestalt das Denken, ihre Pfeile sind die fünf ›reinen Gegebenheiten‹ (tan-mâtra, nämlich: Schall, Tastempfindung, Gerucht usw.[78].«

Darum ist das schrîyantra als Abbild des Göttlichen ein Bild des menschlichen Wesens:

»Die Göttin steht in der Mitte der Kreise (Cakra) aus Tatorganen und Sinnesorganen (des Menschen), ihre Gestalt ist das Wissen-von-sich (samvid), – um der Allvollendung willen verehre er sie mit allen Blumen des Ichbewußtseins.« (Nityâschodaschikârnava V,44. – Anderwärts werden die schaktis der einzelnen Sphären Stück um Stück mit Elementen der menschlichen Natur gleichgesetzt, vgl. Avalons Introduction zum Tantrarâjatantra Part I, Chapter IV passim. Daselbst finden sich auch andere wertvolle Hinweise auf bemerkenswerte Gedankengänge der Texte, die aufzugreifen hier nicht der Platz ist. Zum Beispiel entspricht den Wallfahrtszielen, die der »Schrîcakrasambhâra« außerhalb des Mittelstempels ansetzt, die Gleichsetzung der Spitzen des innersten Dreiecks des Schrîyantra mit bekannten Kultorten: Kâmarûpa, Pûrnagiri. Jâlandhara. Dieses sind drei Pîthas, »Sitze« der Gottheit für ihre Aspekte Kâmeschvarî, Vajreschvarî, Bhagamâlinî (IV, 91 und Kommentar dazu).

ZEICHENSPRACHE UND
PROPORTION IM KANON INDISCHER KUNST

Ein Seitenblick auf den Kanon indischer Kunstübung ist geeignet, die erörterte Beziehung zwischen Form des Kultbildes und Yoga in einen anderen Zusammenhang zu rücken und die Utensilien innerer Schau und Andacht von der Außenseite künstlerischer Technik zu beleuchten. Da die Theorie indischer Bildnerei noch nicht in der ganzen Breite ihrer literarischen Niederschläge durch Textveröffentlichungen zutage gebracht ist, andrerseits die veröffentlichten Stücke von Liebhabern indischer Kunst bei ihren Betrachtungen nicht immer, wie es möglich wäre, zur Erhellung ihres Gegenstandes verwertet worden sind, ja von weiteren Kreisen, die sich ästhetisch und geistesgeschichtlich für Indien interessieren, bislang kaum bemerkt wurden, hebe ich hier berichtend einiges Bezeichnende aus der bedeutsamen Materie heraus. Ich beschränke mich dabei im Wesentlichen auf die kunsttheoretische Schrift »Citralakschana« und die ihr inhaltlich verwandten Partien des »Vischnudharmottara«. Außer den Bemerkungen, die den Federn der Übersetzer beider Werke entstammen, bieten die ebenso knappen wie eindringlichen Feststellungen W. S. Hadaways über Proportionsschemata indischer Kultplastik wesentliche Einsichten[79].

Die indische Kunsttheorie bewahrt das technische Geheimnis der formalen Verwandtschaft (– und darum funktionalen Stellvertretung) zwischen figuralem Gebilde und geometrisierenden Ordnungsschema. Die strenge Gebundenheit der Form figuraler Kunstwerke und die Rolle der Freiheit in ihren Banden (– die Kunst erst möglich macht an Stelle mechanisch reproduzierbarer Schemata) ist ihr Grundthema.

Erst die Betrachtung der rein linearen Ordnungsschemata

unter den yantras konnte den Blick schärfen für die allgemeinste Eigenart der Form ihrer figuralen Verwandten, die in ihrer Funktion als anschauliche Wesensaussage des Göttlichen begründet ist. In der unbedingten Treue zu dieser Funktion sind die Utensilien (yantras) religiösen Lebens. Sie sind Spiegelbilder des drei-einigen Wesens von Gott, Mensch und Welt auf unterschiedlichen Ebenen der Erkenntnis. Mit dieser Lebensfunktion sind sie in ihrer unbedingten Strenge der Aussage eher den Formeln unserer Naturwissenschaft vergleichbar (die freilich unanschaulich sind) als den künstlerischen Schöpfungen individueller Genialität oder den Zeugnissen demütiger Begnadung Einzelner im Abendlande. Wie die Formeln der Physik und Chemie z. B. der reinen Betrachtung einen Teilaspekt des Weltzusammenhanges erschließen, der für die Bewußtseinsebene ihrer Wissenschaftlichkeit gültig ist, erschließt das nach Vorschrift gefertigte und von der entsprechenden inneren Schau belebte yantra ein Stück des göttlichen Weltgeheimnisses, einen partikulären Beziehungskomplex, der den Andächtigen und die Welt in ihrem gemeinsamen Element, dem Göttlichen, verbindet. Wenn andererseits eine Formel unserer Naturwissenschaft dem Herrschafts- und Erhaltungstrieb des Menschen Macht über einen partikulären Kräftezusammenhang und Freiheit in bestimmten Grenzen verleiht, verheißt das yantra als Utensil magischen Brauches ein Gleiches und dient diesem praktischen Zwecke ebensosehr wie der Kontemplation. Yantra und wissenschaftliche Formel gleichen sich in dem esoterischen Charakter der Zeichen, aus denen sie sich zusammensetzen, die ihre Sprache bilden: eine aus Ziffern und Buchstabenzeichen gebildete Formel der Physik oder Chemie ist toter Schall für jeden, der nicht sein Wissen um die Wesenheiten der Natur, die symbolisch darin vertreten sind, in sie hinein zu projizieren vermag. Ohne diese belebende Projektion eines besonderen Wissens, erschließt sie der Kontemplation kein Stück Wesenszusammenhang der Welt, schenkt sie dem Willen keinerlei Macht und keine Freiheit. Ebenso ist ein yantra für uns nur ein Konglomerat rätselvoller Zeichen, solange die in ihm symbolisch angelegte Wesenheit nicht wenigstens durch die Projektion eines Wissens (von Schaubild und Einsetzung des Odems zu schweigen –) erleuchtet wird. Wenn wir mit klassischen Sehgewohnheiten das indische Kultbild abzutasten uns mühen, bleibt es uns in seiner Wesenheit verschlossen, wie eine Formel der Physik vor dem Versuche, ihren Sinn mit Hilfe von Alphabet und Einmaleins zu erschließen.

Der Formenbestand des figuralen yantras ist so unbedingt verbindlich und individueller Variation entrückt wie die geometrischen Bestandteile und Buchstabenzeichen seiner linearen Geschwister und ist genau so konventionell wie die Symbolsprache naturwissenschaftlicher Formeln. Es gibt wohl keine große Kunst, die in dieser Hinsicht so streng gebunden wäre, wie Indiens kultische Plastik. Die ostasiatische Malerei und Tuschzeichnung, bei der die Konventionalität ihres Formbestandes ein Ingrediens ihres souveränen Vortrages und ein Geheimnis höchst verfeinerten und einfachen Stils ist, wirkt im Vergleich zu ihr frei. Eben dieser konventionelle Charakter des Formenbestandes bedingt den eigentümlichen Inhalt der handwerklichen Theorie indischer Kunst. »Citralakschana« bedeutet »Zeichensprache der bildenden Kunst«[80] und die auf Kunst bezüglichen Abschnitte des »Vischnudharmottara« handeln, wenn man von so elementaren Gegenständen wie Bereitung der einzelnen Farbstoffe und des Malgrundes absieht, wesentlich auch von einem Kanon konventioneller Ausdrucksmittel.

Die unbedingte Gültigkeit dieser konventionellen Zeichensprache der bildenden Kunst wird literarisch durch ihre Herkunft aus der Sphäre des Unbedingten, aus dem

Reiche der Götter dargetan. Ein frommer König, dem es als erstem unter den Menschen gelang, dank Yogaversenkung ein vollkommen getreues Bild zu entwerfen, – das Bild eines toten Brahmanenknaben, das dem Dahingeschieden so ähnlich war, daß Gott Brahmâ es dem Vater zum Troste beleben konnte –, begibt sich auf Brahmâs Geheiß zum Bildner unter den Göttern, um von ihm vollständig die Regeln der bildenden Kunst zu erlernen. Der »Aller Werke Kundige Gott« Vischvakarman, »der am Beginn der Weltalter den knotigen Leib der Sonne mit der Axt behieb und ihm seine runde Glätte verlieh[81]«, verkündet ihm den Formenkanon der bildenden Kunst, wie er ihn selbst von Brahmâ, dem Schöpfer der Welt und aller ihrer Ordnungen empfing. Der König bittet ihn »erkläre mir bitte die Merkmale in den Werken der Malerei und sagte mir, in welcher Weise die Maße und Formen samt den Methoden zur Anwendung kommen«. Zeichensprache und Proportionslehre werden hier als die beiden wesentlichen Bestandteile der echten und gültigen Kunsttradition angesehen. Vischvakarman leitet ihre Übermittlung mit Erklärungen über ihren Ursprung ein, die ihre Verwendung als Bestandteile von Wesensaussagen des Göttlichen rechtfertigen. Alle Formen sämtlicher Körper hat Brahmâ gemalt zum Wahrzeichen der Wohlfahrt der Gläubigen in den Welten und sie mir zuerst übergeben. Mit was für Maßen dabei zu verfahren ist, welche Gegenstände und Mittel schön sind, das alles habe ich von Brahmâ erlangt; die trefflichsten Malereien danke ich der Huld des heiligen Gebieters und dank derselben habe ich alle Kunstwerke geschaffen...« Weiterhin gibt Vischvakarman als Quelle seiner, im Citralakschana fixierten Kunstregeln Selbstporträts der Götter an (– das Göttliche muß sich selbst offenbaren, wenn es erkannt sein will): »Mit der Schaffung des Lebens traten durch Brahmâs Wirksamkeit Kasten und Rangstufen in Tätigkeit, und Recht und Sitte formten sich. Nachdem Brahmâ so gewirkt hatte, richtete er in seinem Geiste alle Gedanken auf das Heil der Geschöpfe. Als er in diesen Gedanken versunken war, brachte sein geistiger Zustand die Wirkung hervor, daß die Wesen, Könige und Götter infolge der Kenntnis der Namen unaufhörlich und beständig gläubige Verehrung bezeigten. Durch solche Gedanken Brahmâs erlangten Mahâdeva, Vischnu, Indra und sämtliche Götter großen Segen. An Maßen und Vorzügen wurden sie schön aus eigener Kraft und glichen sehr den mit guten Merkmalen Ausgestatteten (sulakschana). Schöne Formen entwickelten sie, die Haupt- und Nebenglieder wurden vollendet und blühten allerseits zur vollen Entfaltung auf. Ihre Gestalten nahmen mannigfache Formen an, verschönert durch Schmuck und Gewandung. Verschiedene Waffen, die sie in der Hand hielten, trugen zur Vermehrung ihrer Attribute auf den Bildern bei, und so wurden die Figuren von ihnen selbst gemalt. Als diese die Götter erschauten, gingen ihnen die Augen über und sie waren voll Herzensfreude. Brahmâ sprach: »vortrefflich« und erhob andächtig Lobpreisungen. Da segneten sie ihre eigenen Gestalten und erfüllten sie mit großer Macht. Darauf sprach Brahmâ freudig zu den sieben Gottheiten: »In den drei Welten (d. h. überall) wird man von jetztab im Vertrauen auf eure Heiligkeit keinen Zweifel an euren Göttergestalten hegen und euch beständig Opfer darbringen...« – »So soll es sein«, mit diesen Worten segneten die Götter hocherfreut ihre eigene majestätische Erscheinung und kehrten jeder an seinen Ort zurück.« – So ist die Lehre Vischvakarmans nichts anderes als das auf Normen und Lehrsätze gebrachte Wissen um die wahrhaftige Erscheinung der Götter.

Vischvakarman zählt die Bestandteile der traditionellen Kunstlehre auf, wenn er zu dem Könige sagt: »Wenn du dir in der Beschaffenheit der Maße und der Merkmale der

Proportionen und Formen und Ornamente und Schönheiten bei mir Kenntnisse erwirbst, wirst du vollständig in allen Fertigkeiten bewandert und in der Malerei (lies: Bildnerei) ein hervorragender Sachverständiger sein.« Formen und Ornamente bilden den Formbestand, die »Schönheit« ist ein besonderes Ingrediens einzelner Formelemente, und Maße und Merkmale der Proportionen bezeichnen die Regeln, nach denen eine Gruppe von Formelementen zu einer bildnerischen Einheit (Gemälde, Relief oder Plastik) zusammengefügt werden.

Das Citralakschana beschränkt sich nicht, wie etwa die einleitende Erzählung von Vischvakarman und dem Könige zu vermuten nahelegt, auf die Theorie der Darstellung göttlicher Erscheinungen im Kultbilde, sondern behandelt auch die Darstellung menschlicher und dämonischer Wesen. Desgleichen werden im Vischnudharmottara beide Reiche künstlerischer Gestaltung: das sinnliche (drischtam = sichtbare) und das übersinnliche (adrischtam = unsichtbare) erörtert. Die Sphäre äußeren Sehens und inneren Schauens erfahren trotz ihres Wesensunterschiedes in der Kunst vielfach dieselbe Behandlung. Beide beherrscht inhaltlich das Prinzip konventioneller Zeichensprache als Mittel stereotyper Charakteristik, formal das Gesetz strenger Proportion.

Im Prinzip konventioneller Zeichnung der Erscheinungen der sichtbaren wie der unsichtbaren Welt weiß sich die bildende Kunst mit der Dichtung Indiens einig, die durchaus auf Darstellung des Typischen ausgeht und ihren ästhetischen Wert in wunderbaren, immer neuartigen Formen der Aussage über schlechthin feststehend Typisiertes findet. Die trockenen Vorschriften des Vischnudharmottara zu diesem Punkte ließen sich in vielen Fällen durch zahllose, sachlich untereinander gleiche Verse der großen Dichter vor und nach Kâlidâsa in dichterischem Stile umschreiben[82]:

»Könige sollen wie Götter dargestellt werden ..., brahmanische Asketen sollen mit langen Haarflechten dargestellt werden, die sich auf ihrem Kopfe zusamentürmen, mit einem schwarzen Antilopenfell als Obergewand, mager aber voll bezwingenden Glanzes ..., Daityas und Dânavas (zwei Arten von Dämonen) sind mit drohendem Munde und wutverzerrten Gesichtern und runden Augen zu bilden, sie sollen prunkende Gewänder tragen aber keine Kronen ... – Ein Meister der Kunst bildet einen Feldherrn stark, stolz und hochgewachsen, mit mächtiger Brust, vorspringender Nase und breitem Kinn; die Augen zum Himmel erhoben und mit festen Hüften. Soldaten sollen gemeinhin mit grimmigen Gesichtern gebildet werden. Fußsoldaten sollen kurze und prunkende Uniformen tragen, herausfordernd dreinschauen und Waffen tragen ... Elefantenreiter sollen von schwärzlicher Hautfarbe sein und das Haar zum Knoten geschlungen tragen ...; ehrwürdige Leute vom Lande und aus der Stadt sollen mit ergrautem Haar gemalt werden, mit Schmuck behangen, der ihrer sozialen Stellung entspricht. Sie sollen weiße Kleider tragen, nach vorn gebückt sein, hilfsbereit sein und ein Gesicht voll natürlicher Ruhe haben.«

Ebenso konventionell typisiert ist die Darstellung personifizierter Naturerscheinungen: »Flüsse sind in Menschengestalt auf den (für sie bezeichnenden) Reittieren darzustellen. Ihre Knie sollen gebeugt sein, ihre Hände gefüllte Wassergefäße halten. Bei Bergen soll man den Gipfel auf dem Kopfe einer menschlichen Gestalt darstellen ..., Meere sollen (in menschlicher Gestalt) Perlen in Händen halten und Wassergefäße, und der Künstler soll an Stelle der Aura Wasser malen ...«

Landschaften, Tages- und Jahreszeiten sollen durch genau dieselben typischen Attribute kenntlich gemacht werden, die für den Kenner indischer Dichtung unlöslich mit ihrem Wesen verknüpft sind, da sie den unvermeidlichen

inhaltlichen Bestand ihrer zahllosen Schilderungen im Munde der Dichter bilden: »Ein kundiger Künstler soll einen Wald durch vielerlei Bäume, Vögel und wilde Tiere andeuten, Wasser durch zahllose Fische und Schildkröten, Lotusblumen und andere Wassertiere und -pflanzen, eine Stadt durch schöne Tempel, Paläste, Läden, Häuser und gefällige große Straßen..., Schankstätten sollen voll Trinkender dargestellt werden, und die (dort) mit Spielen beschäftigt sind, sollen ohne Obergewand gebildet werden, die Gewinnenden mit frohem Gesicht, die Verlierenden kummervoll. ... Eine Landstraße soll man mit Karawanen aus Kamelen und anderen Lasttieren darstellen. ... Den ersten Teil der Nacht soll man durch Frauen andeuten, die ausgehen, um sich mit ihren Buhlen zu treffen, der Tagesanbruch ist durch die aufgehende Sonne zu bezeichnen und durch matt brennende Lampen und krähende Hähne. Oder man soll einen Mann zeichnen, der im Begriff ist, an die Arbeit zu gehen. Der Abend ist durch seine Röte zu markieren und durch Brahmanen, die mit abendlicher Yogaandacht beschäftigt sind... Mondschein ist durch geöffnete Nachtlotusblumen anzudeuten, während die vielen Blütenblätter des Taglotus geschlossen dargestellt werden sollen. Daß die Sonne scheint, soll durch ausgetrocknete Wasserlöcher bezeichnet werden mit schlaffen Menschen, mit Tieren, die den Schatten aufsuchen und Wasserbüffeln, die sich im Schlamm vergraben. Die Regenzeit soll der Künstler mit Blitzen darstellen, verschönt durch Regenbogen, die von schweren Wolken begleitet sind, mit Vögeln, die sich in den Bäumen bergen und Löwen und Tigern, die sich in ihren Höhlen halten.«
Derselben streng konventionellen Darstellung unterliegen Gefühle und Stimmungen. Ihr Ausdruck ist für das indische Auge frühzeitig kanonisiert worden in der Tradition der Tanzpantomime, die vom indischen Theater übernommen wurde. Das klassische Lehrbuch aller Büh-

nenkünste ist ja nach dem pantomimischen Tanze »Nâtya«-schâstra genannt, und das Wort für »etwas mimisch darstellen« heißt im Indischen »etwas tanzen« (nâtayati). So ist begreiflich, daß der Kanon der Gebärdensprache als Ausdruck des Gefühls wie zur Darstellung aller wesentlichen Handlungen vom bildenden Künstler aus der Bühnenkunst entlehnt worden ist. Hier allein war eine allgemein verständliche Zeichensprache der Affekte und Akte zu finden, die in streng konventioneller Typik so umfassend und nuancenreich war, daß sie den Zwecken bildlicher Darstellung vollauf genügte und andererseits verhinderte, daß neben ihr andere Ausdrucksmittel aufkommen konnten, die Unklarheit statt Reiz in die Darstellung gebracht hätten. Darum eröffnet im Vischnudharmottara der Weise Mârkandeya, der hier wie in dem nach ihm benannten »Mârkandeya-Purâna« göttlicher Offenbarung als Mundstück dient, seine Ausführungen über die Kunst auf die Frage nach ihren Regeln mit den Worten: »Ohne Wissen um die Tanzkunst sind die Regeln der bildenden Kunst sehr schwer zu verstehen«[83], und sagt später im selben Sinne: »Im Tanz wie in der bildenden Kunst wird die Kopie der Dreiwelt (d. i. aller Dinge) durch die Überlieferung anbefohlen. Augen und Gesten, die Glieder und alle ihre Teile und die Hände sollen in der Tanzkunst so wie oben bemerkt wurde, behandelt werden, und in der bildenden Kunst sollen sie ebenso dargestellt werden. Tanz und bildende Kunst sind beide gleichermaßen ausgezeichnet.« Damit ist gemeint, daß die Tanzpantomime nicht nur für Ausdrucksbewegungen und mimische Darstellung von Handlungen Vorbild der bildenden Kunst sei, sondern auch in ihrem Bestande typischer Figuren, die durch Wuchs, Kleidung und Schminke als bestimmte Charaktere, Vertreter verschiedener Stände und Berufe, Wesen höherer und niederer Welten gekennzeichnet sind. Das Detail der Erscheinung, die unterschiedlichen Formen, die einzelne Glieder im Zusammenhang verschiedener Typen tragen können, um sie eindeutig zu charakterisieren, scheinen der Bühnenwelt zu entstammen: »Das Auge soll wie ein Bogen geformt sein oder wie ein Fischmagen, oder wie das Blütenblatt eines blauen oder eines weißen Lotus oder fünftens die Form eines Mahlsteins haben. Frauen sollen im allgemeinen bogenförmige Augen haben, ... das Auge nimmt die Form eines Bogens an, wenn es in Nachdenken auf den Boden gerichtet ist. Frauen samt ihren Buhlen sollen Augen in der Form des Fischmagens haben. Ein Auge von der Form eines blauen Lotusblattes hat den Ausdruck stetiger Ruhe, ein Auge wie ein weißes Lotusblatt paßt zum Erschrecken und Weinenden, ein Auge von Mahlsteinform ist beim Zornigen und Niedergeschlagenen angebracht«[84].

Konventionell ist ferner das Größenverhältnis verschiedener in einem Bildwerk vereinigter Gestalten. Für menschliche Figuren bestehen fünf verschiedene Längenmaße von 108, 106, 104, 100 und 90 angulas (Fingerbreite[85]), die besondere Namen haben, wie »Schwan«, »Hase«, »Mann aus Mâlwâ« (»Mâlavya«, – Mâlwâ eine Landschaft in Mittelindien). Unter ihnen ist das erste Maß von 108 angulas (9 × 12) das ideale: es ist den vollkommenen Menschen (mahâpuruscha) mit den Göttern gemeinsam und eignet sich auch zur Darstellung von Königen. Es ist das Maß des »Schwans« (hamsa) und heißt wohl so, weil es den Körperproportionen des vergotteten Heiligen des Brahmanismus entspricht, des Yogin der zum brahman geworden ist. Er wird in der symbolischen Redeweise der Upanischaden »Schwan« genannt, wie der Schwan als Reittier Abzeichen Brahmâs unter den Göttern ist. Neben dem menschlichen Idealtyp des Brahmaismus ist dieses Maß auch den Vollendeten Großen Menschen des Buddhismus und Jainismus eigen: es ist untrennbar von der Erscheinung des Buddha, der ja bereits bei der Geburt auf Grund der zweiunddreißig körperlichen Merkmale und der sie begleitenden achtzig Nebenzeichen als gottgleich vollkommenes Wesen (mahâpuruscha) kenntlich ist. Die vier kleineren Maße sind verkümmerte Varianten der Idealzahl 108 und sind darum nur zur Darstellung menschlicher Gestalten geeignet, auf die sie sich je nach der Würde der Dargestellten verteilen. Im Citralakschana heißt es betreffs Zeichnung von Menschen »... in ihrer Länge sollen sie, indem man den Königen je ein angula mehr gibt, entsprechend um einige Zollmaße verringert werden.« Im Vischnudharmottara finden sich genauere Angaben: Weise, Dämonen, Minister, gewöhnliche Brahmanen und der Hauspriester des Königs sollen im Maße von 106 angulas gebildet werden, während der König 108 bekommt, Halbmenschen (kinnara) und Schlangenwesen (nâga) sollen vom Mâlavya-Maße (104) sein, ebenso Frauen von Stand. Hetären und Angehörige des dritten Standes gehören in die Klasse vierter Länge (100) für künstlerische Darstellung, und Angehörige der untersten Schicht des vierstufigen Kastenbaus, die Schûdras, gelten hinsichtlich ihrer Maßen als »Hasen« mit der Länge 90[86].

Gelten diese Längenmaße für den wirklichen Menschen, den man einem dieser Typen zuteilen will, als feste Zahlengröße, so haben sie für die künstlerische Darstellung menschlicher Figur die Bedeutung einer Kennziffer, aus der nach genauen Regeln ein minutiöses Proportionsschema der Gestalt zu entnehmen ist. Für die Proportionslehre der Kunst ist 1 angula keine arithmetische, sondern algebraische Größe, deren er sich von Fall zu Fall als die Fingerbreite der entworfenen Figur darstellt. Alle Proportionen menschlicher Gestalt werden in ihrer Lehre als Bruchteile des Längenmaßes oder Vielheiten (ev. auch Bruchteile) der Fingerbreite festgelegt. Sie werden (in den verschiedensten Quellen[87]) für das Idealmaß von 108 angulas gelehrt, für seine verkürzten Varianten sind sie dem Künstler aus dem Idealschema errechenbar. Er muß die absolute Größe seiner Figuren, die sich nach Größe des vorgesehenen Bildraumes richtet, je nach ihrer inhaltlichen Bedeutung mit der Kennzahl eines der fünf Typen gleichsetzen, um im Verhältnis zu ihr jedes Detail entsprechend dem idealen Proportionsschema von 108 angulas zu bestimmen. Die genaue Analyse dieses Idealschemas füllt räumlich den größten Teil des Citralakschana. Das Gesicht wird dort z. B. folgendermaßen aufgeteilt: »Das Gesicht wird in drei Teile geteilt, Stirn, Nase und Kinn, deren Maß je vier angula beträgt. Was die Anzahl der angula in der Breite des Gesichts betrifft, so wird sie auf vierzehn angegeben. Die obere und untere Partie des Gesichts betragen 12 angula an Breite; auf Grund dieser Maße ergibt sich für die Länge des Gesichts die Annahme von 12 angula... Die Breite des Ohres beträgt 2 angula und seine Länge 4 angula. Die Ohröffnung wird auf einen halben angula (an Breite) und einen angula (an Länge) angegeben. Die Ohrenspitzen und die Augenbrauen liegen in gleicher Höhe, die Augenhöhlen befinden sich mit den Ohröffnungen in gleicher Höhe... Der Raum von der Mitte der Brauen bis zur Grenzlinie der Haare beträgt an Weite zweieinhalb angulas. Von den Anfängen der Brauen bis über die Ausdehnung der Stirn hin, soll ein Maß von im ganzen 4 angulas gemacht werden. Die Augenhöhlen sind 2 angulas (lang) und ebenso der Raum zwischen den Augen. Die Augen betragen 2 angulas an Länge und 1 angula an Breite, so wird erklärt. Die Augäpfel betragen ein Drittel des Auges, wird erklärt... die Nase ist 4 angulas lang, die Spitze beträgt an Höhe 2 angulas. An der Stelle, wo die Nasenlöcher schräg gemacht werden, beträgt die Weite 2 angulas. Die Weite der Nasenlöcher ist 6 yava, ihre Höhe wird als 2 yava erklärt. Der Raum zwischen den Nasenlöchern ist 2 yava breit und 6 yava lang...« In dieser Weise sind die Proportionen des ganzen Körpers bis ins kleinste normiert[88].

Neben diesem Normalschema für göttliche und gottgleiche Gestalten stehen andere, die nur Götterbildern eignen. Im Gegensatz zu den kleineren Proportionsordnungen des menschlichen Körpers, die durch Verminderung der Ideallänge um einige angulas entstehen und als Verkümmerungen von ihr nicht durch zwölf teilbar sind, können sie nicht durch Abzug aus dem Normalschema abgeleitet werden, sondern haben ihre eigene Größenordnung, deren Längenmaß in jedem Falle ein Vielfaches von zwölf ist. 12 angulas bilden einen tâla (Spann), und nach den Vielfachen von zwölf, die ihre Längen sind, heißen diese Schemata »Zehn-tâla«- (dascha-tâla), »Acht-tâla«- (aschtatâla), »Sieben-tâla«- (sapta-tâla) und »Fünf-tâla-Ordnung« (panca-tâla) wie das Schema mit Länge 108 angulas »Neun-tâla-Ordnung« (nava-tâla) genannt wird. Alle sind algebraische Schemata[89]. Ihre Verwendung steht nicht im Belieben des Künstlers, sondern sie sind verschiedenen Erscheinungstypen der Götter zugehörig. Wie das »Neun-tâla-Schema« aus der menschlichen Idealfigur: dem gottgleichen Heiligen (mahâpuruscha: Buddha) entwickelt scheint, dessen hohe Artung sich in der vollkommenen Schönheit seines Leibes ausprägt, und von ihm auf göttliche Gestalten als das normale Schema übertragen wurde, scheinen die anderen »tâla«-Ordnungen aus der eigenartigen Körperlichkeit besonderer Göttergestalten als deren Proportionskanon herauskristallisiert zu sein. Die Erscheinung mancher weiblicher Gottheiten läßt sich nicht auf das Schema männlicher Idealgestalt bringen, ohne den Charakter des Bildwerkes als Wesensaussage aufzuheben, andererseits verlangen Figuren, bei denen das Verhältnis von Kopf- und Rumpfgröße in einem anderen Verhältnis steht als beim gutgebauten ausgewachsenen Menschen, einen besonderen Kanon. So wird der dickleibige Ganescha, der auf untersetztem Rumpfe den mächtigen Elefantenkopf trägt, im »pancattâla«-Schema gebildet, in dem sein Kopf = (1 tâla) ein Fünftel der Gesamtlänge einnimmt. Dasselbe gilt für die Darstellung des knabenhaften Krischna, bei dem, kindlichem Wuchse entsprechend, der Kopf im Verhältnis zum Leibe größer sein muß als bei dem tanzenden Schiva, der die Idealfigur des Erwachsenen hat.

Das Grundelement der optischen Wirkung, die dieser Stil dem strengen Aufbau seiner Gestalten in kanonischen Proportionssystemen verdankt, hat W. S. Hadaway in einer beiläufigen Bemerkung berührt: »Ein Wort der Erklärung betreffs der Diagramme (der Proportionsschemata, die seine Ausführungen besonders wertvoll machen) mag von Nutzen sein. Man muß erfassen, daß sie alle im »Aufriß«« gezeichnet sind, genauso wie ein Architekt oder Gestalter eines Innenraumes eine Werkzeichnung für eine Hausfassade oder eine Wand entwirft. Natürlich kann man niemals eine Figur genauso sehen, denn das ist eine Konvention des Zeichners: er nimmt an, daß das Auge sich gleichzeitig mit jedem Teile der Figur auf ein und derselben Höhe befindet.«

Was Hadaway hier zur Erklärung seiner grraphischen Darstellungen der Proportionsschemata anführt, gilt nicht nur für sie, sondern auch für die künstlerischen Schöpfungen selbst, die nach diesen Proportionen gebildet sind, es gilt vom indischen Kultbilde im weitesten Umfange. Und dieser optische Befund, den das westliche Auge beim äußeren Abtasten indischer Bildwerke feststellen kann, – so wie ihn Hadaway an den entsprechenden Proportionszeichnungen bemerkte – entspricht genau allem, was die Betrachtung des Kultbildes als Gerät im Andachtsakte innerer Schau von innen her gelehrt hat. Der absolute Charakter dieser Formgebung, der das äußere Auge zwingen will, auf allen Teilen der Figur gleichzeitig in einer jedem von ihnen zukommenden Höhe zu verweilen, ist der auch Uneingeweihten sichtbare Niederschlag des Prozesses innerer Schau: die Aufgabe, sich adäquat erfassen zu lassen, die das Kultbild mit seiner optischen Gegenwart aufgibt, kann nicht von einem äußeren Auge gelöst werden, das von einem partikulären Standort aus schweifende Kreise zieht, sondern allein auf Grund eines Vermögens, ein Mannigfaltiges gleichmäßig und einheitlich zu fixieren, – ein Vermögen, das, in innerer Schau entwickelt, dem äußeren Auge anerzogen werden kann, so daß es sonnenhaft wird und auf Kleinstes wie Größtes am Bilde unendlich viele Lichtstrahlen gleicher Kraft und gleicher Liebe zur gleichen Zeit versenden kann (während das ungeschulte äußere Auge einer schweifenden Scheinwerfergarbe gleicht).

Im absoluten Charakter dieser Formgebung des figuralen Kultbildes zeigt sich eine Verwandtschaft mit dem funktionalen Zwilling: dem geometrisierenden Linienschema. Diesem absoluten Charakter ihrer Form verdanken beide Gebilde, daß sie in ihrer Wirkung von der faktischen Größe, die sich in Metern oder Zentimetern ausdrücken läßt, unabhängig sind. Photographische Wiedergaben indischer Bildwerke lassen den Betrachter allzu oft im Dunkeln über ihre wirkliche Größe, sie sind jenseits von Groß und Klein wie jene linearen yantras, deren Struktur völlig den Tatbestand auslöscht, daß sie faktisch eine Seitenlänge von reichlich zehn Zentimetern haben. Die figurenreichen mandala-Malereien Tibets könnte ein Ahnungsloser, dem sie in photographischer Wiedergabe präsentiert werden, als weiträumige Fresken oder Deckengemälde im Format der Sixtinischen Kapelle ansprechen, während sie etwa die Größe eines Zeitungsblattes haben. Das Geheimnis dieses Stils ist, daß seine kleinen Stücke groß wirken können, ohne groß zu sein, während seine großen und größten Stücke gleichfalls groß, aber nicht riesig wirken.

In sich betrachtet sind sie weder groß noch klein, erst der äußere Beschauer, der mit dem Maßstab seiner eigenen Leiblichkeit an sie herantritt, der sein Auge von ihnen weg auf Umgebendes, nicht zu ihnen Gehöriges, abgleiten läßt, stellt fest, wie groß sie vergleichsweise sind. Die Photographie isoliert sie vom Maßstabe unseres Körpers und der Blickbewegung, die durchmessene Wege sofort als Dimensionen des Gegenstandes aufzeichnet, und bewahrt diesen Bildwerken die Größe ihres absoluten Stils jenseits vom »Kleiner« und »Größer« ihrer faktischen Dimensionen. Dieses ihr »Jenseits« eben ist die Legitimation ihres Ursprungs aus innerer Schau. Denn das innere Schaubild hat – wie sie – wohl ein klares Größenverhältnis seiner Teile, ist aber in sich geschlossene totale Erfüllung des inneren Sehfeldes und kann als solche nichts Zweites neben sich haben, an dem seine Dimensionen meßbar wären. Es hat in sich großen oder kleinen Stil, ist aber weder groß noch klein. Der Proportionskanon der handwerklichen Tradition bewahrt in sich das technische Geheimnis, dem Kultbilde als äußeren sinnfälligen Objekte die Eigenart innerer Schaubilder zu geben, denen es als Projektionsziel und Stellvertretung im Akt der Andacht dient.

Die Rolle des figuralen Kultbildes im Yogaprozeß der Andacht und seine Ersetzbarkeit durch das rein geometrische Gebilde sind ebenso wie die Einsicht in seinen Proportionskanon geeignet, das Befremden zu klären, von dem sich das mit westlicher Sehgewohnheit belastete Auge bedrängt fühlt, wenn es ihm gegenübertritt. In seinem absoluten Stil steht das indische Kultbild nicht allein da, es teilt ihn z. B. mit ägyptischer Plastik wie mit den archaischen Werken griechischer Kunst (wobei im Einzelnen so verschiedene Voraussetzungen mitsprechen, daß eine vergleichende Betrachtung nicht dieselben Ergebnisse zu Tage fördern kann, wie eine – hier versuchte – isolierende). Erst die epochale Wandlung menschlichen Bewußtseins, die mit der hellenischen Aufklärungsperiode des fünften Jahrhunderts einsetzt, die mit den Namen Demokrits und der Sophisten und ihres Gegenspielers Sokrates verbunden ist, die den Menschen zum Maß aller Dinge erhob, gebar das neue Auge, das nach seinen Sehgesetzen die Welt im klassischen Stile ordnete und in klassischer Kunst ihr das Gesetz, zu sein und schön zu sein, vorschrieb.

Auch das Gesetz, schön zu sein, unter dem sich das Grauenhafte zum Erhaben-Düsteren und das Häßliche zum Grotesk-Komischen mildert, ist der absoluten Kunstform des Kultbildes fremd. Seine Geltung würde ihr oberstes Gesetz, Wesensaussage unbedingter Gültigkeit zu sein, einschränken, ja aufheben. In der bildenden Kunst Indiens herrschen laut dem »Vischnudharmottara« genau wie in der Dichtung alle neun möglichen Geschmacksarten (rasa): die erotische (schringâra), die komische (hâsya), die mitleidige (karuna), die heldische (vîra), die wildwütende (rudra), die grauenerregende (bhayânaka), die Abscheu erregende (bîbhatsa), die wundererfüllte (adbhuta) und die friedvolle (schânta). Während die erotische und friedvolle Art allein zum Schmuck eines Wohnhauses geeignet sind, haben sie alle ihren Platz in der Kunst des Herrscherpalastes – und in den Tempeln der Götter. Die furchtbare Seite des Göttlichen, vor der die Kreatur in Grauen vergeht, verträgt keine Beschönigung, und während die Darstellung des Grauenerregenden im täglichen Wohngemach von unheilbringender Vorbedeutung wäre, ist sie am Platze, wo das Göttliche, das grauenvoll und milde zugleich ist, seinen Sitz hat. Vom Wesenhaften seines Aspekts darf so wenig eine Nuance oder ein Stück entsetzlicher Intensität der Geste abgezogen werden, wie von seinen Maßen, deren Verkürzung statt Göttern dämonische Wesen zur Darstellung brächte[90]. Wer sich unterfängt, einen Aspekt des Absoluten bildlich festzuhalten, begibt sich der Freiheit, aus Schönheitsgründen zu modifizieren, die bei der Darstellung von Menschen innerhalb traditioneller Grenzen ihm verbleibt[91]. Denn das Abbild des Göttlichen dient magischen Zwecken, und seine Verfertigung kann darum nur unter dem Primat der Treue zum Wesen stehen, – wie jenes erste Bild des toten Brahmanenknaben, das der fromme König aus innerer Schau in den äußeren Stoff projizierte, den magischen Akt der Belebung durch den Gott an sich erfahren konnte, weil es ganz getreu war. Gleich ihm kann das figurale yantra in der »Einsetzung des Odems« göttliches Leben empfangen, weil es – in Schrecken und Lieblichkeit – das getreue Abbild der in innerer Schau erfahrenen Selbstoffenbarung des Göttlichen ist.

Darstellungen von Gottheiten, die in yab-yum-Stellung ihres weibliche Ergänzung umfangen, mag westliches Empfinden befremden, wie das Allgemeinste der Formgebung indischer Kultbilder das unbefangene Auge westlicher Betrachter befremden muß, weil sie – der heimischen Sphäre des Kults, in der sie yantra ist, entrissen – uns ebenso entgegentritt, wie Stücke moderner Kunst und Reste großer Vergangenheit, in der wir selbst verwurzelt sind. Darum waren für Bildwerke dieser Art Verwechslungen möglich, die verurteilten, was nicht verstanden werden konnte. Solche Bilder halten keine Situation fest, gestalten keine Szene, – so wenig wie die ineinander geschobenen Dreiecke des schrîyantra, die ineinandertauchen und Verwandtes meinen. Sie sind Symbol für einsame innere Schau. Das Ineinander dieser Gestalten ist ein völliges Für-sich-Sein, aber nicht das Für-sich-Sein einer verschwiegenen Liebesnacht zweier glücklicher Geschöpfe, auch nicht das Für-sich-Sein entfesselter reiner Naturkräfte, deren Walten nicht danach fragt, ob es gesehen wird, und welche Empfindungen sein Anblick auslöst, sondern es ist das Für-sich-Sein einer Polarität des Seienden, außer der nichts ist, was ist, die in ihrer Vereinigung das Ganze ist. Fraglose Wirklichkeit, die den bezwingt, der ihrer reinen Anschauung fähig ist, Seinsaussage im Bildwerk, Metapher der Wahrheit, die schivaitischer Tantrismus prägte, stellt sich hier in durchsichtiger Gewandung buddhistischer Idee dem inneren Auge des Eingeweihten zur Schau. Das Göttliche Wesen, das ewig ruhevolles Sein und ewig spielende Bewegung ist, lebt hier in unerbittlich unbewegte Form gehoben, dem oszillierenden Schimmer zeitgebundener Gebärde, der Vergänglichkeit des Moments entrückt, lebt hier in einem Gestus der Liebe, vor dem alles in Zeit und Raum Gebundene: anstürmend sich brechende Brandungswelle des Verlangens wie langhin schwebend verebbende Seligkeit nur vergängliche Spiegelungen in umwölktem Bewußtsein sind.

Aus den Augen dieser ruhevollen, ganz von innen verklärten Angesichter, die unbewegliche Blicke ineinandertauchen, mag auch der Uneingeweihte etwas von der Unerbittlichkeit der Wesensaussage indischer Kultbilder, der Unerbittlichkeit des Gebotes innerer Schau erraten, die sich in der geometrischen Strenge rein linearer yantras unzweideutig ausspricht. Der unbedingte Ernst der Gottesnähe, der dort das Göttliche more geometrico schematisch faßt, darf, wenn er in der patrimâ more figurali redet, unerbittlich um menschliche Konvention und Moralgebote, die er nicht zerbricht, sondern als menschlich erfüllte unter sich weiß, wo er das Göttliche zeichnet, sich die adäquaten Symbole seiner Gotteserfahrung frei wählen. Das Ineinander dieser Blicke spricht eine Endgültigkeit und ewig unerschöpfliche Vollkommenheit des Durchdrungenseins beider Gestalten aus, die alle leidenschaftliche Bewegung als mögliche Metapher hinter sich läßt. Dieses große Gegenüber der Häupter zweier Wesen, die unlöslich in eins verschmolzen sind, drückt ein Zwei-in-Einem aus, wie es kein Kuß mit seiner Verschmelzung sagen könnte, bei dem schweifend suchende und verweilend aufblühende Lippen nicht in die Sphäre der Zweitlosigkeit gelangen können, sondern in naivem oder verzweifeltem Versuche, Unendliches mit endlicher Geste auszudrücken, von Bewegung zu Bewegung gleiten oder rasen, – nur um in ihrer Unersättlichkeit die eigene Unzulänglichkeit zu erfahren. Das Zwei-in-Einem von Gott und Welt, von Mensch und Gott hat in der Sphäre der Erfüllung, wo Raum schwindet und Zeit stillsteht, seinen vollkommenen Ausdruck wie in der Verschränkung der Leiber so in dem ruhevoll gesammelten Blick dieser ineinander tauchenden Augenpaare, die ohne Unstetigkeit und Blinzeln (animischa) sind, wie die Augen der Götter und wie der Blick des Yogin, der mit dem inneren Auge gotthafte Wahrheit schaut.

DER ORT DES KULTBILDES
IN DER WELT DES GLÄUBIGEN

Ein bedeutender Text des jüngeren Buddhismus, »die Entfaltung des Korbes der Eigenschaften des Avalokiteschvara«[92] gipfelt in der Übermittlung der »sechssilbigen großen Weisheit«[93]. Sie ist es, die das Wesen des großen Heilbringers Avalokiteschvara mit magischen Silben im Reich der Sprache ausprägt, der rastlos in vielerlei Gestalt die Welten durchwandert, um ihre Wesen zur Erleuchtung zu führen, wofern er nicht dem Allerbarmer Amitâbha im westlichen Paradiese bei seinem Erlösungswerke zur Seite steht. »Diese sechssilbige große Weisheit ist das innerste Herz des Avalokiteschvara, und wer um dieses innerste Herz weiß, der weiß um die Erlösung[94]. In ihr, die zum nationalen Gebet und Kennspruch im Bereich der lamaistischen Theokratie Tibets geworden ist, weil sein Kirchenhaupt, der Dalailama, als immer erneute Menschwerdung Avalokiteschvaras gilt, erscheint das hohe Wesen in weiblicher Gestalt, »Juwelenlotusblüte« (Manipadmâ) genannt; wie Avalokiteschvara auch in China und Japan als Kwanyin-Kwannon vorwiegend in weiblicher Form verehrt wird. Die »sechssilbige große Weisheit« ist eine Gebetsformel wie jene zahllosen anderen mantras, mit denen ein Eingeweihter einen Aspekt des Göttlichen aufruft, um ihn innerlich zu verehren oder für den Kultakt in ein yantra einzusetzen. Sie lautet: *»om Manipadme[95] hûm«*. Der Kârandavyûha nennt sie, da sie Avalokiteschvaras Wesen ausdrückt, die »Essenz des Großen Fahrzeugs«, – jener späteren Buddhalehre, die besagt, daß alle Wesen werdende Buddhas sind, – und legt dem Bodhisattva »Der alle Hindernisse entriegelt« (Sarvanîvaranavischkambhin) die Worte in den Mund: »Wer mir die große sechssilbige Weisheit gibt, dem wollte ich

die vier Weltteile voll siebenerlei Juwelen schenken. Wenn er zum Schreiben nicht Birkenrinde fände, noch Tintenschwarz und Papier, so sollte er mit meinem Blute Tinte machen, meine Haut statt Birkenrinde nehmen, mir einen Knochen spalten und zum Schreibrohr machen, und alles das täte meinem Leibe nicht weh. Er soll mir wie Vater und Mutter sein und Ehrwürdigster der Ehrwürdigen.«
Der Buddha Padmottama (»Höchster Lotus«) hat unendlich viele Welten durchwandert, um in den Besitz der Königlichen Großen Weisheit zu kommen. Umsonst. Schließlich gelangt er zum Buddha Amitâbha und bittet ihn um die heilige Formel. »Da sprach der In der Wahrheit Gekommene, Heilige, Wahrhaft Erleuchtete Amitâbha zu Avalokiteschvara, dem Bodhisattva und Großen Wesen mit einer Stimme, die klang wie der Ruf des Kuckucks: ›Sieh o Sohn aus edlem Hause, hier ist der In der Wahrheit Gekommene, Heilige, Wahrhaft Erleuchtete Padmottama um der Sechssilbigen Großen Weisheit willen durch viele hunderttausend Millionen zehn Millionen Welten umhergewandert, – gib ihm, o Sohn aus edlem Hause die Sechssilbige Große Weisheit, die Königin. Der in der Wahrheit Gekommene wandert so umher!‹ (Das tiefste Geheimnis seines Wesens, das »innerste Herz des Avalokiteschvara« vermag niemand so zu offenbaren wie er selbst:) »Da sagte Avalokiteschvara zum Erhabenen:› Sie darf keinem gegeben werden, der nicht ihr mandala gesehen hat, – wie sollte er die ›Lotuszeichen‹-Fingerhaltung (padmânkamudrâ) annehmen? Wie sollte er die ›Juwelenhaltende‹-Fingerhaltung (manidharâ mudrâ) verstehen?« Wie sollte er die Handhaltung »Herrscherin aller Könige« (sarvarâjendrâ) verstehen? Wie sollte er das völlige Reinwerden des mandala verstehen?‹ – Dieses ist das Zeichen des mandala: Ein Vierspitz (caturasra) fünf Handbreit im Umkreis. In der Mitte des mandala soll er Amitâbha zeichnen. Zermahlener Saphir, Rubin, Smaragd

und Kristall, zermahlenes Gold und Silber sind im Bilde des In der Wahrheit Gekommenen Amitâbha zu vereinigen. Auf der rechten Seite ist der Bodhisattva »Großer Träger des Juwels« (Mahâmanidhara: augenscheinlich ein männlicher Aspekt Avalokiteschvaras, dem als weibliche Erscheinungsform Manipadmâ entspricht, wie die Manidharâ mudrâ sein Wesen mittels Fingerstellung ausdrückt) anzubringen, auf der linken Seite ist die Sechssilbige Große Weisheit anzubringen (die im Reiche der Gesten als sarvarâjendrâ-mudrâ erscheint): vierarmig, gelbfarben[96], mit mannigfachem Schmucke geziert. In ihrer linken Hand ist ein Lotus anzubringen, in der rechten Hand ein Gebetskranz aus Nüssen. Zwei Hände sind zusammengefügt darzustellen in der Haltung (mudrâ) genannt »Herrscherin aller Könige« (sarvarâjendrâ). Zu Füßen der Sechssilbigen Großen Weisheit ist ein (dienender) Geist voll magischen Wissens (vidyâdhara) hinzustellen. In seiner rechten Hand ist ein Weihrauchlöffelchen anzubringen, das Rauch ausströmt. In seiner linken Hand ist ein Korb anzubringen, der voll von vielerlei Schmucksachen ist. Und an den vier Toren dieses mandala sind die Vier Großkönige (die göttlichen Welthüter) anzubringen mit verschiedenen Waffen in den Händen. In den vier Ecken des mandala sind vier volle Gefäße anzubringen, die mit vielerlei Edelsteinen angefüllt sind«.

Der Buddha Amitâbha fragt Avalokiteschvara, wie sich ein Eingeweihter helfen soll, wenn er zu arm ist, die kostbaren Farbpulver aufzubringen, mit denen das Bild des mandala verfertigt werden soll, und erhält den Bescheid, dann sollten statt zermahlener Edelsteine und -metalle Blumen und Wohlgerüche von den entsprechenden Farben verwendet werden. Amitâbha fragt weiter, was geschehen soll, wenn auch diese nicht zu beschaffen sind? »Dann soll ein geistiges mandala vom Lehrer vorgestellt werden« und »die Merkmale der mantras und mudrâs sind durch den Lehrer zu zeigen.« – Erst nach dieser Beschreibung erhält der Buddha Padmottama die sechssilbige hohe Weisheit[97].

Es entspricht der Heiligkeit und unendlichen Kraft, Wesen zu erlösen, die dieser Formel innewohnen, daß ihre Entsprechung im Reiche der Sichtbarkeit wenn möglich aus edelsten Stoffen gefertigt sein soll. Aber wenn Avalokiteschvara die sechs Silben ohne eine Beschreibung des mandala nicht mitteilen will, so hat das seinen Grund darin, daß die Formel als Gebilde im Reich des Schalls unvollständig und unbrauchbar ist, wenn nicht ihre Geschwister im Reiche inneren und äußeren Gesichts und in der Sphäre der Gesten hinzutreten. Soll diese Formel ein Geschöpf wandeln und zum Stand der Erleuchtung hinüberführen, so muß ihr Wesen, das wunderwirkende und vorbildliche Wesen Avalokiteschvaras, alle Sphären der Wirklichkeit und Aktivität im Eingeweihten besetzen können: Sprache, Vorstellungswelt, körperliche Haltung und Bewegung. Das yantra – im Fall des Kârandavyûha ein mandala – steht eben funktional in keinem Falle für sich; es bedarf, um zu wirken, des Wissens und der Übung jener andersgearteten Manifestationen des »innersten Herzens« einer göttlichen Wesenheit, die es selbst in der Sphäre des Sichtbaren zur Anschauung bringt. Aber auch im Reiche des Sichtbaren steht es nicht als einzige Manifestation da. Der hinduistische Tantrismus kennt den Menschen der dem Eingeweihten als Offenbarung des Göttlichen gegenübertritt. In männlicher Erscheinung als Lehrer (guru) wie das Kulârnava-Tantra lehrt:

»Schiva, der allgegenwärtige, zu fein um wahrgenommen zu werden, der Trunkene, Ungeteilte, Unvergängliche, – der dem Himmel gleicht, der Ungeborene, Unendliche, wie wird er verehrt?

Darum eben hat Schiva die leibhaftige Gestalt des Lehrers

angenommen und verleiht, wenn er hingebungsvoll verehrt wird Weltglück (bhukti) und Erlösung (mukti).
In Haut von Menschen gebunden wandelt der Höchste Schiva selbst leibhaftig zur Freude wahrer Schüler über die Erde.
Das dritte Auge auf meiner Stirn (Schiva selbst spricht) und die Sichel des Mondes und ein Paar meiner Arme verberge ich und wandele in Gestalt des Lehrers (guru) auf Erden dahin.
So wie ›ghata‹, ›kalascha‹ und ›kumbha‹ alle dasselbe Ding meinen (nämlich einen Topf), so wird ›Gott‹ (deva), ›heiliges Wort‹ (mantra) und ›Lehrer‹ (guru) gesagt, um ein und dasselbe zu bezeichnen[98].«
Ebenso lehrt das Tantrarâjatantra:
»Wie zum Gott, so zum heiligen Wort, wie zum heiligen Wort so zum Lehrer, wie zum Lehrer, so zum eigenen Selbst (sei die Liebe des Eingeweihten): das ist die Rangordnung der Liebe (bhakti).
Den Lehrer soll er nicht für einen Sterblichen achten, achtet er ihn aber dafür, erlangt er niemals Vollendung (siddhi) durch heilige Sprüche (mantra) oder Verehrungen des Gottes (devapûjana)[99].«
Darum wird der guru in Preisstrophen, die der eingeweihte Schüler zu seinem Geburtstage sprechen soll, »Schiva« genannt und »der die Form Schivas hat« (schivarûpin), »der viele Gestalten annimmt« aber »in Wahrheit eine einzige hat«, – er ist »die Sonne, die alles Nichtwissens Dunkel zerspaltet«, ist »greifbar gewordenes Geistiges« (cid-ghana) und »sein Wesen ist Schiva« (schivâtman)[100].
Der Guru wird als Gott verehrt, aber er ist nicht von sich aus Gott, sondern als vollendeter Eingeweihter der göttlichen Wahrheit; wer an seiner Hand wandelt, befindet sich auf dem Wege zu seiner eigenen Vergottung, wenn er den guru als Gott verehrt. Da die Liebe zu Gott, zum

Lehrer und zum eigenen Selbst im Grunde dasselbe meinen, – wie beim Topf sind nur die Namen verschieden, – ist die Vergottung des Lehrers der Weg zur eigenen Vollendung (siddhi):
»völlig ein und denselben wisse er sich immerdar mit seinem Lehrer, nicht daß sie zwei Wesen[101] seien. Allen Geschöpfen erweise er Liebe, als wären sie er selbst« heißt es im XII. Kapitel des Kulârnava-Tantra, das von den »Merkmalen der Liebe zu den Sandalen des Lehrers« handelt.
In solchen Vorstellungen und Vorschriften offenbart sich in der letzten Epoche rein-indischen Geistes die gottähnlich-aristokratische Haltung, die der brahmanische Eingeweihte altvedischer Überlieferung Jahrtausende vorher an sich entfaltet hat, die Haltung der Geweihten als »Götter auf Erden«. Der Mensch erkennt sich als Erscheinungsform des Göttlichen. Die Identität der Gottnatur in der zwiefachen Erscheinung von Lehrer und Schüler als letzte Wesenheit ihres Beieinander, die Aufhellung dieser Identität und ihre unterschiedslose Ausdehnung auf alles als Ziel dieser Beziehung, erklären besser als der esoterische Charakter der Tantralehre allein die strengen Anforderungen, die an das Wesen von Lehrer und Schüler gestellt werden: »Wer die Wahrheit nur sehen läßt, und sein Schüler wird im selben Augenblick zu Wahrheit und weiß sein Selbst (âtman) als erlöst, –: der allein ist Guru, kein anderer« heißt es im XIII. Kapitel des Kulârnavatantra, das die Eigenschaften von Lehrer und Schüler angibt (Vers 96), aber dieses Wunder der Belehrung kann sich nur an erlesenen Schülern vollziehen, wie das Kapitel über die Einweihung zeigt: »Ein ganzes Jahr, oder ein halbes oder ein viertel Jahr soll ein Lehrer seinen Schüler sorgfältig mit dem Geiste oder auch mit der Tat prüfen[102]«, ob er würdig und reif ist, die Weihe zu empfangen. Denn zwischen dem echten Lehrer und dem berufenen

Schüler wirkt die Weihe wie ein alchymistischer Wandlungsvorgang: »Wie vom Könige metallischer Essenzen (rasendra) durchtränktes Eisen zum Gold-sein gelangt, so erlangt ein von der Weihe durchtränktes Selbst Schivasein[103]«.

Wie das Verhältnis des Schülers zum Lehrer durchaus in der Identität göttlichen Wesens seinen Sinn hat, jenseits der menschlichen Bewußtseinsspaltung in Ich und Anderes (Du, Welt); und wie dieses Verhältnis in umfassender Liebe, die sich mit allem eines weiß, auf alle Geschöpfe ausgedehnt werden muß, wenn das Ziel der Einweihung: zu seiner eigenen Gottnatur zu gelangen, erreicht werden soll, kann auch das Verhältnis von Mann und Frau zueinander durchaus kein anderes sein, als die völlige Einheit Schivas mit seiner schakti, der Höchsten Göttin, als das Verhältnis des göttlichen Paares, in dem das attributlose Eine (nirgunam brahman) zur höchsten mâyâhaften Entfaltung in einer Urpolarität auseinandertritt. Die Gattin ist des Mannes schakti, und wie im Lehrer das männliche Element der obersten polaren Entfaltung des Göttlichen: Schiva, dem Eingeweihten als Mensch gegenübertritt, so begegnet ihm in seinem eigenen Weibe, dann aber auch in allem Weiblichen die göttliche schakti in personaler Form, deren spielende Entfaltung die ganze Welt und sein eigenes Selbst sind. An Stelle eines figuralen Kultbildes oder eines linearen yantras, in das der Eingeweihte das Göttliche, das in ihm selbst schlummert, einsetzt und verehrt, nachdem er es durch mantra, dhyâna und Auflegen der Hand auf seine Glieder (nyâsa) erweckt und ins Bewußtsein gehoben hat, kann er im Ritus des Kulatantra auch ein lebendes weibliches Geschöpf: Kind, Mädchen oder Frau als Erscheinung der göttlichen schakti verehren. Das Kulârnava-Tantra handelt ausführlich davon in seinem x. Kapitel:

»Im Monat Âschvina soll er an neun Mädchen Verehrung

vollziehen, in der Frühe soll der Eingeweihte sie einladen voller Gottesliebe (bhakti), reinen Sinnes[104].«

»Ein reizendes kleines Mädchen, das ein Jahr alt ist und mit glückbedeutenden Zeichen versehen, soll der Eingeweihte baden und darauf reinen Wesens die Verehrung der Göttin in der gehörigen Reihenfolge an ihm vollziehen. Wenn das Mädchen durch Baden und Salben rein ist, bringe er es auf den Sitz der Verehrung, setze es ein in das Gefäß der Gottheit (devatâsannidhi, nämlich in das lineare yantra, in das die lebende Gestalt als figurale Füllung eingeht) und verehre das Kind. Mit Wohlgerüchen, Blumen usw., mit Räucherwerk und Lichtern, mit leckeren Bissen, Speise, Trank usw. mit Milch, zerlassener Butter, Honig und Fleisch, mit Banane, Kokosnuß und anderen Früchten soll er sie erfreuen[105].«

Ein menschliches Abbild der Göttlichen Kraft, die sich attributhaft in weiblicher Gestalt offenbart, ist als figurales yantra geeignet, wenn der Eingeweihte in ihm nicht das individuelle menschliche Wesen sieht, sondern in ihm die Gottheit weiß: »Wenn er ein geschmücktes kleines Mädchen (bâlâ) sieht, soll er denken, es sei die Gottheit seines Herzens, darauf soll er es in der Meinung, es sei die Gottheit (devatâbuddhi) verehren und dann wegschicken[106]«. Aber diese Verehrung der Gottheit in Gestalt lebender Weiblichkeit ist an die Verwendung eines yantras als kultischer Sitz der verehrten Person gebunden: »geschieht die Verehrung ohne yantra, so hat die Gottheit keinen Gefallen daran[107]« – eine Vorschrift, die nebenbei dazu dienen konnte, dem Kultakt seine rituelle Strenge zu sichern. Ihr Hauptsinn ist, durch Einsetzung der menschlichen Figur in das lineare Ordnungsschema der göttlichen Wesenheit, das Menschenkind zum vollgültigen Gefäß des Göttlichen zu machen, das verehrt werden soll. Ebenso soll man »am neunten Tag der zu- und abnehmenden Mondphase neun kleine Mädchen, die ein bis neun

Jahr (d. h. eines immer ein Jahr älter als das andere) alt sind« verehren: sie stellen neun Aspekte der Gottheit dar[108] »In der Meinung, sie seien die Gottheit (devatâbuddhi), verehrt sie der Eingeweihte[109].

»Oder aber der Eingeweihte (mantravid) verehre in Gottesliebe (bhakti) neun Nächte hindurch neun junge Mädchen im ersten Jugendschmelz (yauvanârûdhâ pramadâ), die schön sind[110]«, mit dem gleichen Ritual.

Weiter heißt es »am Freitag soll er ein schönes Mädchen, das er mag, (kântâ) im ersten Jugendschmelz, mit allen Gutes verheißenden Zeichen versehen, das ihm gefällig ist, das reizend... und schon über die Pubertät hinaus ist[111], einladen und zu sich rufen. Er soll ihren Leib durch Baden und Salben rein machen und sie auf den Sitz setzen. Mit Wohlgerüchen, Blumen, Gewand und Schmuck soll er sie schmücken, wie es Vorschrift ist, darauf soll er sich selbst mit Wohlgerüchen, Blumen usw. schmücken. Er soll die Gottheit in das Mädchen hineinversetzen und ihr Opfer darbringen durch die Reihe der Handauflegungen (nyâsakrama). Nachdem er die Verehrung in den üblichen Formen abgewandelt hat und ihr Weihrauch und Licht... dargebracht hat in der Meinung, sie sei die Gottheit, soll er sie in Gottesliebe mit Dingen, die die sechs Geschmacksarten an sich habe[112], mit Fleisch und anderen Speisen und Leckerbissen erfreuen. Sieht er sie auf der Höhe der Freude angelangt (praudhântollâsasahitâ), soll er den heiligen Spruch der Göttin (manu-mantra) murmeln, selbst von der Lust der Jugendkraft erfüllt (yauvanollâsasahita), mit seinen Gedanken ganz in das Schaubild der Gottheit versenkt. Nachdem er, ohne daß in seinem Geiste eine Veränderung vor sich geht, eintausendundachtmal[113] ihr den gemurmelten Spruch usw. dargebracht hat, verbringe er die Nacht mit ihr. Wer in dieser Form drei, fünf, sieben oder neun Freitage Verehrung übt, dessen frommer Gewinn (punya) ist nicht zu zählen[114].«

Das Tantrarâjatantra lehrt, wie die Verehrung eines bestimmten Aspektes der universalen Göttlichen schakti »Nityâ Nityâ« genannt, mit Hilfe von sieben jungen Frauen vollzogen werden soll: ... diese Göttinnen (– Aspekte der Nityâ Nityâ) stelle er in der beschriebenen Erscheinung vor seine innere Schau und verehre sie in den cakras... Ebenso setze er in den sieben cakras sieben junge Frauen ein, die das Aussehen der Göttinnen haben (tad-varnâ) und reizende Erscheinungen sind, und verehre sie der Reihe nach, wie oben beschrieben ist. Mit Blumen, Gewändern, Wohlgerüchen, Blut und anderen Speisen stelle er sie zufrieden. Sind sie zufriedengestellt, so sind auch die schaktis, die ihnen gleichen, zufriedengestellt.« (XVI, 89, 91/92.)

Neben diesen zu besonderen Kultzwecken herangeholten Offenbarungen der göttlichen schakti in menschlicher Gestalt, steht ihre naturgegebene Erscheinung als Gattin des Eingeweihten. Sie heißt »sva-schakti«, »die eigene schakti«[115]. Im Kulacûdâmanitantra, dem »Scheiteljuwel der Kula-Lehre« faßt die göttliche schakti ihre Beziehung zum Göttlich-Männlichen, zu Schiva, in Worten zusammen, die das Verhältnis der Gatten zueinander in den Vorstellungen und Bräuchen der Tantras erhellen:

»Ich gehe ein in deinen Leib; mit der schakti vereint sei voller Macht (prabhu). Außer mir ist keine Mutter, die Erzeugtes zur Erscheinung bringt. Darum wenn Erzeugtes sich entfaltet, findet sich Sohnschaft bei dir.

Außer dir ist kein Vater, der Erzeugtes zur Erscheinung bringt, darum bist du allein (mein) Vater und kein anderer. Zuweilen hast du die Form des Vaters, zuweilen trägst du des Lehrers Form, zuweilen stehst du im Stande des Sohnes, zuweilen bist du mein Schüler[116].

Aus der Vereinigung von Schiva und schakti entfaltet sich die Welt. Alles besteht aus Schiva und schakti, was immer in der Welt ist. Darum bist du überall, – überall bin ich, o Großer Herr! Alles bist du, o Herr der Götter, und alles bin ich, du Ewiger«[117].

In solchen Worten ist das unlösliche Verbundensein altindischer Gatten, ihr »Zwei-in-Eins«, das durch den Flammentod der Witwe den letzten und nach außen sichtbarsten Ausdruck fand, das in ihm über die Episoden von Tod und Wiedergeburt sein eigenes Dasein für die unendliche Fluchtlinie indischer Zeiträume bejahen wollte, zum anschaulichen Symbol göttlichen Wesens erhoben. Das Geheimnis des Göttlichen, daß es, von seinem weiblichen Aspekt aus betrachtet, Vater und Sohn zugleich sei, ist die Spiegelung einer alten Anschauung von der Rolle der Frau als Gebärerin des Gatten. Manus Gesetzbuch hat diese Anschauung in der Formel (IX, 8) zusammengefaßt: »Die Gattin (jâyâ) ist darum Gattin (jâyâ), weil der Mann in ihr von neuem geboren wird (jâyate).« – Die Gattin ist die Mutter des Gatten, weil sie Mutter seines Sohnes ist, in dem der Mann zu neuem Leben, zu irdischer Unsterblichkeit ersteht[118].

Alles was in der Welt ist, ist Schiva und schakti: in der Vereinigung der Gatten stürzt die polar gespannte Zweiheit des Göttlichen in eins, in ihr tritt menschliches Bewußtsein über die Grenzen seiner Vereinzelung ins Reich der Übergegensätzlichkeit und hebt sich in seiner Polarität auf (es wird nir-dvandva). Die eheliche Erotik ist ein Weg zur Erfahrung der eigenen Gottnatur in der Aufhebung von Ich und Du, im Versinken der Welt, in der Übergegensetzlichkeit von Lust und Schmerz usw.

Diese Auffassung des ehelischen Eros, in der die Gatten sich als Schiva und schakti begreifen, bringt das primitive Triebleben zur Selbsterkenntnis seines Wesens, wandelt natürlichen Drang zum gelassenen Spiele des Göttlichen, verklärt das Sinnliche und vergöttlicht die eheliche Gemeinschaft[119].

So schildert das Kulârnava-Tantra im XVIII. Kapitel, das

dem Liebesgotte geweiht ist, die Vereinigung der Gatten als Heimkehr des Göttlichen aus seiner Zerspaltenheit im menschlichen Bewußtsein in der Begriffssprache der Sâmkhyalehre: »›Der Mann, dessen Leib schillernd-spielendes Ichgefühl ist (ahamkâra), dessen Glied[120] der innere Sinn (manas) ist, der Stätte der Wahnbefangenheit ist, soll sich mit dem Weibe vereinen, dessen Leib Vernunft (buddhi), dessen Schoß Denken (cittam) ist.‹ Wer, die Liebesvereinigung sich immer so deutend, seine Frau liebt, der erlangt Lebensglück (bhukti) und Erlösung (mukti) und berückt das Frauenherz[121]«.

Die Sâmkhyalehre läßt aus dem »Unentfalteten« (avyaktam) als stoffliches Wandlungsprodukt die Vernunft (buddhi) als das »Große« hervorgehen, aus der sich in weiterer Wandlung das Ichgefühl abspaltet; aus ihm differenziert sich wiederum der Innere Sinn, die fünf äußeren Sinnesvermögen und fünf Vermögen der Aktivität, aus dem Ichgefühl wächst schließlich in grober und feiner Stofflichkeit die äußere Welt hervor, entsteht zum Ich das Andere. Das Denken (cittam) hat in der Reihe der Sâmkhyabegriffe keinen besonderen Platz für sich, es ist Funktion der Vernunft (buddhi).

Hier wird gelehrt, daß die Vereinigung von Mann und Frau zu begehen sei als der entscheidende Heimgang der höchsten Entfaltungsformen des Unentfalteten in seine eigene unterschiedslose Einheit. Der menschliche Akt ist symbolischer Vorgang und sinnliches Substrat, an dem die einzelne Seele zur Erfahrung ihrer allumfassenden Gottnatur kommen soll, ist ein Sakrament, das den verwandeln soll, der in seine Bedeutung eingeweiht ist[122].

In allem Weiblichen die göttliche schakti sehend, überschreitet der Tantrismus in der »Kula-Lehre« die Grenze der ehelichen Gemeinschaft »Kula«, die »Familie« als Gemeinschaft von Mann, Weib und Nachkommenschaft, als das ›Drei-in-Eins‹ ist das Zeichen für die völlige Identität von Erkennendem, Erkennen und Erkennbaren –: vom ›Messenden‹ (mâtr), wie es heißt, ›Maß‹ (mâna) und Ermeßbaren (meya), das heißt von ›Einzelseele‹ (jîva), ›Erkenntnis‹ (jnâna) und ›Allem‹ (vischvam), nämlich der Mannigfaltigkeit der Erscheinungswelt. Sie sind ›Drei-in-Einem‹ als Manifestationen ein und derselben schakti, die nur dem unwissenden, in seinem vereinzelnden Kontur befangenen Bewußtsein verschieden erscheinen.

Die Erfahrung ihrer Einheit ist durch keine bloße Reflexion zu gewinnen, ihre wahre Einverleibung kann nur das Ergebnis eines Wandlungsprozesses sein, der – wie aller Yoga – die Aktivität des ganzen Menschen fordert. Die Schranken menschlichen Einzeldaseins müssen nicht nur gedanklich überflogen werden, sie müssen kultisch aufgelöst und zertan werden, denn die Heimkehr des Göttlichen aus der Unterschiedlichkeit zur übergegensätzlichen Einheit ist kein Flug des Geistes, sondern eine Wandlung in der Sphäre des Seins. Als Einzelwesen ist der indische Mensch in seinem ganzen Lebensgange gebunden durch sittlich-religiöse Ordnungen, die, als göttlich gesetzt, ihn von der Stunde seiner Geburt an umfangen und je nach seiner Herkunft und seinem Geschlecht in ihrem Pflichtenkreise differenziert sind. In ihrer Erfüllung weiß und betätigt sich der Mensch fortlaufend in seiner Besonderheit, ihre treue Erfüllung verheißt ihm zwar ein glückliches Dasein auf Grund rechten Wandels in diesem wie im kommenden Leben, hält aber sein Wesen in seiner Vereinzelung unerlöst fest. Daher erschaut die Kula-Lehre einen Weg zur göttlichen Übergegensätzlichkeit darin, die Bindungen, die das Einzelleben halten und tragen, zu durchbrechen, – nicht in profaner Unmoral, sondern in kultisch streng geregeltem Ritus, in den Kula-Gebräuchen (kulâcâra).

Wie lebenzerstörende Gifte, die, in richtiger Form zur rechten Zeit verabfolgt, das Leben retten können, verordnet der Kulâcâra das im Alltagsleben Verbotene als kultische Ingredienzen seines Sakraments, die dem Eingeweihten den Weg zur Vergottung auftun. Diese Ingredienzen werden kurzweg die »fünf M's« (Ma-kârapancaka) genannt: Alkohol (madya), Fleisch (mâmsa), Fisch (matsya) und außereheliche Liebesvereinigung (maithuna).

Als Fünftes kommen Hand- und Fingerstellungen (mudrâs) hinzu. Diese alle »erfreuen die Gottheit«[123]. Der Genuß der ersten vier gilt im profanen Leben als mehr oder minder schwere Sünde. Es ist nicht nur ihre elementare Funktion, berauschend und entfesselnd zu wirken, die sie zu sakramentalen Essenzen macht, viel mehr ihre Eigenschaft, daß sie, kultisch geadelt und in ein Zeremoniell gebracht, den Eingeweihten der moralischen Ordnungssphäre seines Alltagsmenschentums entrücken. Das Pathos der Antithese gibt dem Verworfenen die Würde des Geheiligten. Die Gebote, die dem Einzelnen im profanen Leben seine Grenzen ziehen und seine Haltung bestimmen und die äußeren Dinge als erlaubt oder verboten konturieren, werden rituell aufgehoben, um einer kultischen Erlebnissphäre des Unterschiedslosen, Übergegensätzlichen Raum zu geben. Aufgabe des Eingeweihten ist es, in diese Sphäre einzutreten, um sich in ihrem Medium als ein völlig anderer zu erfahren, als er sich im Alltagsleben wissen konnte und durfte. Die Haltung des Vollendeten, übergegensätzlichen Vergotteten wird im Ritual vorweggenommen, um, erfahren und geübt, vom Eingeweihten sich einverleibt zu werden, damit die Wesenswandlung sich an ihm vollziehe. Die ideale Haltung, die der Eingeweihte als Ziel erstrebt, muß von ihm in ritueller Aktivität vorweggenommen werden, um ihm zur Natur zu werden. Wie der buddhistische Adept des »Kreises der Seligkeit« sich selbst als Mahâsukha mit der weiblichen Gestalt im innersten des mandala vorstellt (vgl.

S. 122), so nimmt der Eingeweihte des Kulâcâra die Haltung des höchsten Schiva ein, der unlöslich mit der schakti verschmolzen ist. Und da Schiva und schakti allerwärts sind, hebt er die begrenzende Bindung an die eigene Gattin (svaschakti), die ihn als Einzelexistenz bestimmt, auf und eint sich für die Dauer des Kultakts mit einer para-schakti[124]. Er verlegt dabei ins Reich des Sinnlich-Leibhaftigen, was der buddhistische Adept des Schrîcakrasambhâra in der Aktivität innerer Bildvorstellung vollzieht. Wer eine Wahrheit wahrhaft lebt – in innerer oder äußerer Aktivität –, kann erfahren, daß sie wahr ist. Es gibt keinen anderen Weg zu ihr, – nur einen anderen von ihr her: die Gnade.

Es ist das technische Geheimnis des Kulâcâra, kultisch zu verordnen, was profan verpönt ist, denn die unterschiedslose übergegensätzliche Haltung des reinen Göttlichen und das um und um unterschiedlich bestimmte und begrenzte menschliche Sein stehen einander polar gegenüber. Zwischen ihnen scheint kein Weg der Übergänge, nur der Aufhebung möglich.

»Die Freude, die aus der Hingabe an Alkohol, Fleisch und Frauen entsteht, ist Erlösung (mokscha) für die Wissenden, Todsünde aber für die Nichteingeweihten.

Schiva hat den Kula-Pfad gezeigt: was in der Welt (der Nichteingeweihten) gemein ist, ist erhaben, was in der Welt erhaben ist, ist gemein. Schlechter Wandel (anâcâra) ist rechter Wandel, was verboten ist (akâryam) ist höchste Pflicht (kâryam).

Was zu trinken verboten ist, soll Getränk sein, und was zu essen verboten ist, soll Speise sein, womit man sich nicht vereinigen darf (agamya), damit soll man sich vereinigen (gamya), wenn man ein Kaulika (Anhänger des kulâcâra) ist.«

Damit man die unterschiedslose Einheit aller Dinge erfahre:

»Nicht Gebot noch Verbot, nicht frommes Werk noch Sünde, nicht Himmel noch Hölle gibt es für die Kaulikas,
Feinde werden zu Freunden, offenbar werden Herren der Erde zu Sklaven, alle Menschen werden zu Verwandten für Kaulikas.
Die ihr Gesicht abwandten kehren es freundlich zu, alle Stolzen bezeigen Ehrfurcht, die Hemmenden werden zu Förderern für die Kaulikas,
der Tod wird zum Arzt, offenbar wird das Haus zum Himmel, heilig wird der Verkehr mit Frauen für die Kaulikas...«
Der Adept des kulâcâra ist ein Yogin und wenn er sein Ziel übergegensätzlichen Seins erreicht hat, ist er der Welt, die in Unterschiedlichkeit und Konturen lebt, Ärgernis, Gespött und Rätsel:
»Der Erlöste spielt wie ein törichtes Kind, der Herr des kula wandelt einher wie ein Stumpfsinniger (jada, Idiot), wie ein Irrer (unmatta) redet der Weise, der Yogin des kula.«
Lebt der Vergottete wie andere Menschen, so geschieht es in Anpassung an ihr Treiben, um ihnen zu helfen:
»Der Yogin genießt die Sinnenfreuden, um den Menschen zu helfen, nicht aus Verlangen; allen Menschen gefällig spielt er auf Erden«, und verhüllt damit sein wahres Wesen:
»alles verdorrend wie die Sonne, alles verzehrend wie das Feuer ist der Yogin; alle Genüsse genießt er und doch bleibt kein Makel an ihm haften. Er ist alles berührend wie der Wind, allesdurchdringend wie der Äther.«
Denn er ist Schiva geworden. Schiva sagt von sich:
»Nicht auf dem Kailâsa wohne ich, nicht auf dem (Weltberg) Meru, noch auf dem (Berge) Mandara: wo die ›Wisser des kula‹ weilen, da weile ich«[125].
Schiva, mit schakti unauflöslich vereint, ist Zwei-in-Eins. Wer das weiß, sieht zwei große Ziele indischer Spekula-

tion und des Yoga unter sich: das Eine, »Zweitlose« des Vedânta, und die »Zweiheit«, deren rechte Scheidung (viveka) die Seele aus der Verstrickung in den Samsâra löst (Sâmkhya-Yoga). Schiva-schakti sind eines und zwei: sie sind das in sich Ruhende, unterschiedslose Göttliche und sind seine Entfaltung zur Welt im Spiel der eigenen mâyâ, die schakti ist.

»Manche streben nach dem Zweitlosen (advaitam), und andere streben nach dem Zweihaften (dvaitam). Mein wahres Sein (tattva) erkennen sie nicht, das der Zweiheit wie der Zweitlosigkeit bar ist[126].«

Darum sind Weltgebundenheit (samsâra) und Erlösung eines, darum sind dem Adepten des Yoga die Freuden der Welt (bhoga) nichts Verwehrtes. Solange zwischen Askese und Sinnenfreude eine Grenze gezogen wird, ist das Wesen des Göttlichen, das Zwei-in-Eins von Schiva und schakti, von reinem Sein und Spiel der mâyâ nicht begriffen. Freilich muß die Sinnenfreude als Ingrediens des Yoga gefaßt und als Bestandteil heiligen Lebens geheiligt werden durch das Wissen, daß sie es ist, die den Menschen schiva-schakti-haft: gotthaft macht.

Schiva spricht zur Schakti: »Wozu viele Worte, – vernimm, Geliebte meines Lebens: nicht ist ein Wandel (dharma) gleich dem Kula-Wandel...: wenn der Asket (yogin) nicht zugleich Sinnenmensch (bhogin) ist, wenn der Sinnenmensch (bhogin) nicht zugleich Asket (yogin) ist, (findet sich keine Vollendung der Übergegensätzlichkeit), darum ist die Kula-Lehre, deren Wesen Askese und Sinnenfreude ist (yogabhogâtmaka) allem überlegen, o Liebe! Offenbar wird Sinnenfreude (bhoga) zur Askese (yogâyate), Sünde wird zu frommem Werk, und zur Erlösung (mokschâyate) wird der Samsâra im Kula-Wandel, o Herrin des Kula[127]«.

In der Gleichsetzung von yogin und bhogin findet der jahrtausendalte Gegensatz von Askese und Weltfreude seinen Ausgleich, die Kluft zwischen dem Absoluten und der Welt der mâyâ schließt sich: beide sind eines in der schakti[128].

Die Verwendung der paraschakti als lebendiges Ingrediens des yantras der Göttin findet seine Rechtfertigung in dem Satze: »Zwei Worte bezeichnen Bindung (bandha) und Erlöstheit (mokscha): »mein« und »mein-los« (nirmama); mit »mein« wird die Einzelseele festgehalten, mit »nicht mein« wird sie erlöst[129]. »Die kultische Vereinigung mit der paraschakti geschieht im »Schrî-cakra«, im »Kreise der Seligkeit«, dessen Aktualisierung auf der Ebene innerer Schau für Buddhisten z. B., der »Schrî-cakra« des Mahâsukha, dessen Darstellung im figuralen Kultbilde z. B. Bilder Vajradharas sind, denen als rein lineares yantra hinduistischer Prägung das schrîyantra mit seinen ineinander verschlungenen männlichen (vahni-) und weiblichen (schakti-) Dreispitzen entspricht. In der »cakra-pûjâ«, in der Verehrung des Schrî-cakra wird der Verehrende selbst zum Ingrediens des yantra (hier cakra genannt). Er selbst wird zusammen mit der paraschakti wesentlicher Bestandteil seiner figuralen Füllung, um sich, vereint mit der paraschakti, als Schiva-schakti zu erfahren. »Nur Göttliches mag Gott verehren«[130] – der Eingeweihte projiziert die Gottheit seines Herzens, seine verborgene Gottnatur, um deren übergegensätzliche Erfahrung er ringt, nicht in ein yantra, sondern weckt die schlummernde Gottheit in sich selbst, um als das Göttliche, das er ist, den kultischen Kreis zu betreten. Mit seiner paraschakti spielt er den Gott – er mimt ihn – um das Wissen von der eigenen Gottnatur zum Sein zu wandeln[131].

Im yantra der cakrapûjâ, dem der Eingeweihte selbst als figurales Füllsel dient, erreicht das yantra dem Formenbestand nach den äußersten Grad stofflicher Dichte, leibhaftiger Wirklichkeit. Hier steht der Gegenpol zum yantra rein innerlicher Schau, das vor dem inneren Auge aufgebaut, verehrt und eingeschmolzen wird. Zwischen diesen beiden esoterischen Typen des yantras, von denen wir Uneingeweihten des Westens nur durch die literarische Tradition bekannt gewordener Geheimlehren wissen, stehen die figuralen Kultbilder (pratimâ), die figural gefüllten Ordnungsschemata (mandala) und die rein linearen Gebilde (yantra), deren Funktion und Wesen von diesen beiden esoterischen Extremen her für unser Auge Licht empfängt, deren Ort in der geistigen Welt Indiens durch ihre Mittelstellung zwischen diesen beiden und durch die Ideologie, die allen, stofflich und formal so verschiedenen yantra-Typen gemeinsam ist, bestimmt wird.

Gegenüber der Rolle der Vorstellungskraft im Akt der Andacht ist die Rolle des Geräts (yantra), dessen sie sich als Stütze bedient, sekundär: darum kann es so grundverschiedene Formen tragen. An Stelle der lebendigen menschlichen pratimâ, die in ein lineares Ordnungsschema als Sitz (pîtha) eingeht, kann auch ein Topf mit abgekochtem Wasser als Behältnis der Gottheit treten, in dem sie eingesetzt und verehrt wird[132]. – Oder ein Ding, das formal mit den von Menschenhand gefertigten yantras nichts gemein hat, kann zum Stützpunkt des inneren Schaubildes dienen. Neben der spiegelnden Wasserfläche eines Topfes in linearem Ordnungsschema eignen sich leuchtende Objekte gut. Der Eingeweihte projiziert etwa sein inneres Schaubild der Gottheit samt den Gestalten ihres Gefolges in die Flamme einer Lampe und verehrt sie in ihr der Vorschrift entsprechend[133]. – Während der täglichen Morgenandacht (sandhyâ) geschieht die Verehrung der Gottheit des eigenen Herzens, indem ihr Schaubild in die Sonnenscheibe, die eben über den Horizont heraufkommt, hineingeschaut wird. Samt ihren Gefolgsgottheiten geht sie in das Sonnen-Rund (sûrya-mandala) ein: die vollständige figurale Füllung eines linearen yantra oder mandala[134]. Schließlich kann auch der kultische Akt des Heimgangs zur übergegensätzlichen Gottnatur, den der Eingeweihte in Bildentfaltung und -einschmelzung übt oder durch Betreten des schrîcakra, auch durch mudrâs (Hand- und Fingerstellungen) vollzogen werden. Das Kulârnavatantra lehrt z. B. (VI, 96): »Die schakti seines eigenen Inneren läßt der Eingeweihte sich erheben und erfreut die Gottheiten seines Leibes«, – nämlich indem er ihre liebende Vereinigung herbeiführt. Er selbst ist ja Schiva und schakti. – »Der Daumen« – das ist der lingamhafte unter den Fingern, – »ist Gott Bhairava (d. i. Schiva); der Mittelfinger« – im Indischen weiblich: madhyamâ »die mittelste« d. i. auch die yoni – »ist Candikâ (ein Aspekt der schakti Schivas). Indem er Daumen und Mittelfinger vereinigt, stellt er die ›Familie‹ (kula-santati) zufrieden.« D. h. er vollzieht mit den Fingern die kultische Zeremonie der cakra-pûjâ der Kula-Lehre.

Die verschiedenen Formen der yantras stehen nicht gleichwertig nebeneinander. Es gibt eine Rangordnung zwischen dem menschlich-leibhaftigen und dem Abbild in Stein, Erz oder Holz, wie andererseits auch zwischen dem figural erfüllten und dem rein linearen Ordnungschema. Das Göttliche ist geistig-unkörperlich in seinem reinen Wesen, die Gottheit besteht in ihrer Leiblichkeit aus mantra (devatâ mantrarûpinî): darum haben die geistigeren Formen des Kultbildes und der Andacht vor den stofflich gröberen den Vorrang. Alles yantra ist ja nur Behelfsmittel, genau wie äußere Darbringungen, Blumen, Wohlgerüche, Lichterschwenken, deren entraten kann, wer den ganzen Akt der Andacht nur mehr auf der Ebene, die einzig gültig und fruchtbringend ist: auf der Ebene innerer Vorstellungen zu vollziehen vermag, – deren beständiges Spiel ja auch für den äußeren sinnlichen Akt unerläßlich ist, soll er nicht fruchtlose Mechanik sein. Je weniger der fromme Akt sinnlich greifbar ist, desto stärker spannt er das Innere des Andächtigen an und desto größer ist seine Wirkung. Höher als der laut rezitierte Spruch steht der geflüsterte, höher als der geflüsterte der nur innerlich aufgesagte[135].

»Der höchste Stand ist der eingeborene Stand (sahajâ avasthâ: die eingeborene Gottnatur des Menschen), der mittlere Stand ist das Festhalten des inneren Schaubildes (dhyânadhâranâ), der niedere Stand ist Rezitation von Sprüchen zum Preise der Gottheit (japastuti), der niederste der Niederen ist Verehrung durch Darbringungen (homapûjâ), die ein yantra voraussetzt[136].«

»Nicht-Tun (akriyâ) ist der höchste Kult (pûjâ, Akt der Verehrung), Schweigen ist die höchste Rezitation, Nicht-Denken ist die höchste Schaubildentfaltung (dhyâna), Wunschlosigkeit ist die höchste Erfüllung[137].«

Diese Anschauung zieht dem Anspruch des Kultbildes auf Würde eine obere Grenze, verweist es in ein unteres Bereich der Stofflichkeit, in dem es zwar Mittler und Führer zum Göttlichen ist, aber noch in der Sphäre erheblicher Gottesferne. Alle Schau des Göttlichen spiegelt seinen Schein, seine mâyâ, nicht sein Wesen und gilt als Wesensaussage nur auf der unteren Stufe, die noch augenhaft ist, wo nur das Auge des Eingeweihten in das Göttliche eingeht (das darum Erscheinung ist) und nicht sein Sein in göttliches Sein. Das Nicht-Denken (die Leere, die undifferenzierte Geistigkeit) ist die höchste Schaubildentfaltung: mit diesem natürlichen Paradoxon wird die Rolle des Kultbildes als eines bloßen yantra umschrieben.

Hier wird der Gegensatz des indischen Kultbildes zur westlichen Kunst deutlich, die, soweit sie irgend von klassischen Ideen befruchtet ist, einen platonischen Zug an sich trägt. Wie ein Seitenblick auf klassische Kunst der Betrachtung zum Sprungbrett diente, um den Absprung in die indische Welt fühlbar zu machen, kann ein Seitenblick auf die Ideologie westlich-klassischer Kunst Gesagtes und Erkanntes noch einmal gegensätzlich umfassen. Der antike Geist hat der Bildung des Abendlandes und der Ideologie seiner Kunst als ein wesentliches Erbstück die Form hinterlassen, in der er das Göttlich-Absolute sah. Für Platon ist es die Welt der Ideen: ein Reich transzendenter Schaubilder, die gegenüber den Erscheinungen das Allgemeine, den idealen Typus darstellen, die aber unter sich durchaus individuell und durch und durch konturiert sind. Das Absolute ist ein Reich idealer Differenziertheit. Und Gott als Geist, wie Aristoteles ihn zeichnet, ist nicht konturlos leere Geistigkeit, übergegensätzliche Inhaltsreinheit, selbstleuchtender Spiegel ohne Bild, sondern ist gleichzeitige Allgegenwart aller geistigen Inhalte, ist das Geistige, das sich selbst in der Totalität seiner Bezüge denkt und weiß. (Die Form dieses Wissens ist Leben[138]. Aristoteles Gottesvorstellung beherrscht als adäquate Formel des Göttlichen die mittelalterliche Scholastik und Mystik und beschließt auf dem Gipfel systematischer Philosophie im 19. Jahrhundert Hegels »Encyklopädie der Philosophischen Wissenschaften im Grundrisse«. Neben sie gehört die Idee des Logos. Die Johannesstelle »Am Anfang war – das Wort« ist bezeichnend für die abendländische Auffassung vom Absoluten: als Wort ist es konturerfüllte Klarheit, es sagt sich selbst aus und es hat Vernunft in sich. Es steht also der indischen Idee vom reinen Göttlichen polar gegenüber. Ihrem Gegensatze entspricht ein Unterschied in der Funktion der Kunst in Indien und im Westen. In beiden Sphären leitet die Kunst, wenn sie sich höchste Ziele steckt, den Menschen vom Schein zum Wesen. Alle Kunst des Westens – nicht nur die klassisch stilisierte –, die in der klassisch-christlichen Ideologie vom Absoluten verwurzelt ist (z. B. die Plastik der Kathedralen) begnügt sich nicht mit der Schilderung der Erscheinungen als solchen, sondern sieht im irdischen Formenschatz, auf den die menschliche Erfahrung beschränkt ist, den farbigen Abglanz einer reinen Welt der Ideen und Idealtypen[139]. Sie sucht das Wesenhafte an den Dingen und Personen darzustellen und wird als anschaulicher Niederschlag seiner Erkenntnis zur Quelle der Ergriffenheit und zum Wegweiser für das Leben. Die Anschauung, die sie vermittelt, ist die zweite große Form, in der die Wahrheit über die göttliche und menschliche Welt dem Menschen gegeben ist, neben der unanschaulichen von Begriff und Idee. Als Spiegel des Wesenhaften aller Dinge und als anschauliche Bilder der Ideen sind westliche Kunstwerke letzte, unaufhebbare Wesensaussagen. Eben diese Geltung trennt sie von den indischen yantras, die nur notwendige Spiegelung des ewigen Wesens auf der Ebene der Scheinbefangenheit sind, die Wahrheit nur für den sind, der noch nicht weiß, was Wahrheit heißt, der noch nicht Wahrheit ist. Das Geistesauge der platonischen Seele tränkt sich mit den ewigen Ideen, die sie rings umschweben, wenn sie im Kreise der Götter selig schauend in oberster Sphäre einherfährt, und die Erinnerung an die reinen Urbilder leitet die herabgestürzte durch die Erscheinungswelt. Indien hat keinen Himmel des anschaulichen Absoluten; das indische Absolute steht in ewigem Gegensatz zur Anschauung, die ausgedehnte Unterschiedlichkeit in sich schließt.

SCHLUSS

Der Gândhâra-Buddha trägt, wie alle aus klassischer Tradition erwachsenden Bildwerke einen festlichen Charakter. Die klassische Kunst ist durchaus festlich: hier ist auch der Tod noch ein Fest. Die Niobiden »sterben in Schönheit«; Würde, Großartigkeit und Schmelz umwittern alle klassische Gestalt. Michelangelos Giuliano di Medici, il Pensieroso, sitzt in eine fürstliche Melancholie versunken, und ein pfeilbesäter Sebastian stellt die Überwindung des Todes durch die Anmut dar. Wie der Betende Knabe (Berlin) bringt die Klassische Kunst ihre eigene Schönheit huldigend dem Auge der Götter und Menschen dar, in ihr verklärt sich das Leben und preist seine eigene Vollendung.

Diesen Sinn der klassischen Kunst hat unter den Späteren kaum einer klarer gelebt und dargestellt als Tizian in einigen seiner Venusbilder, – etwa in der Berliner Venus mit dem Orgelspieler. Zärtlich beugt sich Amor zu ihrem Ohr, wie sie dem weichen Spiel des Ritters zu ihren Füßen lauscht: Vollkommenheit zittert in der musikumquollenen Stunde dieses lauen Nachmittags wie um jede göttliche Schwellung ihres opalen-milchig schimmernden Leibes, den sanftester Atem in erquickender Unrast hält. Leis unterbricht der Ritter sein Orgelspiel, in dessen Wogen er versank und wendet den Kopf zu seiner Herrin, als fühle er plötzlich eine Leere um sich, als sei Sie, deren Schmelz in Tönen zu betten, für ihn einzige Lust vollkommener Stunde war, ihm jäh entrückt und entfremdet. Vernahm er einen leisesten Klageton, einen schon erstickten Laut ihrer himmlischen Kehle, die Gefühl mit Überfülle sprengte? – In ihren Augen glänzen Tränen: das Zeichen der Schönheit, die, um sich selbst wissend, an ihrer Grenze steht.

Vollkommene Schönheit ist ein Ende; hinter allem Vollkommenen steht der Tod, und das Glück der Vollendung, die sich selbst weiß, – ein höchster Augenblick verklärten Lebens – findet seine reine Auflösung einzig im süßen Weh unendlicher Schwermut, in dem trauerumflorten wunschlosen Wissen um die eigene Vergänglichkeit.
Die klassische Kunst ist ein ewiger Hymnus zum Triumph erhöhten Lebens.
So gern uns die großen Worte, mit denen wir ihre ewigen Zeugnisse feiern müssen, auch im Angesicht indischer Götter und Heiliger über die Lippen flössen, wir bringen sie nicht mehr hervor. Denn wir wissen, daß sie zwar keineswegs fehl am Orte sind, daß man auch bei ihnen von Schmelz und Größe, Erhabenheit und Reizen sprechen kann, aber wir werden inne, daß damit nur vergleichsweise Beiläufiges, auch-Vorhandenes angerührt wird, daß aber solchen Beschwörungen sich ihr Kern nicht aufschließt. Sind Reiz und Hoheit mehr als ein Schimmer, der diesen Kern umfließt und unser westliches Auge, unseren schönheitshungrigen Sinn verlockt, von diesem Kerne abzuirren? mehr als ein Vordergründliches, das unseren Andrang schon mit schimmernder Schale abfängt und zersplittert? – Immer wieder gleitet unser Blick von ihrer Schönheit, die ihn verführt und unser doch zu spotten scheint, die wie das Spiel der mâyâ ist, in der das Göttliche sein reines Wesen lustvoll verhüllt, hinüber zu jenen strengeren Geschwistern rein linearer Konstruktion, die schon in einer reineren, flimmerlosen Form des Scheins verschweigen, was im Schweigen der schmelzumflossenen Gestalten, vom Lockgesange schöner Formen übertönt, sich birgt. An ihnen sehen wir: was uns an ihnen fesselt und was verschwiegener Lebenskeim der schönen Bilder ist: die Notwendigkeit der Sinnbeziehungen aller Teile aufeinander, die Ruhe eines überwillkürhaften Nebeneinander, der letzte Ernst rein sachlicher Aussage, die Wahr-

heit more geometrico in wechselnden unendlichen Aspekten sub specie aeternitatis gottgewählten, notwendigen Scheines dargestellt, – sind alle nicht mit jener Größe, jenem Reiz der Form, die uns zu indischer Kunst verlokken, unlöslich verbunden, haben ihr Lebensbereich, die Bühne, deren sie bedürfen, nicht allein im großen und im schönen Schein. Hier setzt nicht ein gehobenes Lebensgefühl sich Denkmäler eigener Verklärung, hier hält nicht vollendetes Erdendasein sich den Spiegel seiner eigenen Schönheit vor, hier feiert nicht das Vergängliche seinen Sieg über die Mächte des Todes, die es ständig zu verkümmern drohen und im niederen Bann barer Bedürftigkeit und mühseliger Erhaltung des Lebens gefangen halten, feiert nicht seinen Aufstieg zur Freiheit gottgleichen Überschwanges, der sich zur Schönheit auskristallisiert und sich verschwendet. In der klassischen Kunst erscheint der Mensch als göttlich, weil er so schön ist. Er tritt an die Stelle der Götter, die sein Geist überwältigt und ausgelöscht hat, nun bleibt nur mehr die Feier seines eigenen Selbst als des Göttlichsten, das die Erde trägt. In ihr verweilt er als in seinem höchsten Augenblick.

Für die indische Kunst ist der Mensch Gott, und sie ist geschaffen, damit er es erfahre und ihrer nicht mehr bedürfe. Sie ist nur schön, weil das Göttliche, solange es sich selbst mit formerfülltem menschlichen Auge anschaut, als das Vollkommene auch schön erscheinen muß. Aber Schönheit ist nicht sein Wesen, und durch den mâyâ-Schleier seiner Schönheit in der Bilderscheinung ragt immer jener unauflösliche Kern, der jenseits von Schön und nicht-Schön, jenseits von Name und Form Wesen des Göttlichen ist, – Wesen des Menschen. Tat Tvam Asi! – »das bist – du!«

Die klassische Kunst und das indische Kultbild sind polar verschieden: diese feiert den schönsten Schleier der mâyâ, jenes breitet ihn in wechselnden, oft schönen Formen aus, weil nur in seiner mâyâ das Göttliche Erscheinung wird. Was für diese Ziel und Vollendung, ist für jenes Durchgang und Beginn. Auf Grund dieser Polarität der Ziele erscheint in beiden das Material aller künstlerischen Werkfreude: die Formenwelt der mâyâ durchaus verschieden. Dank dieser Polarität ragt im indischen Kultbild formumspült jener stumme Kern, von dem die klassische beredte Kunst nichts ahnt, den sie nicht birgt, »vor dem...« – um eine Wendung der alten Weisen aus den Upanischads über das brahman zu gebrauchen, dessen mâyâ sich ja im Kultbilde entfaltet, – »vor dem die Worte umkehren, ohne ihn erreicht zu haben, mitsamt dem Denken...«[140] – Buddhistisch gesprochen: Weil im Buddhabilde das Nirvâna oder die Leere (schûnyam) in sinnlicher oder übersinnlicher Erscheinungsform (als nirmâna- oder sambhogakâya) räumlich gebannt wird, gilt von seinem Kern, der unsagbarer Grund seiner Erscheinung ist, was ein Vers der altbuddhistischen Gedichtsamlung Suttanipâta[141] über den vollendeten Heiligen spricht, zu dessen Stande ja das Kultbild, ihn verkörpernd, Wegweiser sein will: »Für den, der (wie die Sonne) zur Rüste gegangen ist, gibt es nichts mehr, womit man ihn vergleichen könnte; womit man ihn aussagen möchte, das ist an ihm nicht zu finden. Wo alle Vorstellungen zunichte geworden sind, da sind auch alle Pfade der Rede zunichte geworden.« – Nicht anders charakterisiert schließlich das Kulârnava – Tantra den vollkommenen Adepten seiner Lehre, der im Bewußtsein seiner selbst zum Göttlichen geworden ist, dessen mâyâhaftes Abbild pratimâs und yantras aller Formen sind: »Denn wie für die gemeine Welt der Pfad, den Sonne und Mond, Sternbilder und Planeten am Himmel beschreiben, nicht wahrnehmbar ist, so auch der Wandel der Yogins. Wie im Lufttraume der Vögel Pfad und im Wasser der Weg der

Fische nicht zu sehen ist, so auch der Wandel der Yogins« (Kulârnava-Tantra IX. 68/69).

Denn was wir am Kultbilde (pratimâ) bewundern, ist ja bei aller Bedeutsamkeit, die ihm auf seiner Stufe eignet, eben nur für diese Stufe bedeutsam. Es hat seine Daseinsberechtigung daran, daß es über sich hinausweist: es ist Wesen nur für den in Unwissenheit (avidyâ) Gebundenen, für den noch-nicht-Erwachten (a-prabuddha): »Im Feuer ist Gott (deva) für den opferkundigen, vedengelehrten Brahmanen (vipra), im eigenen Herzen für den Andachtsvollen (manîschin), im Kultbilde (pratimâ) für den noch-nicht-Erwachten (a-prabuddha), in Allem (sarvatra) für den, der um das (höchste) Selbst weiß« für den viditâtman: der um den âtman als brahman weiß: um sein eigenes Wesen als das Wesen aller Wesen (Kulârnava-Tantra IX, 44).

Damit scheint die Grenze erreicht und bezeichnet, wo unser Erfassen und Reden, solange wir kein Andächtiger sind, der das Bild durch prânapratischthâ mit dem heiligsten Leben seines Herzens, der Gottheit im Herzen, beleben kann, sein natürliches Ende findet; genau da, wo der Schleier der mâyâ, der uns zur Betrachtung des Bildes verlockt, sich lüftet, und wo sein Wesen beginnt. – Mag sich der westliche Betrachter, in der mâyâ seiner Kunst erwachsen und befangen, an der baren Schönheit und Größe indischer Bilder weiden, oder sich von ihnen wenden und als ikonographisch-ethnologisches Material aussondernd verwerfen, was von Schönerem nicht zu trennen ist, wenn er daran vermißt, worin sein Auge und seine Ergriffenheit zu schwelgen wünscht; – er wird Rechenschaft geben müssen, wie weit all seine Beredsamkeit mehr enthüllen kann, als seine bloße liebende Ferne zum Kern der Gebilde, um die er kreist.

ANHANG

Anmerkungen

1 Principles of Tantra (Tantra-Tattva) of Shrîyukta Shiva Chandra Vidyârnava Bhattâchârya Mahodaya, edited with an introduction and commentary by Arthur Avalon. Part I/II, London Luzac & Co. 1916.
Die folgenden Ausführungen schöpfen vornehmlich aus dieser enzyklopädischen Darstellung des Tantrismus, und die Textstellen, die ihren Kern bilden, sind Part II entnommen (Chapter XV-XX). Schivacandra selbst zitiert sie aus älteren autoritativen Lehrbüchern. Da diese Originalquellen später noch selbst zur Sprache kommen, schien es geboten, die folgenden einführenden Bemerkungen in ein allgemein wenig bekanntes Gebiet nicht mit einem Anmerkungsapparat ihrer Stimmen zu belasten.
Originalquellen der Tantras sind von Arthur Avalon veröffentlicht in den »Tantrik Texts« with English introductions giving summary or general description of contents, Vol. I-XI, London Luzac & Co. – Vgl. ferner die Übersetzungswerke Arthur Avalons: Tantra of the Great Liberation (Mahânirvâna Tantra), a translation from the Sanskrit with introduction and commentary by Arthur Avalon. Hymns to the Goddess, from the Tantra and other Shâstras and the Stotra of Shankarâchâryya, with introduction and commentary translated from the Sanskrit by Arthur and Ellen Avalon. – »Wave of Bliss« (Ânandalaharî) translation and commentary by Arthur Avalon. – »Greatness of Shiva« (Mahimnastava of Pushpadanta), a translation and commentary by Arthur Avalon, together with Sanskrit Commentary of Jagannâtha Chakravartti. »The six centres and the serpent force« usw.
2 Im buddhistischen Mahâyânasûtra Sukhâvativyûha (längere Fassung). – Eine engl. Übersetzung findet sich in Vol. 49 der Sacred Books of the East.
3 Tantrik Texts Vol. V. Kulârnava-Tantra ed by Târanâtha Vidyâratna, London 1917, VI. 85-90.
4 »angângitvam parityajya«, VI. 89.
5 Tantrik Texts, Vol. VI. Kâlîvilâsa-Tantra ed. by Pârvatî Charana Tarkatîrtha, London 1917. XXX. 1.
6 Kâlîvilâsa-Tantra, VII. 9. – Zeugnisse seines besonderen Rigorismus, mit dem es innerhalb der Tantraliteratur vereinzelt dasteht, bietet das Kâlîvilâsa-Tantra auf Schritt und Tritt: –»mit der Litanei der tausend Namen der Weltenherrscherin (bhuvaneschvarî: ein

Aspekt Kâlî-Durgâs) hat der Andächtige keinen Erfolg im Kali-Weltalter. Für das Kali-Weltalter gibt es keinen Namen der Göttin über die Litanei der hundert Namen hinaus.« (X. 2.) Anderwärts wird der Genuß von Alkohol, Fisch, Fleisch und anderen Mitteln der Erregung, die – zwar im Alltag streng verboten – gerade im Ritual der Tantras ihren besonderen Platz haben, als dem Kali-Weltalter nicht mehr gemäß verurteilt. Nur die Menschen des frühesten Zeitalters, des Weltalters der Wahrheit (satyayuga) waren reif, sich ihrer zu bedienen, ohne durch sie Schaden zu nehmen. (VI. 24/25. X. 22), vgl. ferner XXVII. 19/21, XXXV. 31. – Das Kâlîvilâsa-Tantra hat wie die meisten Tantras die Form eines Zwiegespräches zwischen Schiva Maheschvara, dem »Großen Herrn« und Kâlî-Durgâ, seiner göttlichen Gattin. Das Göttlich-Eine tritt zum Zweck der Belehrung spielend in diese beiden höchsten Formen mann-weiblicher Polarität – den Gott und seine schakti – auseinander, um in Frage und Antwort Formen seiner Verehrung zu offenbaren. Hier ist die Göttin der fragende Teil, der Gott erteilt belehrende Antwort. Die Worte, mit denen die Göttin immer erneut ihre Fragen einleitet, zeigen, daß es der Überlieferung des Kâlîvilâsa-Tantra speziell darauf ankam, innerhalb überkommener Kultformen und Anschauungen abzugrenzen, was vor ihrem Rigorismus Bestand hat und noch ins Kali-Weltalter paßt (kalikâlasya sammatam), vgl. z. B. IV. 1, V. 1, XIV. 1 und 14, XV. 1, und Hinweise A. Avalons in seiner Introduction zum Text.

7 Tantrik Texts, Vol. III. Prapanchasâra-Tantra ed by Târânâtha Vidyâratna, London 1914, XXXII. 1.

8 Ebenda XXXV. 1.

9 »vyartha« und »gatajîvakalpa«.

10 Ebenda XXXV. 7.

11 Vgl. Tantrik Texts, Vol. IX, Karpûrâdistotram with introduction and commentary by Vimalânanda Svâmî, translated by Arthur Avalon, Anmerkung 1 auf S. 10 des Sanskrittextes des Kommentars zu Vers 5 und A. Avalons Hinweis, Preface p. 2.

12 Tantrik Texts Vol. VII Shrîchakrasambhâra-Tantra, a Buddhist Tantra ed. by Kazi Dawa-Samdup, London 1919, S. 56/58.

13 Tantrik Texts, Vol. VII, Shrîchakrasambhâra-Tantra, a Buddhist Tantra ed. by Kazi Dawa-Samdup, London 1919. – Tibetischer Text mit englischer Übersetzung des Herausgebers. Foreword von Arthur Avalon. – »... the first Buddhist Tantra to be published, and the first to be translated into any European tongue ...« (Avalon im Foreword p. III.)

14 Die Ablehnung metaphysischer Spekulation durch den älteren Buddhismus ist oft betont worden. Vgl. den oft zitierten ersten der

beiden Dialoge des Buddha mit Mâlunkyaputta im Majjhimanikâya (Nr. 63), übersetzt von Karl Eugen Neumann: »Die Reden Gotamo Buddha's aus der Mittleren Sammlung, zweiter Band, München 1922 (R. Piper & Co.) S. 184. – Ein anderer Beleg z. B. Dîghanikâya IX, in der Übersetzung von R. O. Franke (Göttingen 1913) S. 154 ff.

15 Vgl. Vâkyasudhâ 46/47, zitiert vom Kommentar Subodhinî zum Aphorismus 7 des Vedântasâra.

16 Vgl. Karpûrâdistotra (Tantrik Texts, Vol. IX) Vers 18. – Trennt man gedanklich vom Gotte seine göttliche Kraft, so nimmt man ihm das Leben; es bleibt ein Toter (schava). Schiva ohne schakti ist nur ein schava (Leichnam). Die Bestätigung für diese Anschauung findet der Inder darin, daß der Vokal i mantra für schakti ist, und daß, wenn man aus dem Schriftbild »Schiva« das i tilgt, nach indischer Schreibgewohnheit »schava« übrigbleibt. Vgl. z. B. Brahmâvaivarta-Purâna III. 2. 8. ff.

17 Vgl. Mahâvagga I. 5 (in Oldenbergs Übersetzungswerk »Reden des Buddha«, München 1922, S. 38 ff.). – Brahmâs Strophe bei Buddhas Parinirvâna: Mahâparinibbânasuttanta VI. 10 (Dîghanikâya XVI) (in R. O. Frankes Dîghanikâya-Übersetzung S. 185). – Von Brahmâs Unfähigkeit, den Schein zu zerstreuen, der ihn selbst als höchstes Wesen der Scheinwelt befängt, wird im Kevaddhasutta 81/83 gehandelt. (Dîghanikâya XI, bei R. O. Franke, S. 165). Es berichtet von einem Mönche, der sich durch samâdhi zu immer lichteren Götterwelten erhebt und ihre Wesen um die Lösung der großen Frage bittet, worin die Stofflichkeit der Welt (ihre Grundelemente Erde, Wasser, Feuer und Luft) ihre völlige Aufhebung finde. Er wird von den niederen Himmeln Indras und der vedischen Götter immer höher hinauf verwiesen, bis er an die höchste geistige Instanz der höheren und höchsten übersinnlichen Erscheinungswelten gelangt, zum Großen Brahmâ. Aber auch er, der sich für allwissend ausgibt und große Sprüche tut, muß bekennen, daß er die Lösung dieser Frage nicht besitzt, und verweist den Mönch an den Buddha. Denn das Wissen um diese Aufhebung der Erscheinungswelten ist die Weisheit des Nirvâna, sein Aufgang ist die Erleuchtung. Brahmâ ist für den Buddhisten von avidyâ umfangen, sonst wäre er nicht geistiger Walter der Welt, sondern unauffindbar, unsagbar, wäre Nirvâna. Er ist nicht Urgrund der Welt, der sich in ihren Schein wandelt oder ihn hervorbringt, sondern unter den Geschöpfen, aus denen die Erscheinungswelt besteht, nur das erste, das nach periodischem Weltvergehen am Beginn einer neuen Weltzeit, aus dem Zustande des Unentfaltet-Attributlosen hervorgeht.

Seine sublime Geistigkeit innerhalb des Bannes des Scheins befähigt ihn auch, zu erkennen, welches Wesen etwa die Anlage hat, auf Grund äonenlangen Reifens sich und anderen die allerhöchste Erleuchtung heraufzuführen, und er vermag in ihm die Intention auf dieses Ziel der Erleuchtung anzuregen (bodhicitta-utpâda). Aber seine Brahmâ-Göttlichkeit erschließt ihm selbst keinen unmittelbaren Weg zur Erleuchtung.

18 Leider habe ich keinen Text, der die innere Bildentwicklung zu diesem äußeren Bilde beschriebe, zur Verfügung. Meine Deutung, die lediglich der formalen Betrachtung des Bildes sachlich den Weg weisen will, bleibt darum im Elementaren und Hypothetischen stehen.

19 Ähnlich gruppiert das in China und Japan geläufige Garbhadhâtu-mandala um den Buddha Mahâ-Vairocana (eine Variante des Âdi-Buddha) im Zentrum vier Buddhas in den vier Himmelsrichtungen: Ârya Ratnaketu Tathâgata (Osten), Ârya Samkusumita Râja Tathâgata (Süden), Ârya Amitâyus Tathâgata (Westen) und Ârya Akschobhya Tathâgata (Norden). Die Zwischenrichtungen nehmen drei Dhyânibodhisattvas und Maitreya ein: Samantabhadra Bodhisattva (Südosten), Manjuschrî Bodhisattva (Südwesten), Avalokiteschvara Bodhisattva (Nordwesten) und Maitreya Tathâgata, der kommende Buddha unserer Erde, der schon zwischen Bodhisattvaschaft und Buddhatum steht, im Nordosten.

20 Die reiche Literatur über den Boro Budur enthebt ihn der Notwendigkeit eingehender Beschreibung. Vgl. Karl With »Java«, Folkwang-Verlag 1920, J. F. Scheltema »Monumental Java«, London 1912, J. Ph. Vogel in »The Influences of Indian Art«, The India Society, London 1925, woselbst neueste Literatur verzeichnet. – Ferner A. Salmony »Der Boro Budur in der Landschaft« im »Asien«-Heft des »Ararat« (Heft 12, Dezember 1921, München, Goltz-Verlag).

21 Vgl. Bilder des Thûpârâma- und Ambaschthala-Dagoba bei F. M. Trautz: »Ceylon« München 1926 Tafel 62/63; außerdem bei A. Nell in »The Influences of Indian Art«. The India Society. London 1925 und bei Otto Höver »Indische Kunst«, Breslau 1923 (F. Hirt, »Jedermanns Bücherei«). – Vgl. ferner A. Cunningham: »The Bhilsa Topes or Buddhist monuments of Central India«, London 1854, und »The Stûpa of Barhut, a Buddhist monument illustrative of Buddhist legend and history in the third century«, London 1879 und, aus neuerer Literatur, Tafeln bei W. Cohn »Indische Plastik«, Berlin (»Kunst des Ostens« Band 2) und Stella Kramrisch »Grundzüge der indischen Kunst«, Dresden-Hellerau 1924.

22 Auf dem Siegeszuge hinduistischer Symbole in die buddhistische Formenwelt hat Vajradhara die fünf höchsten Dhyânibuddhas in

sich aufgenommen. Er umschließt mit seinem Wesen die älteren Buddhas der vier Weltgegenden Vajrasattva, Ratnasambhava, Amitâbha und Amoghasiddhi, die sich um Vairocana den »Sonnen«-Buddha als Fünften in ihrer Mitte zu einem mandala zusammenfügen können.

23 Krischna und Nârâyana, Mâdhava und Pradyumna, Padmanâbha und Hari haben dieselben Embleme in gleicher Reihenfolge.

23 Eine bildliche Darstellung dieser Szene bringt H. v. Glasenapp: »Der Hinduismus«, München 1922, Tafel 16. – Vgl. zum Candî-Mythus die Übertragungen des zweiten und dritten Gesanges des Devîmahâtmya bei Ludwig Poley: »Devîmahâtmyam, Mârkandeyi Purâni sectio, Berlin 1831 (latein. Übersetzung) u. Pargiter: The Mârkandeya Purâna, Calcutta, Bibliotheca Indica 1888-1905 (engl. Übersetzung).

24 Bekannte Darstellungen dieser Szene zeigen noch einfacheren Bau. Die schöne Durgâ-Mahischâsurâ in Leiden (vgl. Abbildungen bei Karl With, »Java«, Hagen 1920, Tafel 130-32 und A. K. Coomaraswamy »Vishvakarman, examples of Indian architecture« usw., London 1912 ff., Tafel 37) hat nur sechs Arme und ihr Reittier, der Löwe fehlt – von anderen Vereinfachungen des Details zu schweigen.

25 Vgl. die schöne mit den beiden Berliner Stücken eng verwandte Bildsäule im Varendra Research Society-Museum. Rajshahi, Bengalen, die Stella Kramrisch, »Grundzüge der indischen Kunst«, Hellerau-Dresden 1924, abbildet (Tafel 7) und beschreibt (S. 95-97).

26 Vgl. das Relief von Ellora bei St. Kramrisch, »Grundzüge usw.«, Tafel 9, und das Relief von Mâmallapuram, Wuladalundhahöhle bei W. Cohn, Indische Plastik«, Berlin 1922, Tafel 90.

27 Vgl. Tantrik Texts, Vol. III., Kap. XVI., Vers 4, 8-12, Vers 9/10 erwähnt neben den schaktis noch andere Göttinnen des Gefolges, die z. T. der Reihe der Sternbilder (Mondhäuser) entnommen sind, die der Mond durchläuft und die als seine Gemahlinnen gelten.

28 Vgl. Abbildungen bei Coomaraswamy, »Vishvakarman«, Tafel 34/35, William Cohn, »Indische Plastik«, Tafel 168/69 und anderwärts.

29 »von gebrochenem Kontur«: auf Sanskrit ›schischirita‹, das ist eigentlich »gefröstelt«, also nicht ›gerade‹, sondern in einer Art Zitterbewegung hin und her gehend. Es ist eine Fläche mit eigentümlich ausladendem und einspringendem Kontur gemeint, wie sie auf vielen rein linearen yantras als Unterlage der Dreiecks-Diagramme, Lotusblattkränze und Kreisringe zu finden ist. Die gefröstelte Linie pflegt den äußersten Umriß des konzentrischen Liniengefüges zu bilden. Vgl. Tafel 33/34 und 36.

30 Das lineare yantra der ›Durgâ der Wildnis‹ (Vana-Durgâ-yantra)

enthält in einer Vierecksfläche mit gebrochenem (oder ›gefrösteltem‹) Kontur einen achtblättrigen Lotus (wie das oben beschriebene Schaubild des Mondes) und »strahlt« wie das Schaubild Ganeschas von einander verschränkten Dreiecken oder Dreispitzen, die sich in einem ›inneren Kreise‹, der dreifach dem achtblättrigen Lotus einbeschrieben ist, befinden. Beim yantra Ganeschas verschränken sich drei Dreieckspaare ineinander, d. h. sie überlagern einander derart, daß die Spitze der einen nach oben, die der anderen nach unten gerichtet sind; das yantra der Durgâ der Wälder weist nur drei miteinander verschränkte Dreispitze auf. – Ich ziehe es vor, Dreispitz statt Dreieck zu sagen, da die analoge Bezeichnung ›Sechseck‹, statt Sechsspitz, falsche Vorstellungen erwecken muß. Unter ›Sechseck, Achteck‹ usw. würde man geometrische Gebilde verstehen, die stumpfwinklig und ohne einspringende Linien sind, während die hier gemeinten Gebilde durchgehends sternförmig sind, mit spitzen und stumpfen Winkeln und mit einspringenden Linien.

31 Vgl. Tantrik Texts, Vol. III. Prapancasâra-Tantra XVII. 5-17.
32 Vgl. z. B. das javanische Ganeschabild bei W. Cohn, »Indische Plastik«, Berlin 1922, Tafel 168/69.
33 Dhyâna-Vorschriften Vischnu betreffend: als Krischna XVIII, 43, 47; – als Mukunda (»Erlöser vom Samsâra«) XVIII, 48; XX, 4; XXXIII, 4; – als Vâsudeva XVIII, 49; als heilige Silbe Om XIX, 4, 8-12; – als Eber XXIII, 18; – als »Halb-Mann-halb-Löwe« XXIV, 8; – als Trailokyamohana (»verzückender Bezauberer aller drei Welten«) XXXVI, 35-47 (diese Schilderung ist von A. Avalon in seiner Introduction Tantrik Texts, Vol III, S. 61 ff. übertragen); – vgl. ferner XXV, 21.
Dhyâna-Vorschriften Schiva betreffend: für sechs Aspekte XXXVI: Sadyojâta (der »alsbald Geborene«, das ist Urzeitliche), Vâma (der »Freundliche«), Aghora (der »Nicht-Fürchterliche«), Tatpuruscha (das höchste Sein als göttlich-männliche Person), îschâna (der »Herr«), Mahescha (der »Große Herr«). – Für vier Aspekte XXVII: Dakschinâmûrti («von freundlicher Gestalt»), Aghora, Mrityunjaya (»Todüberwinder«) und Ardhanârîschvara (»Halb-Mann-halb-Weib«), Verschmelzung der Pole, deren Spiel Entfaltung der Welt bedeutet. Ardhanârîschvara ist nicht körperlich, sondern ideell Hermaphrodit: aus einer männlichen und weiblichen Hälfte zur Rechten und Linken zusammengesetzt, ist er Symbol des übergegensätzlichen Einen im Stande latenter Differenziertheit zur Polarität.
Dhyâna-Vorschriften Kâlî-Durgâ betreffend: für den Aspekt Durgâ XIV, 4 ff. Bhuvaneschvarî (»Herrin der Welten«) XV, 3; – Tripurâ IX, 8; – Mûlaprakriti (oder Ambikâ, »Urstoff der Weltentfaltung«) XXXII, 38; – Bhadrakâlî (glückbringende Kâlî) XXXIV, 8.

Dhyâna-Vorschrift für Bhâratî, die Göttin der Rede und des Wissens: VII, 3; für den Liebesgott: XVIII, 4.
34 Vgl. Prapancasâra-Tantra, Kapitel XXX/XXXI.
35 Das Dreieck ist als Zeichen für den Schoß und Hieroglyphe des Weiblichen auch außerhalb Indiens verbreitet. Für Griechenland (Aristophanes) z. B. und Phönizien wie für die »Kunden«-sprache unserer Zeit und andere Sprachsphären hat W. Schulze 1906 auf engem Raum Belege zusammengestellt in seiner Miszelle: »Delta, aidoion gynaikeion« in der Zeitschrift für vergleichende Sprachforschung, Band 39, S. 611.
36 Bhâskararâya in seinem Kommentar Setubandha (»Brücke«) zum Nityâshodaschikârnava (»Meer der sechzehn ewigen Gestalten der Gottheit«). Ânandâshrama Sanskrit Series, Vol. 56, herausgegeben von H. N. Apte, Poona 1908.
37 Ebendort S. 27.
38 Neben dem männlichen Wort »vahni« steht sächlich mit ähnlichem Bedeutungsumfang »tejas« = Glut. Wie »schakti« ist es ein Zeichen für Kraft und Potenz. »tejas« charakterisiert nicht nur Äußerungsform und Wesen der (männlichen) Sonne, die nach altertümlicher Auffassung Hort und Stätte unvergänglichen ewigen Lebens ist, wie andererseits das Wesen des Königs, das blendende Machtentfaltung ist, »tejas« zeichnet auch den Yogin vor anderen Menschen aus, der alle seine Energie, anfangend bei der Zeugungskraft, in wunderwirkende, magische Gewalt umgesetzt hat und entladungsbereit in sich aufgespeichert hält, und bedeutet schließlich schlicht die sexuelle Potenz und den männlichen Samen als elementarste Erscheinungsform der lebendigen göttlichen Energie im Menschen.
39 »Anangaranga« (»Die Bühne des Liebesgottes«) ein erotisch-eugenetisches Lehrbuch zum Familiengebrauch, im 16. Jahrhundert von Kalyânamalla verfaßt, beginnt seine Ausführungen mit einer klassifizierenden Typologie der Frau, in der die »Padminî« als höchster unter vier Typen figuriert. »Padminî« läßt sich mit »Lotusschoß« übersetzen (padma = Lotus), denn dieser Typ ist wie die übrigen drei nach besonderen Eigenschaften der yoni benannt: der Schoß der Frauen vom Typus »Padminî« duftet »süß wie aufgeblühter Lotus«. Der Lotus dient mit seiner Schönheit ja allerwärts als Vergleichsstück, um etwas als das beste und schönste in seiner Art zu bezeichnen; so sagt derselbe Text in einer Typologie der yoni: »mancher Schoß ist innen zart wie die Staubfäden der Lotusblüte, mancher auch mit kleinen Buckeln wie Perlen besät, ein anderer wieder von einer Menge von Fältchen erfüllt, und mancher auch innen rauh zu berühren, wie

die Zunge einer Kuh. Die Kenner wissen, daß unter diesen die jeweils vorher genannte Art die feinere ist.« (IV. 30/31.) – Kalyânamalla steht, wie es bei einem hinduistischen Autor des 16. Jahrhunderts naheliegt, den Tantras nahe. Er schließt sein kleines inhaltsreiches Werk mit der Gâyatrî an den Liebesgott Kâma, die eine späte Variante des heiligsten Verses vedischer Hymnendichtung ist: »om manobhavâya vidmahe pancabânâya dhîmahi / tan nah kâmah pracodayât // « = Om den im Herzen Entsprossenen wollen wir begreifen, den Herrn der Fünf Pfeile wollen wir innerlich betrachten, dazu soll uns Kâma wecken.« Das ist natürlich keine kecke Parodie des vedischen Weihespruchs Rigveda III, 62, 10 (so wenig wie die »Bühne des Liebesgottes« eine unmoralische Lektüre ist): tat savitur varenyam bhargo devasya dhîmahi dhiyo yo nah pracodayât // »das Licht des Gottes Savitar (des ›Allbelebenden‹), das unser höchster Wunsch ist, wollen wir innerlich betrachten, er soll uns Betrachtungen wecken«, sondern Variante des Gâyatrî-Verses, der im Tantra-Ritual des Liebesgottes dessen Wesen ausdrückt. Das Prapancasâra-Tantra gibt im XVIII. Kapitel, das von der Verehrung des Liebesgottes handelt, den Vers in folgender Form: »Kâmadevâya vidmahe Puschpabânâya dhîmahi tan no 'nangah pracodayât« = »den Gott Kâma wollen wir begreifen, den Herrn der Blumenpfeile wollen wir innerlich betrachten, dazu soll uns der Körperlose (das ist der Liebesgott) wecken.«

40 Bhâskararâyas Kommentar zum Nityâschodaschikârnava I, 42 (S. 36).

41 Nämlich außer dem Nityâschodaschikârnava: Tantrik Texts, Vol. VIII, Tantrarâja-Tantra Part I, Chapters I-XVIII ed. by Mahâmahopadhyâya Lakshmana Shâstrî, London 1918. – Es entspricht dem esoterischen Charakter der rein linearen yantras, daß der Uneingeweihte, um sie zu verstehen, noch weniger eines genauen beschreibenden wie deutenden Textes entraten kann, als bei den vielgliedrigen, attributreichen figuralen Gebilden. Für ihn sind die meisten Textangaben über lineare yantras unzureichend: es sind knappe Memorialverse, deren Stichworte zwar den Formenbestand (Dreispitze usw.) aufzählen, aber die Praxis, sie richtig zu verbinden, voraussetzen. Das Wissen der Tantras geht wie das Wissen der Veden durch den Mund eines Lehrers und nicht durch Bücher. Reichen schon die meisten Textangaben für den Uneingeweihten nicht hin, ein zweifelsfrei korrektes yantra zu zeichnen, so scheint es vermessen, solche komplexen Gebilde, die Ausdruck eines vielfältigen individuellen Ideenzusammenhangs mittels symbolischer Geheimsprache sind, aus einer ungefähren Vertrautheit mit ihrem Formenschatz und ihrer Gedanken-

sphäre deuten zu wollen, ohne genaue Unterlagen literarischer Tradition.

42 Vgl. den Vers des Yâmalatantra bei Bhâskararâya zu Nityâschodaschikârnava I, 31 (S. 27).

43 VII, 78-82.

44 »Neun-Dreispitz-Gebilde« wird der Achtspitz genannt, weil neun Dreispitze an ihm zu finden sind, nämlich acht äußere, die seine Form als Achtspitz bestimmen und der Dreispitz, der sich in ihrer Mitte befindet.

45 Darum geht auch die erste Charakteristik von srischti und samhriti nur zwischen »Erde« und »Neun-Dreispitz-Gebilde« hin und her.

46 Zu I, 31 (S. 28).

47 Vgl. Kurt Sachs: Die Musikinstrumente Indiens und Indonesiens. Berlin 1915. Abb. 54.

48 Vgl. die ausführlichen Vorschriften zur Herstellung des schrîyantra in Bhâskararâyas Kommentar zum Nityâschodaschikârnava I, 31-42 (S. 27-40).

49 Nityâschodaschikârnava VII, 82-85, und in umgekehrter Folge I, 44-47.

50 Vgl. Nityâschodaschikârnava I, 47, u. Bhâskararâyas Kommentar dazu, S. 40.

51 Prânapratischthâ wird auch »âvâhana« = »Herbeiführen« genannt. Nach Bhâskararâya wird das Bild der inneren Gottheit durch einen Vorstellungsakt in eine Hand voll Blumen versetzt, die (in diesem Falle) auf die Mitte des yantras (den Platz des bindu) gelegt wird (S. 81.)

52 »dhyâna« Nityâschodaschikârnava I, 138 ff.

53 ›Anmut‹ = lâvanya, was ursprünglich »Salzigkeit« bedeutet, von lavana = »Salz« und – »Salzflut«.

54 Bhâskararâya zitiert dazu einen Vers (S. 80), der die Verteilung der Waffen angibt: die Pfeile in der rechten gesenkten, in der rechten erhobenen Hand der Haken; in der linken erhobenen die Schlinge, in der gesenkten der Bogen.

55 Der beliebte Kauartikel, der unter Liebenden und als Zeichen der Freundschaft von Mund zu Mund wandert.

56 Der König der Götter im Pantheon vedischer Theologie, Indra, erscheint hier, wie schon in der Vorstellungswelt des älteren Buddhismus in dienend-huldigender Haltung. Ebenso Brahmâ und Vischnu, zwei Glieder der Trias Brahmâ-Vischnu-Schiva, die ihn in der Götterwelt des Hinduismus in den Hintergrund drängte. Schiva kann das Schicksal der beiden nicht teilen, denn er ist ja in den Tantras

zur höchsten männlichen Erscheinungsform des reinen Göttlichen geworden, wenn es sich attributhaft darstellt: die Göttin, der Brahmâ und Vischnu sich neigen, ist nichts anderes als seine Schakti.

57 »paramânandananditâ.«

58 »Die Schönste« (Frau) der ›drei Welten‹, das ist des Universums. Prapancasâratantra, Kap. IX, handelt speziell von ihrer Verehrung und deutet eingangs (Vers 2) ihren Namen damit, daß sie der göttlichen Dreigestalt (trimûrti) Brahmâ, Vischnu, Schiva als ihr Ursprung an Alter überlegen sei: sie war früher (purâ) als diese drei (tri), ferner damit, daß sie bei der Einschmelzung der entfalteten Dreiwelt (trilokî) diese erfüllt (pûrana). Die Drei ist ihrem Namen angemessen, da sie als Entfaltung des Absoluten auf verschiedenen Ebenen des Scheins sich in drei verschiedenen Aggregatzuständen darstellt, z. B. auf der Ebene des Bewußtseins als Wachsein, Traumschlaf, Tiefschlaf, deren Dreiheit dem brahmanhaften vierten (turîya) Zustand gegenübersteht (vgl. auch Avalons Anmerkung 3 in der Introduction zu Chapter IX. des Prapancasâratantra).

59 »bhaga« (»Herrlichkeit«) ist ein schillerndes Wort, das Glück, Gedeihen, Ruhm, Schönheit, Liebeslust, Sittlichkeit, Anspannung, Weltüberlegenheit, Glück der Erlösung, Wunderkraft und Allmacht bezeichnen kann. Es ist stammverwandt mit slavisch bog = »Gott«.

60 Sie verteilen sich so auf die acht Ecken, daß Vaschinî die unterste inne hat, Kâmeschî rechts von ihr steht und die anderen in der begonnenen Richtung folgen.

61 »Kula« = »Familie« ist die symbolische Bezeichnung für Tantrabräuche und -lehren, in denen die Vereinigung von Mensch und Gott (das Zwei-in-Eins) unter der Form der Liebesvereinigung angesehen und symbolisch oder praktisch geübt wird. Die Familie ist nach älteren und ältesten Anschauungen das vollkommene Sinnbild der Einheit des Mannigfaltigen, Sinnbild echter Totalität. So heißt es in Manus Gesetzbuch (IX, 45): »Das ist der Umfang des Mannes: die Frau, er selbst und die Nachkommenschaft. Und so sagen dasselbe die Weisen: ›was der Mann ist, als das gilt die Frau.‹« – Mann und Weib sind eines. Und wenn sie wirklich Mann und Weib sind, so ist auch Nachkommenschaft da, und der Mann der patriarchalischen Familienordnung ist »ganz«. – Der Kommentator Kullûka zitiert zu diesem Verse eine Stelle der alten vedischen Überlieferung: »der Mann (allein) ist nur die Hälfte seines Selbst. Solange er keine Frau bekommt, pflanzt er sich nicht fort und solange ist er darum nicht ganz. Aber wenn er eine Frau bekommt, dann pflanzt er sich fort und dann wird er ganz.« Und so sagen es die vedakundigen Weisen: »was der Mann ist, als das gilt die Frau.«

62 Der Eingeweihte überträgt diese Waffen aus der inneren Schau auf die gehörigen Orte des yantra, indem er dazu vier Worte spricht, die dem Formelschatz der Liebeszauber entnommen sind: »öffne« (jambha), »betöre« (moha), »mach zu Willen« (vascha), »mach starr« (stambha). (Vgl. Nityâschodaschikârnava I, 196.) – Die schakti, deren Entfaltung Welt und Ich sind, offenbart sich am elementarsten im erotischen Aspekt. Der Liebesgott Kâma zählt unter seine neun schaktis »Mohanî« die Betörende und »Stambhanî« die Starrmachende. (Vgl. Prapancasâra XVIII, 6.) – Bhâskararâya zitiert in seinem Kommentar zu Nityâschodaschikârnava I, 196 ein Kalpasûtra, das die Einsetzung und die Verehrung der vier Waffen nicht mit diesen vier Imperativen vorschreibt, sondern mittels des geläufigen Verfahrens, daß die Keimsilben (bîja), die ihre Wesenheit im Reiche des Schalls darstellen, zusammen mit den Gebetssprüchen (mantra), die den göttlichen Wesenheiten der Waffen zukommen, ausgesprochen werden sollen. Die bîja-Silben der (fünf) Pfeile sind: yâm, râm, lâm, vâm, sâm; ihnen folgt »den allöffnenden Pfeilen, – dhâm: dem allbetörenden Bogen, – hrîm: der alles zu Willen machenden Wurfschlinge, – krîm: dem alles starrmachenden Haken sei Verehrung!« (Die bîja-Silben der Pfeile nach Subhagânandanâthas Kommentar »Manoramâ« zum Tantrarâja-Tantra IV, 26.)
63 Nityâschodaschikârnava I, 187-91; Tantrarâjatantra IV, 84-86.
64 Sie verteilen sich hier, wie in den folgenden Fällen ebenso wie im Achtspitz: die erste steht »im Westen«, d. h. in der untersten, dem Andächtigen zugekehrten Spitze, da die Richtung, in der er bei der Andacht blickt (unabhängig von der Himmelsrichtung) als »Osten« gilt. Die übrigen verteilen sich nach rechts herum aufsteigend, und nach links herum zum Ausgangspunkt zurückkehrend (apradâkschinyena (Bhâskararâya) zu I, 179-83 (S. 91).
65 Nityâschodaschikârnava I, 184-87, Tantrarâjatantra IV, 81-83. In der Aufzählung des Tantrarâjatantra haben Nr. 6 saubhâgyadâyinî und Nr. 10 (hier »duhkhât paratasch ca vimocanî« genannt) die Plätze vertauscht.
66 Vgl. Nityâschodaschikârnava I, 179-83, Tantrarâjatantra IV, 77-79. Von den zehn ersten schaktis sind sechs auch unter den neun schaktis des Liebesgottes (Manmatha) zu finden. Vgl. Prapancasâratantra XVIII, 6: nämlich außer Mohanî und Stambhanî: Kschobhanî, Âkarschinî, Drâvinî und Âhlâdinî. – Liebeszauber und -Versuchung spielt bei den verschiedenen Aspekten der höchsten Gottheit (Kâlî-Durgâ) eine große Rolle. Prapancasâra-Tantra IX. handelt von ihrer Verehrung als Tripurâ (= Tripurasundarî): wer ihr yantra (eine vereinfachte Form des schrîyantra: Achtspitz in Lotusblattkranz und

Viereck) richtig verehrt, »dem sind unablässig schöne Frauen zu Dienst, die hilflos sind von Liebesweh. In unverkrampfter Haltung dasitzend, Schweigen wahrend murmele der Eingeweihte einhunderttausendmal die Keimsilbe, die aus dem Herrn der Liebeslust gemacht ist, dann wird er in der Welt von Göttern und Menschen bedient und verehrt. Die jungen Frauen der Götter und Widergötter, der Vollendeten und der Schatzgeister, der Geister voll magischen Wissens und der Gandharven, der Schlangen und der himmlischen Sängerchöre bieten sich seinem Blicke dar. Im Ansturm des Liebesrausches verstreuen sie ihren Schmuck und lassen Gewand und Haarnetz abgleiten. Ihre Glieder zittern vor innerer Glut, ausgetrocknet von den unerträglichen Qualen des Liebesgottes. Ihre Schenkel, die Spitzen ihrer Brüste und ihre Achselhöhlen starren von Perlen: dicken Tropfen strömenden Schweißes. Ihre lianengleichen Glieder tragen ein Gewand von sich sträubenden Härchen, ihre Leiber sind geneigt unter den festen, nach oben stehenden, hochgipfligen, strotzenden, topfrunden Brüsten. Erschöpft von starkem Zittern unter der Last des Sehnens schreiten sie mit zitternden Lotusfüßen strauchelnd einher. Zerspalten vom Pfeil des Liebesgottes, der sie traf, sind sie mit dem ganzen Leibe eingetaucht ins Meer der Leidenschaft, ihre Lippen kräuseln sich wellengleich unter dem Winde ihres Atems, und ihre Augen flackern unstet unter der Last anschwellender Tränenflut. Beide Arme am Kopfe, bringen sie mit zusammengelegten Händen sich selbst zum Geschenk dar, und ihre Augen sind sanft wie die Augen junger Gazellen. Bereit zu tun, was begehrt wird, neigen sie sich vor dem Eingeweihten.« (IX, 21-27, am Eingang gekürzt) –. Der Eingeweihte muß dieser Versuchung, auf die sinnliche Ebene abzugleiten, widerstehen, will er Gewalt über die Welten bekommen.

Eng verwandt ist ein Abschnitt des XIII. Kapitels desselben Tantras, der sich mit der Verehrung der Göttin Triputā (einer anderen Form der höchsten Göttin) beschäftigt: »Frauen, Männer und Könige verneigen sich immerdar vor einem solchen (Eingeweihten); die Frauen der Geister voll magischen Wissens, die Frauen der Schatzgeister samt den Frauen der Götter und Widergötter, der Vollendeten und der himmlischen Sängerchöre und auserlesene Himmelsfrauen (die Apsaras, Frauen der Gandharven) sind überwältigt von ihrem Herzen, das an dem Eingeweihten hängt. Ihre Leiber sind versehrt vom Pfeile des Liebesgottes, sie zittern an ihren lianengleichen Gliedern, auf denen sich die Härchen sträuben. Die Schönheit ihrer runden Brüste funkelt von Perlen: großen Schweißtropfen. Sie zeigen ihre Hüften und Schenkel und ihre Achselhöhlen, ihre Füße strauchen beim Auftreten. Die Lotusblumen ihrer Augen sind knospengleich geschlossen, ihr Zahnfleisch breitet sich wie eine aufblühende Blume, und die Zahnreihen daran beben. Gewand und Haar sind aufgelöst; vor Liebestrunkenheit unmächtig sprechen sie leise und stammelnd. Sie heben die aneinandergelegten Hände bittend an ihre ach so lieblichen Häupter und flehen um Zuneigung: »Sieh uns an! Schenk uns ein Wort! Unser höchstes Glück ist, in deinen Armen zu liegen! Komm: in den Hainen der Götter wollen wir uns lieben, nach Herzenslust und ohne Leid und Furcht.« Wenn der Eingeweihte, von den Frauen mit solchen und anderen Reden verlockt, sich nicht verliert, dann verleiht ihm die Göttin alles, was er begehrt. (XIII, 38-44).

67 Der »Strich des Liebesgottes« (anangarekhâ) ist eine Linie feiner Härchen, die Bestandteil des weiblichen Schönheitsideals ist. Sie läuft vom Nabel abwärts über den Unterleib und wird von den Dichtern als die Leiter angesehen, auf der Manmatha, der Liebesgott, »der die Herzen quirlt« zwischen dem Herzen und dem Schoß, der das »Haus des Liebesgottes« ist (vgl. z. B. Anangaranga 1, 13), auf- und absteigt.

68 Die Namen: Anangakusumâ, Anangamekhalâ, Anangamadanâ, Madanâturâ, Anangarekhâ, Anangaveginî, Anangânkuschâ, Anangamâlinî. – Als Muster der Mantras, mit denen sie aus der inneren Anschauung ins yantra einzusetzen sind, zitiert Bhâskararâya (S. 90): »hrîm schrîm ich verehre die Sandale der Anangakusumâ.« – Tantrarâjatantra gibt dieselbe Reihe aber in anderer Verteilung: Anangakusumâ hat das unterste Blatt inne, die übrigen folgen wie bei den vorangehenden Sphären im Kreise rechts aufsteigend und links zum Ausgangspunkt zurückkehrend. (IV, 94/95.)

69 Vgl. Nityâschodaschikârnava 1, 172-76 und Tantrarâjatantra IV, 72/73. Leider versagen sich Bhâskararâya und Subhagânandanâtha in ihren Kommentaren jede Erläuterung dieser Wesen, die bei einigen willkommen wäre. Die Namen sind: Kâmâkarschinî, Buddhyâkarschinî, Ahamkârâkarschinî, Schabdâkarschinî, Sparschâkarschinî, Rûpâkarschinî, Rasâkarschinî, Gandhâkarschinî, Tschittâkarschinî, Dhairyâkarschinî, Smrityâkarschinî, Nâmâkarschinî; Bîdschâkarschinî, Âtmâkarschinî, Amritâkarschinî, Scharîrâkarschinî. »âkarsch« = »anziehen«, das in allen diesen Namen enthalten ist, hat dieselbe Bedeutungsnuance wie unser »anziehen« bei einer Figur im Schachspiel. – Die Mantras, mit denen sie in das yantra eingesetzt werden, laufen nach dem Typus: »hrîm schrîm am, ich verehre die Sandale der Kâmâkarschinî Nityakalâ (nitya = »ewig«, kalâ = »Sechzehntel«: die sechzehn Gestalten sind Elemente eines Gesamtaspektes göttlicher schakti).

70 rakschas = »Schaden, Vernichtung« ist die männliche Erschei-

nungsform des Prinzips der Vernichtung (nirriti) nach der gewöhnlich der Südwesten »nairriti« genannt wird.

71 Vgl. die Funktion der vier »Großköniglichen Götter« oder »Welthüter« oder »Himmelskönige« als Wächter in buddhistischen Tempeln. Abbildungen bei With: Buddhistische Plastik in Japan, 2. Aufl., Wien 1920, Tafel 45-53; Curt Glaser: Ostasiatische Plastik, Berlin 1925; Tafel 40, 99, 100, 102-08, 148/49, 164; E. Fuhrmann: China, Folkwang-Verlag, 1921, S. 58 und 60 und den schirmenden Götterkönig an der Außenwand des achteckigen Fußes der Marmorpagode, S. 33.

72 Vgl. z. B. die Vorschrift über Rangordnung der Eingeweihten im Kulârnava-Tantra XIV, 99: »Wenn unter Weib und Kind des Lehrers (= guruschaktisutânâm) sich eines findet, das früher die Weihe empfangen hat, so soll der Eingeweihte ihm Verehrung bezeigen wie dem Lehrer selbst und es in keiner Weise geringschätzig behandeln.«

73 Nityâschodaschikârnava I, 169-71. Tantrarâjatantra IV, 68-70.

74 Ebendort I, 166-69 und IV, 66/67. Ihre Namen sind: Animâ, Laghimâ, Mahimâ, Ischitva, Vaschitva, Prâkâmyâ, Bhuktisiddhi, Icchâsiddhi, Prâptisiddhi, Sarvakâmâ. – Als acht siddhi's Schivas gelten: Animâ, Laghimâ, Prâpti, Prâkâmya, Mahimâ, Îschitva, Vaschitva und Kâmâvasâyitâ (= die Kraft alle Lust und alle Wünsche aufzuheben, also die Kraft, die den Yogin über alle inneren Hindernisse zur gottgleichen Vollendung hinwegträgt. Sie fehlt in der oben gegebenen Reihe).

75 Vgl. Tantrarâjatantra V, 14/15.

76 Ebenda V, 17, vgl. denselben Hinweis bei verschiedenen Akten ihres Kults, IV, 99; V, 5 und 54.

77 Nityâschodaschikârnava V, 41/42.

78 Zitat Bhâskararâyas (S. 174) aus dem »Rahasyanâmasâhasra«.

79 Citralakschana, tibetisch und deutsch, herausgegeben von Berthold Lauffer, Leipzig 1913, ist ein indischer Kunsttraktat, der im tibetisch-buddhistischen Kanon Aufnahme gefunden hat. – Vishnudharmottara (Part III), Treatise on Painting, by Stella Kramrisch, Calcutta University Press 1924. – »Some Hindu Shilpa Shastras in their relation to South Indian Sculpture« by W. S. Hadaway, Ostasiatische Zeitschrift, III. Jahrgang 1914/15.

80 Lauffer, dem bei der Übersetzung verwandte Quellen noch nicht vorlagen, bezog den Inhalt des Traktats nur auf Malereien: citra = bunt. Aber ein anderes Werk: »Das Juwel handwerklicher Kunstfertigkeit« (Schilparatna ed. by Ganapati Sâstrî, Trivandrum Sanskrit Series No. LXXV, 1922, Part. 1) lehrt (wie bereits St. Kramrisch bemerkt hat) Kap. 46, Vers 3-5, es gäbe dreierlei citra: Malerei, Relief

und Plastik. Das Citralakschana handelt also nicht nur von den Zeichen oder Merkmalen, mit denen auf Gemälden die Gegenstände und Gestalten, die in ihnen figurieren sollen, zur Darstellung zu bringen sind, sondern es ist ein allgemeiner Kanon bildnerischer Zeichensprache. Daß citra = bunt, farbig, als Oberbegriff auch Relief und Rundplastik in sich schließt, erklärt sich aus der verbreiteten Technik polychromer Plastik. Im »Vischnudharmottara« heißt es: »Dieselben Regeln, die für Malerei gelten, finden auch ihre Anwendung auf Lehmplastik. Es gibt zweierlei Plastik: massive und hohle. Eisen, Stein, Holz und Lehm können massiv bearbeitet werden; Leder, Bronze und Eisen können hohl bearbeitet werden. Auf Leder trägt man eine dicke Lehmschicht auf und malt auf sie wie auf eine Bildfläche.« Sie bekommt einen Stucküberzug, der feinste Modellierung und farbige Behandlung erlaubt. Die Ausgrabungen in Chinesisch-Turkestan haben ja zahlreiche Proben dieser wenig widerstandsfähigen Kunstgattung zutage gebracht (vgl. A. v. Le Coq: »Die buddhistische Spätantike in Mittelasien«, Band 1), die in Stücken ostasiatischer Kanschitsu-Manier ihre technischen Verwandten haben (wo ein Kern oder Hohlgerüst mit lackgetränkten Stoffauflagen bekleidet wird, die als Malgrund dienen).

81 Schilparatna 1, 2. – Der zweite Teil dieses Werkes war mir noch nicht zugänglich. Er verheißt laut Inhaltsangabe (Kap. 1, Vers. 20-25) ausführlichere Angaben zur Technik indischer Bildnerei, deren Erörterung im Schlußkapitel des 1. Teils, das auch »Citralakschana« heißt, anhebt.

82 Es wäre von hier aus weitergehend, eine dankbare Aufgabe, die Optik der Erscheinungswelt in der indischen Dichtkunst mit der Formgebung in der bildenden Kunst zu vergleichen: viele stilistische Eigentümlichkeiten indischer Bildwerke würden von dieser, aller künstlerischen Schilderung der Außenwelt gemeinsamen Grundlage aus – eben aus ihrer Optik – ihre Erklärung finden und als Belege für die spezifische Haltung der indischen Sinnlichkeit zur Welt zu sprechen beginnen.

83 Da aber nach Mârkandeyas Lehre die Tanzkunst auf der Musik beruht und diese allein vom Gesange aus begriffen und beherrscht werden kann, »ist, wer das Wissen des Gesanges besitzt, bester unter den Menschen und weiß alles«.

84 Diese Zuteilung der fünf Augentypen wird durch Citralakschana, Vers 619 ff. verständlich, wo von ihrer verschiedenen Größe die Rede ist: »Was die Weite der Augen betrifft, die einem Bogen von Bambus gleichen, so ist das Maß auf drei Gerstenkörner (vgl. nächste Anm.) festgelegt. Die dem Blatt des Utpala gleichenden Augen werden als

das Maß von sechs Gerstenkörnern erklärt. Die Augen, welche einem Fischmagen ähnlich sind, werden als das Maß von acht Gerstenkörnern erklärt. Die dem Blatte des Padma gleichenden Augen haben das Maß von neun Gerstenkörnern. Die Augen, die der Cowrie-Muschel ähnlich sind, betragen zehn Gerstenkörner... Für die Yogin sollen die Augen der Herzenseinfachheit gleich dem Bogen von Bambus gemacht werden, bei Frauen und Buhlern sollen die einem Fischmagen gleichenden zur Anwendung gelangen. Was die Augen gewöhnlicher Menschen betrifft, so ist das dem Utpala gleichende Auge zugrunde zu legen. Zum Ausdruck des Schreckens und des Weinens bedient man sich des dem Padma-Lotus gleichenden Auges, wird erklärt...«

Dem Yogin – der »in Nachdenken auf den Boden« sieht oder die Augen in innerer Schau halb geschlossen hält, kommen die kleinsten Augen zu. Die Augen vom Typus blauer Lotus (= Utpala) haben die normale Größe menschlicher Augen, die von keinem Affekt erweitert und durch keine Konzentration verengt sind. – Um freudige Erregung, insbesondere bei Liebenden anzudeuten, lieben indische Dichter die Bemerkung, daß ihre Augen »aufblühen«, »sich wie ein Blütenkelch öffnen« (utphulla): dem entspricht die Verwendung des Fischmagen-Auges für Frauen und Buhler, das zwei Gerstenkörner größer als das blaue Lotus-Auge ist. Ebenso wird wegen seiner Größe das weiße Lotus-Auge (Padma-Auge) für Augen, die vom Schreck oder Tränen starren, verwandt.

85 Die geläufigen Maße sind: anu (Haarspitze), likshâ (Niss: Ei einer Laus) = 8 anu, yûka (Laus) = 8 likshâ, yava (Gerstenkorn) = 8 yûka, angula (Fingerbreit) = 8 yava, vitasti oder tâla (Spann) = 12 angula.

86 St. Kramrisch verweist auf eine Stelle der Brihat-Samhitâ, aus der hervorgeht, daß diese fünf Typen auch der Astrologie bekannt sind. Es handelt sich bei ihnen nicht bloß um Längenmaß und daraus resultierende Körperproportion, sondern sie sind auch hinsichtlich Hautfarbe, Fleischigkeit, Haar usw. genau fixiert. Da die äußere Erscheinung dem Inder ein getreuer Spiegel seelischer Struktur ist, liegt in diesen Typen ein Versuch charakterologischer Typenlehre vor. Die Brihat-Samhitâ gibt nicht nur die seelische Innenseite dieser Körpertypen an, sondern setzt neben sie noch die astrologische Prognose, die sich natürlich nach dem Horoskop des einzelnen Angehörigen jedes Typs richtet. Äußeres und Inneres und Schicksal des Menschen sind Auswirkungen ein und derselben Größe auf verschiedenen Ebenen: Auswirkungen des karman, das der Mensch durch sein Verhalten in früheren Leben selbst über sich verhängt hat. – Die Na-

mengebung dieser Typenreihe überschneidet sich im »Hasen« mit der Typenreihe der Männlichkeit in der Theorie indischer Erotik, die das Ewig-Männliche in die drei Typen des »Hengstes«, »Stieres« und »Hasen« faßt.

87 Eine vergleichende Tabelle bietet St. Kramrisch »Vischnudharmottaram« S. 19.

88 Zum Beispiel »... die Brustwarzen betragen 1 yava und im Umfang rings herum 2 yava. Bei denen, die mit einem Untergewand bekleider sind und ein Gürtel umgebunden haben, soll der unterhalb des Nabels liegende Teil des Bauches 4 angula gemacht werden. Der Penis ist 2 angula breit, der Hodensack 6 angula lang, die Hoden sollen nicht zu sehr herabhängen und beide gleichmäßig rund sein. Im Zustand der Erektion betragen sie an Dicke 7 angula, an Länge 4 angula. Was die Länge des Penis betrifft, so ist sie 6 angula, soll man wissen. Vom Penis bis zur Grenzlinie des Bauches beträgt die Entfernung 6 angula ...« (Proportionen, die zur korrekten Bildung des verbreiteten Typs tantristischer Plastik unentbehrlich sind).

89 Vgl. die Zeichnungen dieser Schemata bei Hadaway, Ostasiatische Zeitschrift, III, S. 35-42. Dabei auch eine gestreckte Variante des navatâla von 124 angulas. Als Gesamtlänge findet sich statt 108 auch 111 angula.

90 Vgl. Citralakschana: »wenn man beim Studium der Maße und Komposition die menschlichen Formen und die Götter beiseite setzen und nur Pischâca, Bhûta, Râkschasa und solcherlei Wesen Platz einräumen wollte, so würden diese bald das Glück der Menschen vernichten und den trefflichen Bestrebungen Hindernisse bereiten.« Wenn man nämlich von den kanonischen Maßen göttlicher Erscheinung abgeht, bildet man damit dämonische Wesen (wie Pischâca, Bhûta usw.) und wenn man solche regelwidrigen Bilder verehrt, gibt man sich in die Hand der Bösen. Neben den ebenmäßigen Proportionssystemen der Götter und Menschen gibt es eben keine willkürlichen, die bedeutungsleer sind: die abweichenden sind dämonisch und darum gefahrbringend.

91 Vgl. Citralakschana: »die Gebieter der Menschen, die Herren, werden gemalt (in derselben Weise wie) die Gestalten der niedrigsten Menschen: auf ihre Längen- und Breitenmaße werden sie alle geprüft, und so werden die Maße durch Schätzung festgestellt. Daher läßt man bei dem vom Weibe Geborenen sein eigenes Urteil walten, ... Nacken, Kopf, Nabel, Brust, Lenden, Ober- und Unterschenkel, Knie und beide Füße sollen in ihren Längenmaßen nicht häßlich wirken ...«

92 = Avalokiteschvaragunakârandavyûha. »Karanda Byûha, a work

on the doctrines and customs of the Buddhists ed. by Satya Bratu Samasrami, Calcutta 1873.

93 = schadakscharî mahâvidyâ, vollständiger noch die »Königin« zubenannt: schadakscharî mahâvidyâ râjnî (z. B. S. 67, 74, 80, 83).
94 S. 67.
95 Vokativ.
96 scharabhakânda-gauravarnâ, gelb wie ein Heuschrecken-Ei.
97 S. 73-76.
98 Kulârnava-Tantra XIII, 51, 52, 54, 56, 64.
99 Tantrarâjatantra I, 30, 38.
100 Ebendort I, 96-98. Die fünf Preisstrophen sind von Avalon in seiner Introduction S. 17 übersetzt als »Hymn to the Guru«. Vgl. das verwandte Gebet Kulârnava-Tantra XVII 3-5.
101 »advaitam – na dvaitam.«
102 Kulârnava-Tantra XIV, 19, eine Vorschrift, die an die alten Schülergeschichten vedischer Zeit erinnert, an Satyakâma Jâbâla und Dhaumya Âyoda. Vgl. noch Vers 18 zur Charakteristik des Lehrers: »Wenn ein Lehrer einem Schüler die Weihe erteilt aus Verlangen nach Geld, aus Furcht, Gier usw., erntet er den Fluch der Gottheit, und was er getan hat, bringt keine Frucht.« Der Akt der Weihe ist keine Zauberei, sondern Mitteilung der im Lehrer vollzogenen Wesenswandlung an den Schüler, der in sich zur gleichen Wandlung reif ist. – XIII, 48: (der Lehrer soll sein:) »nicht den Frauen noch dem Gelde ergeben, vor Krankheiten und Ähnlichem gefeit, erfüllt von der Seelenverfassung; ›alles ist ich‹, aller Zweiheit (von Ich und Welt usw.) ledig (nirdvandva), fest in seinen Gelübden.«
103 Kulârnava-Tantra XIV, 89. – rasendra = Mercurius, das alchymistische Quecksilber.
104 X, 20. – Die Neunzahl entspricht den neun Dreispitzen des Neun-Dreiecks-Gebildes im yantra der Göttin.
105 Ebenda 21-23.
106 Ebenda 25.
107 X, 109.
108 X, 27-33. Ihre Namen als Aspekte der Gottheit sind: Bâlâ, Schuddhâ, Lalitâ, Mâlinî, Vasundharâ, Sarasvatî, Ramâ, Gaurî, Durgâ (27).
109 X, 30.
110 X, 34. Unter diesen neun Aspekten der Gottheit figurieren laut der Namenreihe: Kummer, große Bestürzung, »die Schreckliche«, Wunsch, Erkenntnis, Tat.
111 puschpinî = eine, die die Blume hat, d. h. menstruiert.
112 Nämlich: beißend, sauer, süß, salzig, bitter, zusammenziehend.

113 Vergrößerung der z. B. bei Namenslitaneien, die eine Gottheit in ihren Aspekten umgreifen wollen, beliebten Zahl $9 \times 12 = 108$ und hier verwendbar, da durch neun teilbar.

114 X, 39-46.

115 Z. B. Kulacûdâmanitantra (Tantrik Texts, Vol. IV) II, 29 (auch nityakântâ genannt, II, 30) im Gegensatz zur »Frau eines anderen« = para-schakti.

116 Die Selbstoffenbarung der Tantras geht im Spiele von Zwiegesprächen des Göttlichen mit sich selbst vor sich, das, in Schiva und schakti auseinandertretend, bald mit seinem männlichen, bald mit dem weiblichen Teil die Rolle des Lehrers gegenüber dem anderen übernimmt.

117 Kulacûdamanitantra VII, 81-86.

118 Auf der Anschauung, daß der Sohn durchaus nichts anderes als der verjüngte Vater sei, beruht ja der Ahnenkult und damit die brahmanische Familienordnung (die der Lehre von der Seelenwanderung standgehalten hat, obschon durch sie ihre Grundanschauung aufgehoben wurde). Vgl. Âschvalâyanas häusliche Bräuche I, 15, 9/10: »Wenn der Vater von der Reise heimkehrt, umfaßt er den Kopf des Sohnes und murmelt: »Aus Glied um Glied entstehst du, vom Herzen her wirst du geboren. Du bist mein Selbst mit Namen ›Sohn‹, als solches lebe hundert Herbste. Damit küßt er ihn dreimal auf den Kopf.«

119 Vgl. Kulârnavatantra V, 111/12: »Wer aber mit seiner Gattin als der schakti umgeht (sevayet), ist ein Diener der schakti (schaktisevaka)«... »die anderen sind Frauenknechte« (strînischevaka).

120 Hier mit »schiva« bezeichnet, dem Ewig-Männlichen, – wie umgekehrt das Lingam die gewöhnlichste Darstellungsform Schivas in Tempeln ist, und Naturgebilde, die einem lingam ähneln, Ziele für Wallfahrer sind.

121 XVIII, 27/28.

122 Hier ist die schon Jahrtausende vorher in der vedischen Theologie gültige Anschauung von der Wunderkraft des Wissens lebendig: »yo evam veda« – »wer es so weiß«: wer um den verborgenen Sinn eines ritualen oder profanen Aktes weiß und ihn mit diesem Wissen übt, tritt damit in den Kreis der Beziehungen, in den Wirkungszusammenhang der Kräfte, die sein geheimes Wissen in ihrer Wirkung begreift. – Eine Grundtatsache aller religiösen Erfahrung und Erziehung, die damit anhebt, daß sie an der profanen Welt eine Sinngebung aus einem neuen Mittelpunkt heraus vollzieht, die ihrem Adepten erfahrbar ist.

123 Kulârnavatantra X, 5.

124 para = der andere.
125 Kulârnava-Tantra: IX, 50, 55-58, 60, 61, 63, 72, 75-77, 94.
126 I, 110.
127 Kulârnavatantra II, 22-24.
128 Es verdient angemerkt zu werden, daß die Buddhalehre auch außerhalb ihrer tantristischen Form in diese Verschmelzung von yogin und bhogin eingemündet ist, nämlich in ihrem geistigsten Zweige, dem japanischen Zen. Vgl. die Originalquellen, die Schûej Ôhasama, der designierte Patriarch des Rinsai-Zweiges der Zensekte zusammen mit August Faust erschlossen hat. »Zen, der lebendige Buddhismus in Japan« (F. A. Perthes, Gotha und Stuttgart 1925), »Weder Sünde noch Glück, weder Gewinn noch Verlust hat hier eine Stätte. Du darfst nicht fragen, nicht suchen inmitten der Natur des vollkommenen Nirvâna!« (S. 72.) – »Trinkt und eßt, wie es euch gefällt, inmitten der Natur des vollkommenen Nirvâna!« (S. 73.) Vgl. ferner die bezeichnenden Geschichten von Jûsze und von den beiden Mönchen, S. 89. – Verwirklichung der Übergegensätzlichkeit ist das Ziel aller Zen-Übungen, deren traditionelle »Aufgaben« literarisch als »Probleme« fixiert sind, vgl. unter ihnen besonders Problem 2, 27, 28, 31 (2) und in der Einleitung Prof. Ôhasamas, S. 7/8, 25-29 und 33.
129 Kulârnava-Tantra I, 111.
130 »nâdevo devam arcayet« ein anonymes Zitat bei Bhâskararâya (S. 277), dem ein sinnverwandtes folgt: »zu Schiva geworden soll er Schiva Opfer darbringen.« (Schivo bhûtvâ schivam yajet.) Ebendort ein Zitat aus dem »Geheimnis der heiligen Überlieferung« (Âmnâyarahasya): »Die Gottheit, die das eigene Selbst ist (âtmadevatâ), ist mit Wohlgerüchen und anderen Dingen, die von den Toren der Sinne aufgenommen werden können, im Wesen des Wissenden zu verehren (der da weiß): ich bin der Gott (mahâmakha).«
131 Neben dem Fall der cakrapûjâ, wo der Eingeweihte mit einem eingeweihten weiblichen Wesen als göttliches Paar innerhalb des yantras figuriert, ist auch der andere – theoretisch zu erwartende – Fall belegt, wo er allein auf dem Sitz des Göttlichen Platz nimmt, um seine eigene Göttlichkeit zu erfahren. Der Nityâschodaschikârnava lehrt II, 10/11, einen Ritus, mittels dessen der Eingeweihte Macht über andere Wesen erlangen will: »Der Eingeweihte nimmt in der Mitte des cakra Platz und stellt sich selbst ganz und gar rötlich vor und das Objekt seiner Wünsche (sâdhya) denkt er sich von gleicher Farbe. Dann wird er von allen Reizen schön und ein Liebling aller Welt.« Bhâskararâya zitiert hierzu einen Vers aus einem anderen Tantra: »er soll sich selbst von rötlichem Glanze vorstellen, der wie

der Glanz von tausend aufgehenden Sonnen ist, und auch das Objekt seiner Wünsche soll er sich rötlich vorstellen.« Die Röte ist hier (wie die rote Leibesfarbe der Tripurasundarî) Symbol des Verlangens und Hindrängens nach der Erscheinungswelt. Etwas Verwandtes ist es, wenn der Eingeweihte Kleidung und Schmuck in den Farben der Gottheit anlegt, um in dieser weniger drastischen Form seine Einheit mit ihr zum Ausdruck zu bringen. Bhâskararâya bringt dafür im Kommentar zu IV, 36, ein Zitat aus dem Jnânârnava bei.

132 Tantrarâjatantra II, 66; vgl. auch II, 59 ff. und XVI, 77 (wo 6 cakras in 6 Wassertöpfe gesetzt werden sollen, um in ihnen sechs feindvernichtende schaktis zu verehren.

133 Kulârnavatantra X, 75-79: »... dîpe sâvaranâm devîm dhyâtvâ vidhivad arcayet...«

134 Kulârnavatantra X, 55 ff. Eine verwandte Projektion des Schaubildes der Gottheit bei einem Liebeszauber findet sich in Nityâschodaschikârnava IV. 42-45.

135 Zitat bei Bhâskararâya zu Nityâschodaschikârnava V, 7: lauter japa bringt zehn-, geflüsterter hundert-, rein innerlicher tausendfältige Frucht. Ebendort, V, 18, werden laute und geflüsterte Rezitation auf eine Stufe gestellt, den höheren Rang hat die innerliche.

136 Kulârnavatantra IX. 34.

137 Ebendort IX, 38.

138 Aristoteles Metaphysik XII, 7. Über die Rolle dieser Idee im Mittelalter vgl. J. Bernhart: »Die philosophische Mystik des Mittelalters«, München 1922.

139 Der Impressionismus weiß sich frei von dieser platonisierenden Haltung zur Erscheinungswelt, sie ist ihm nicht farbiger Abglanz, in dem das Wahre anschaulich wird, sondern ist das Wahre selbst. Aber die formale Intention dieser ungeistigen Kunst ist der des klassischen Stils durchaus verwandt. Die Augenweide, die der Impressionismus auf seiner Leinwand bietet, wird auf dieselbe Weise genossen wie die Tektonik einer klassischen Komposition (etwa Raffaels). Vielleicht hat die Anziehungskraft farbiger Massen die Leitfunktion des linearen Gerüsts klassischer Kunst mehr oder weniger in den Hintergrund gedrängt oder abgelöst, aber auch hier zieht das Auge unersättlich selige Kreise über ein Beieinander von Formelementen, die sich in einem irrationalen Gleichgewicht halten. Der unmittelbare Farbreiz der Valeurs spricht das Auge an und zwingt es zur Einstellung des richtigen Abstandes, der ein Optimum an Deutlichkeit und Bildeinheit mit einem Maximum der orchestralen Farbwirkung vereinigt. Dann beginnt das beglückende Spiel über die irrational ausgewogene Fülle der Valeurs, die im Hin und Her wechselnden Er-

liegens unter die vielfachen Anziehungskräfte der Farbmassen zu anschaulicher Erkenntnis erhoben wird. Auch hier herrscht Unrast des Schauens, die voll seliger Ruhe ist, weil sie sich von einem unerschöpflichen Reizkomplex gebannt weiß. – Neben dem Impressionismus, der sich von der klassisch-christlichen Metaphysik gelöst hat, aber ihre formale Intention beibehielt, scheint sich in einigen der Versuche, die seiner jüngsten Blüte gefolgt sind, eine Wandlungsform des westlichen Menschen anzukündigen, die sich ganz vom antik-christlichen Erbe frei weiß.

140 Taittirîya-Âranyaka VIII, 4, 1 und VIII, 9, 1 (= Taittirîya-Upanischad II. 4, 1 und II, 9, 1): »vor dem die Worte umkehren, ohne es erreicht zu haben, mitsamt dem Denken –: wer um dieses selige Sein (ânanda) des brahman weiß, der fürchtet sich vor nichts mehr.«

141 Suttanipâta V, 7, 8. Übersetzungen: von V. Fausboell in Sacred Books of the East, Vol. X, Part 2; von K. E. Neumann: Die Reden Gotamo Buddhos aus der Sammlung der Bruchstücke, 2. Aufl., München 1924, p. 373.

ANMERKUNG DES HERAUSGEBERS

Nachstehend einige Neuerscheinungen zum Themenkreis dieses Buches: Agehananda Bharati. The Tantric Tradition, London 1975; M. Eliade, Yoga, Zürich 1960; D.-I. Lauf, Das Bild als Symbol im Tantrismus, München 1973 (mit Abb.); A. Mookerji, Tantra-Kunst, München 1967 (mit Abb.); ders., Tantra Asana (Tantra Erotik), Wien 1972 (mit Abb.); P. H. Pott, Yoga and Yantra, The Hague 1966; B. Chr. Olschak, Mystik und Kunst Alttibets, Bern–Stuttgart 1972 (mit Abb.); P. Rawson, Tantra, München 1974 (mit Abb.).

Von den illustrierten Gesamtdarstellungen indischer Kunst sind besonders zu empfehlen: H. Götz, Indien, Fünf Jahrtausende indischer Kunst, Baden-Baden 1959; H. Härtel und J. Auboyer, Indien und Südostasien, Propyläen Kunstgeschichte, Berlin 1971; H. Zimmer, The Art of Indian Asia, 2 Bde., New York 1955.

REGISTER
DER SANSKRIT-NAMEN UND FACHAUSDRÜCKE

Geläufige Namen und Worte, die allerwärts wiederkehren, wie Brahmâ, Schiva, Vischnu, âtman, brahman, Buddha, dhyâna, mandala, mâyâ, schakti, tantra, yantra, yoga, yogin und Buchtitel sind im allgemeinen nicht verzeichnet, ebensowenig manches nur beiläufig Erwähnte.

abhâvaschûnyatâ 120
abhaya 157, 167
abhayadâyaka 156
abhayamudrâ 161
Acyuta 153
Adhokschaja 153
Âdi-Buddha 134, 264
adrischtam 210
advaita 42, 243
Aghora 266
ahamkâra 238
Ahamkârâkarschinî 273
Âhlâdinî 163, 271
Aindrî 199
Âkarschinî 271
akriyâ 247
Akschobhya 264
Amarâvati 119
Ambaschthala-Dagoba 264
Ambikâ 266
Amitâbha 70, 71, 134, 228, 229, 265
Amitâyus 264
âmoda 167
Amoghasiddhi 265
Amritâkarschinî 273
Ânanda 71
ânanda 282
ânandamaya 42

Anangakusumâ,
  Anangamadanâ
  usw. 273
Ananta 154
Animâ 274
animischa 224
Aniruddha 153
Annapûrnâ-
  bhairavî 183/4
antaryâga 65
aprabuddha 257
apramâna 119
Âpyâyinî 163
Ardhanarîschvara 266
arghya 65
Arjuna 70
Arunâ 196
arûpaloka 120
aschtatâla 217
astramantra 62
âtmadevatâ 280
Âtmâkarschinî 273
âtmasamarpana 65
Avalokiteschvara 227/230, 264
âvâhana 269
âvarana 196
âvarana-devatâ 162/63, 166

avatâra 151/52, 154/55
avidyâ 97, 105, 112, 135, 192, 256
avyktam 42, 51, 238
âyudhapuruscha 161

Bâlâ 234
Balarâma 151, 155
bandha 244
Barhut 140/41
Bhadrakâlî 266
bhaga 270
Bhagamâlâ 196
Bhagamâlinî 201
bhairava 59, 115, 184, 246
bhakti 231, 234/35
Bhâratî 267
bhâvaschûnyatâ 120
bhoga 243
bhogin 243
bhûbimba 190
bhûgriha 185
bhukti 231, 238
Bhuktisiddhi 199
bhûpura 190
bhûtraya 186
Bhuvaneschvarî 266
bhûvarâha 154
bîja 89, 271

283

Bîjâkarschinî 273
bîjamantra 89
bindu 101, 185, 188, 191
bodhi 107, 110, 113
bodhisattva 71, 98, 117, 144, 183
Boro Budur 28, 139/142, 146
brahmamayî 67
Brahmânî 199
Buddha-avatâra 151, 155
buddhi 54, 238
buddhyâkarschinî 273

caitanya 42, 44
cakra 46, 188, 191, 201, 236, 281
cakramahâsukha 119
cakrapûjâ 244/46
Câmundâ 199
Cândî 157–161
Candikâ 159, 246
Candrikâ 163
caturasra 228
cidghana 231
cit 42
citra 207
Cittâkarschinî 273
cittam 126, 238
cittavritti 54

daitya 211
Dakschinâmûrti 266
damaru 188
Dâmodara 152/53
dânava 211
daschakona 186
daschârayugma 185

devapûjana 231
devatâsannidhi 234
devî 157
Dhairyâkarschinî 273
dharanîsadanatraya 185
dharma 128
dharmakâya 111, 128
daschatâla 217
Dhaumya Âyoda 278
dhyâ 88
dhyânadhâranâ 247
dhyânamantra 62
dhyânibodhisattva 264, 143/44
dhyânibuddha 134–136, 145, 264
Drâvinî 271
drischtam 210
Durgâ 162, 266, 278
durmukha 167
dvaitam 243
Dyaus pitar 111

ekâgradhyâna 62

Gandhârkarschinî 273
Gândhâra 24, 32, 253
gandharva 161
Ganescha 42, 165–168, 176/77, 218, 230
Garbhadhâtumandala 264
Garuda 162
Gaurî 278
Gâyatrî 268
guna 42, 51

guru 43, 48, 231
Govinda 152/53

hamsa 214
Hari 153
homapûjâ 247
Hrischîkescha 153

Icchâsiddhi 274
Indra 112, 119, 158, 195, 199, 209
Îschâna 266
îschitva 274
ischta 167
îschvara 109

Jâlandhara 201
Janârdana 152/53, 162
japa 66, 151, 281
japastuti 247
Java 264
Jayinî 196
Jina 183
jîva 43, 48, 54, 55, 61, 66, 87, 97, 109, 239
jnâna 239

Kâla 158
kali 90/91
Kâlî-Durgâ 44, 56–58, 63, 90/92, 95, 113, 124, 151, 156–60, 166, 182, 266, 271
Kalkin 151, 156
Kâma 268, 271
Kâmâkarschinî 273
kâmaloka 120
Kâmarûpa 201
Kâmâvasâyitâ 274

Kâmeschî 196
Kâmeschvarî 196, 201
karunâ 114, 117, 119
kaulika 242
Kaulinî 196
Kaumârî 199
Kaustubha 54, 63, 162
Krischna 70, 83, 151–53, 155, 218, 266
Kschamâ 163
Kschobhanî 271
kula 196, 238, 242/43
kulâcâra 239–242
kulasantati 246
Kumâra 199
Kumudvatî 163

Laghimâ 274
Lakschmî 84, 154, 161, 165/66, 169, 183, 195, 199
Lalitâ 278
lîlâ 42, 98, 109
lingam 48, 279, 246
layakrama 101/02, 187

Madanâturâ 273
Mâdhava 153
Madhusûdhana 153
madhyamâ 246
madhyatryasra 186
madya 240
Mahâdeva 209
Mahâmanidhara 229
mahâpuruscha 59, 183, 214/15, 217
mahâschmaschâna-sâdhana 59
Mahâsukha 113–123, 127/28, 160, 167, 186, 240, 244
Mahâtripurasundarî 200
Mahescha 199, 266
Maheschî 199
Mahimâ 274
Mahischa 157/158
maituna 240
Maitreya 143, 264
Maitrî 119
makara 162
ma-kâra-pancaka 240
Mâlavya 214/15
Mâlinî 278
mâmsa 240
mâna 239
manas 238
Manidharâ mudrâ 228
Manipadmâ 227, 229
Manjuschrî 264
Manmatha 271, 273
mantraschakti 52, 61, 63, 78, 95
manukona 186
manumantra 235
manvasra 185
Mâra 123
marman 187
mâtar 239
matsya 240
meya 239
Modinî 196
Mohanî 271
mokscha 241, 244
Mokschada 153
Mrityunjaya 266
muditâ 119
mudrâ 229, 240, 246
mukti 65, 231, 238

Mukunda 266
Mûlaprakriti 266
muni 65

nâga 215
nâga-dala 185
nairriti 274
Nâmâkarschinî 273
Nandâ 163
Nandin 124, 162
Nârâyana 153
Natapriya, Natarâjâ, Nateschvara 34
navatâla 217
navayoni 186
nirâjana 65
nirdvandva 237, 272
nirguna 42
nirgunam brahman 42, 48, 233
nirgunam caitanyam 42, 44, 51
nirmama 244
nirmânakâya 111, 122, 127, 134, 136, 142, 256
nirriti 274
nirvâna 67, 71, 105/07, 119, 121/22, 125–127, 134, 140/41, 144–147, 156, 183, 256, 280
nityâ 195
Nityakalâ 273
nityakântâ 237
Nityâ Nityâ 236
niyantrana 87
Nrisimha 151, 153
nyâsa 233
nyâsakrama 235

padmaja 182
Padmanâbha varada 153
padmânkamudrâ 228
padmâsana 165
padmayoni 182
Padmini 267
Padmottama Buddha 228, 230
pâdya 65
pancatâla 217/18
paramârthaschûnyatâ 120
paramâtman 54, 56
paraschakti 241, 244, 279
parinirvâna 122, 125
Pârvatî 124, 166, 182
pîtha 64, 88, 245
pradakschinam 152
Pradyumna 153
prajnâ 114, 144
Prâkâmyâ 274
pramoda 167
prânapratischthâ 61, 63/65, 94, 96/97, 257, 269
prânapratischthâna 90
prânaschakti 91
prânâyâma 63
Prâpti 274
Prâptisiddhi 274
pratimâ 39, 46, 49/50, 63, 81, 148/49, 157, 159, 172, 178, 184, 200, 223, 245, 256/57
pratîtyasamutpâda 120
pûjâ 50, 52, 55–58, 60, 63, 90, 96, 151, 247
Pûrnagiri 201
Pûrnânanda Giri 59/60, 66
Puruschottama 153
puschpânjali 65

râga 200
Râkâ 163
rakschas 198
Ramâ 165, 169, 278
Râma 84, 151, 155/56
mahârâja Râma Krischna 56–59, 64, 66
Râmaprasâd 67/68
Ramescha 165
rasa 221
Rasâkarschinî 273
rasendra 278
Ratî 166
Ratnaketu 264
Ratnasambhava 265
Rigveda 268
Rûpâkarschinî 273
rûpaloka 120

sâdhaka 59, 63, 165, 191/92
sâdhana 56, 59
Sadyojâta 266
saguna 42, 44
samâdhi 45, 51, 53, 55, 67, 99, 106, 140
Samantabhadra 143, 144, 264
sambhogakâya 111, 128, 134–36, 147, 256
samhriti 186/87

Samkarschana 153
Samkusumita râjâ 264
Sâmkhya 42, 238, 243
samsâra 105, 113, 120/21, 141, 243
samvid 201
sandhi 187
sandhyâ 245
Sanjîvanî 163
sannyâsin 57–59, 66
Sântschi 140
saptatâla 217
Sarasvatî 161, 278
Sarvâdhârasvarûpâ, Sarvaduhkhavimocinî und verwandte Aspekte der Devî 196, 197, 199
Sarvakschobhakara, Sarvânandamaya und andere Sphärennamen 191
Sarvanîvaranavischkambhin 227
Sarvarâjendrâ 228/29
Sarvarâjendrâmudrâ 229
Sarveschî 196
sat cit ânanda 42
Satyakâma Jâbâla 278
satyayuga 262
Savitar 268
Schabdâkarschinî 273
schadakscharî mahâvidyâ râjnî 278
schakti-Dreieck

181/82, 184–91, 244
Schâkyamuni 71, 134, 141, 146
Scharîrâkarschinî 273
schava 263
schischirita 172, 265
schivaschakti 244
schivâtman 231
schodaschâra 185
Schrî 154
schrîcakra 113, 116, 244, 246
Schrîdhara 153
schrîvatsa 53
schrîyantra 181, 184, 185, 199/201, 222, 244, 271
schuddha 118
Schuddhâ 278
schûnyam 106, 109, 120, 127, 256
siddhi 191, 199, 231/32
simhâsana 165
Sudhâ 163
Sumeru 119, 126
sumukha 167
Sundaramûrtisvâmin 28, 31, 33
Sûrya 42
sûryamandala 245
Skanda 162, 199
Smrityâkarschinî 273
Sparschâkarschinî 273
srischtikrama 101, 187
stambhani 271

svâgata 65
svaschakti 236, 241

tanmâtra 201
Tatpuruscha 266
tejas 59, 64, 90, 267
Thûpârâma-Dagoba 165
Trailokyamohana 191, 266
tribhanga 161
trikona 174, 185
trimûrti 270
Tripurâ 200, 266, 271
Tripuramâlini, Tripurâmbâ usw. 200
Tripurasundari 195, 200, 271, 281
Triputâ 272
Trivikrama 152/153, 160, 161
tryaschra 174
tryasramadhya 186

upasamhâramudrâ 65
upâya 115
upekschâ 119
Upendra bâlarûpin 153

vâhana 162/63
vahni-Dreieck 181/82, 184–185, 244
vairâgya 66
Vairocana 264, 265
Vaischnavî 199

vajra 111, 119–121
Vajradhara 144, 167, 244, 265
vajrakâya 111, 113, 116, 147
Vajrasattva 116, 265
Vajreschvarî 196, 201
vâma 266
vâmana 151, 153/54
Vana-Durga-yantra 265
varada 156, 163
Vârâhî 199
Varuna 112, 158
Vaschinî 196
Vaschitva 274
Vâsudeva 153, 266
Vasundharâ 278
vasukona 185/86
Veda 68
Vedânta 40, 191, 243
vibhûti 54
viditâtman 257
vidyâdhara 229
vihâra 119
Vimalâ 196
Vischvakarman 159, 208, 210, 257
vischvam 239
viveka 243
vrittatraya 185
vritti 45

yantra-Definitionen 87–89
yogabhogâtmaka 243
yoginî 184
yoni 48, 174/75, 246

INHALT

Vorwort des Herausgebers	7
Einleitung	17
Indisches Kultbild und klassische Kunst	19
Yoga und figurales Kultbild	37
Die Andacht zum figuralen Kultbild (pratimâ)	39
Äußeres Sehen und inneres Schauen	73
Yoga und lineares Kultbild (yantra und mandala)	85
Allgemeines	87
Das lineare Gebilde in Magie und Kult	87
Entfaltung und Einschmelzung innerer Gesichte	96
Lineare yantras mit figuraler Füllung (Lamaistische mandalas)	104
Der Boro Budur ein mandala	139
Das rein lineare yantra	148
Figurales Kultbild und lineares yantra	148
Die Formensprache des rein linearen yantra	171
Das schrîyantra	184
Zeichensprache und Proportion im Kanon indischer Kunst	203
Der Ort des Kultbildes in der Welt des Gläubigen	225
Schluß	251
Anhang	259
Anmerkungen	261
Register	283

Bibliothek Suhrkamp
Verzeichnis der letzten Nummern

431 Raymond Queneau, Zazie in der Metro
433 William Butler Yeats, Die geheime Rose
434 Juan Rulfo, Pedro Páramo
435 André Breton, L'Amour fou
436 Marie Luise Kaschnitz, Gedichte
437 Jerzy Szaniawski, Der weiße Rabe
438 Ludwig Hohl, Nuancen und Details
439 Mario Vargas Llosa, Die kleinen Hunde
440 Thomas Bernhard, Der Präsident
441 Hermann Hesse – Thomas Mann, Briefwechsel
442 Hugo Ball, Flametti
443 Adolfo Bioy-Casares, Morles Erfindung
444 Hermann Hesse, Wanderung
445 Ödön von Horváth, Don Juan kommt aus dem Krieg
446 Flann O'Brien, Der dritte Polizist
447 Giuseppe Tomasi di Lampedusa, Der Leopard
448 Robert Musil, Törleß
449 Elias Canetti, Der Überlebende
450 Robert Walser, Geschwister Tanner
451 Alfred Döblin, Berlin Alexanderplatz
452 Gertrude Stein, Paris Frankreich
453 Johannes R. Becher, Gedichte
454 Federico García Lorca, Bluthochzeit/Yerma
456 Boris Pasternak, Kontra-Oktave
458 Anna Seghers, Die schönsten Sagen vom Räuber Woynok
464 Frank Kafka, Der Heizer
465 Wolfgang Hildesheimer, Masante
466 Evelyn Waugh, Wiedersehen mit Brideshead
467 Gershom Scholem, Walter Benjamin
468 Rainer Maria Rilke, Duineser Elegien
470 Alain, Die Pflicht, glücklich zu sein
471 Wolfgang Schadewaldt, Der Gott von Delphi
472 Hermann Hesse, Legenden
473 H. C. Artmann, Gedichte
474 Paul Valery, Zur Theorie der Dichtkunst
476 Erhart Kästner, Aufstand der Dinge
477 Stanisław Lem, Der futurologische Kongreß
478 Theodor Haecker, Tag- und Nachtbücher
479 Peter Szondi, Satz und Gegensatz
480 Tania Blixen, Babettes Gastmahl
481 Friedo Lampe, Septembergewitter
482 Heinrich Zimmer, Kunstform und Yoga
489 Thomas Bernhard, Amras

Bibliothek Suhrkamp
Alphabetisches Verzeichnis

Adorno: Literatur I 47
- Literatur II 71
- Literatur III 146
- Literatur IV 395
- Mahler 61
- Minima Moralia 236
- Über Walter Benjamin 260
Aitmatow: Dshamilja 315
Alain: Die Pflicht, glücklich zu sein 470
Alain-Fournier: Der große Meaulnes 142
- Jugendbildnis 23
Alberti: Zu Lande zu Wasser 60
Anderson: Lachen 167
- Winesburg, Ohio 44
Andrić: Hof 38
Andrzejewski: Appellation 325
Arghezi: Kleine Prosa 156
Artmann: Gedichte 473
- Husaren 269
Asturias: Legenden 358
Ball: Flametti 442
- Hermann Hesse 34
Barnes: Antiphon 241
- Nachtgewächs 293
Baroja: Shanti Andía, der Ruhelose 326
Barthelme: City Life 311
Barthes: Die Lust am Text 378
Baudelaire: Gedichte 257
Bayer: Vitus Bering 258
Becher: Gedichte 453
Beckett: Erste Liebe 277
- Erzählungen 82
- Glückliche Tage 98
- Mercier und Camier 327
- Residua 254
- Verwaiser 303
- Wie es ist 118
Benjamin: Berliner Chronik 251
- Berliner Kindheit 2
- Denkbilder 407
- Einbahnstraße 27
- Über Literatur 232
Benn: Weinhaus Wolf 202
Bernhard: Amras 489
- Der Präsident 440
- Die Jagdgesellschaft 376
- Die Macht der Gewohnheit 415
- Ignorant 317
- Midland 272
- Verstörung 229
Bibesco: Begegnung mit Proust 318
Bioy-Casares: Morels Erfindung 443
Blixen: Babettes Gastmahl 480
Bloch: Erbschaft dieser Zeit 388
- Schiller 234
- Spuren. Erweiterte Ausgabe 54
- Thomas Münzer 77
- Verfremdungen I 85
- Verfremdungen II 120
- Zur Philosophie der Musik 398
Block: Sturz 290
Böll: Geschichten 221
Bond: Lear 322
Borchardt: Gedichte 213
Brecht: Die Bibel 256
- Flüchtlingsgespräche 63
- Gedichte und Lieder 33
- Geschichten 81
- Hauspostille 4
- Klassiker 287
- Messingkauf 140
- Me-ti 228
- Politische Schriften 242
- Schriften zum Theater 41
- Svendborger Gedichte 335
- Turandot 206
Breton: L'Amour fou 435
- Nadja 406
Broch: Demeter 199
- Esch 157
- Gedanken zur Politik 245

- Hofmannsthal und seine Zeit 385
- Huguenau 187
- James Joyce 306
- Magd Zerline 204
- Pasenow 92
Brudziński: Rote Katz 266
Busoni: Entwurf einer neuen Ästhetik der Tonkunst 397
Camus: Der Fall 113
- Jonas 423
- Ziel eines Lebens 373
Canetti: Der Überlebende 449
Capote: Die Grasharfe 62
Carpentier: Das Reich von dieser Welt 422
Celan: Ausgew. Gedichte 264
- Gedichte I 412
- Gedichte II 413
Césaire: Geburt 193
Cocteau: Nacht 171
Conrad: Jugend 386
Curtis: Marcel Proust 28
Döblin: Berlin Alexanderplatz 451
- Freundinnen 289
Duras: Herr Andesmas 109
Eich: Gedichte 368
- In anderen Sprachen 135
- Katharina 421
- Maulwürfe 312
- Träume 16
Einstein: Bebuquin 419
Eliade: Das Mädchen Maitreyi 429
- Mântuleasa-Straße 328
Eliot: Das wüste Land 425
- Gedichte 130
Faulkner: Der Bär 56
- Wilde Palmen 80
Fitzgerald: Taikun 91
Fleißer: Abenteuer 223
- Ein Pfund Orangen 375
Fletcher: Beckett 224
Freud: Briefe 307
Frisch: Andorra 101
- Bin 8
- Biografie: Ein Spiel 225
- Homo faber 87

- Tagebuch 1946-49 261
Gadamer: Wer bin Ich und wer bist Du? 352
Gadda: Die Erkenntnis des Schmerzes 426
- Erzählungen 160
Giraudoux: Simon 73
Gorki: Zeitgenossen 89
Guillén: Ausgewählte Gedichte 411
Habermas: Philosophisch-politische Profile 265
Haecker: Tag- und Nachtbücher 478
Hamsun: Hunger 143
- Mysterien 348
Hašek: Partei 283
Heimpel: Die halbe Violine 403
Hemingway: Der alte Mann 214
Herbert: Herr Cogito 416
- Im Vaterland der Mythen 339
- Inschrift 384
Hermlin: Der Leutnant Yorck von Wartenburg 381
Hesse: Briefwechsel mit T. Mann 441
- Demian 95
- Eigensinn 353
- Glaube 300
- Glück 344
- Iris 369
- Knulp 75
- Kurgast 329
- Legenden
- Morgenlandfahrt 1
- Narziß und Goldmund 65
- Politische Betrachtungen 244
- Siddhartha 227
- Steppenwolf 226
- Stufen 342
- Vierter Lebenslauf 181
- Wanderung 444
Hildesheimer: Cornwall 281
- Hauskauf 417
- Lieblose Legenden 84
- Tynset 365
Hofmannsthal: Gedichte und kleine Dramen 174

Hohl: Nuancen und Details 438
- Vom Erreichbaren 323
- Weg 292
Horkheimer: Die gesellschaftliche Funktion der Philosophie 391
Horváth: Don Juan 445
- Glaube Liebe Hoffnung 361
- Italienische Nacht 410
- Kasimir und Karoline 316
- Von Spießern 285
- Wiener Wald 247
Hrabal: Moritaten 360
Huchel: Ausgewählte Gedichte 345
Hughes: Sturmwind auf Jamaika 363
- Walfischheim 14
Humo: Trunkener Sommer 67
Inoue: Jagdgewehr 137
- Stierkampf 273
Iwaszkiewicz: Höhenflug 126
Jacob: Würfelbecher 220
James: Die Tortur 321
Jouhandeau: Pariser Bilder 235
Jouve: Paulina 271
Joyce: Anna Livia Plurabelle 253
- Dubliner 418
- Giacomo Joyce 240
- Kritische Schriften 313
- Porträt des Künstlers 350
- Stephen der Held 338
- Verbannte 217
Kafka: Der Heizer 464
- Er 97
- Die Verwandlung 351
Kasack: Stadt 296
Kasakow: Larifari 274
Kaschnitz: Gedichte 436
- Vogel Rock 231
Kästner: Aufstand der Dinge 476
- Zeltbuch von Tumilat 382
Kawabata: Träume im Kristall 383
Kawerin: Ende einer Bande 332
- Unbekannter Meister 74
Koeppen: Tauben im Gras 393
Kołakowski: Himmelsschlüssel 207

Kolář: Das sprechende Bild 288
Kracauer: Freundschaft 302
- Ginster 107
Kraft: Franz Kafka 211
- Spiegelung der Jugend 356
Kraus: Nestroy und die Nachwelt 387
- Sprüche 141
Krolow: Alltägliche Gedichte 219
- Fremde Körper 52
- Nichts weiter als Leben 262
Kudszus: Jaworte 252
Lampe: Septembergewitter 481
Landolfi: Erzählungen 185
Landsberg: Erfahrung des Todes 371
Leiris: Mannesalter 427
Lem: Das Hohe Schloß 405
- Der futurologische Kongreß 477
- Robotermärchen 366
Lenz: Der Kutscher und der Wappenmaler 428
Llosa: Die kleinen Hunde 439
Loerke: Gedichte 114
Lorca: Bluthochzeit/Yerma 454
Lucebert: Gedichte 259
Majakowskij: Ich 354
- Politische Poesie 182
Mandelstam: Briefmarke 94
Mann, Heinrich: Die kleine Stadt 392
- Politische Essays 209
Mann, Thomas:
- Briefwechsel mit H. Hesse 441
- Leiden und Größe der Meister 389
- Schriften zur Politik 243
Marcuse: Triebstruktur 158
Maurois: Marcel Proust 286
Mayer: Brecht in der Geschichte 284
- Goethe 367
Mayoux: James Joyce 205
Michaux: Turbulenz 298
Miller, Henry: Lächeln 198
Minder: Literatur 275
Mitscherlich: Idee des Friedens 233

- Versuch, die Welt besser zu bestehen 246
Musil: Tagebücher 90
- Törleß 448
Neruda: Gedichte 99
Nizan: Das Leben des Antoine B. 402
Nossack: Beweisaufnahme 49
- Interview 117
- Nekyia 72
- November 331
- Sieger 270
Nowaczyński: Schwarzer Kauz 310
O'Brien: Der dritte Polizist 446
Palinurus: Grab 11
Pasternak: Initialen 299
- Kontra-Oktave 456
Pavese: Das Handwerk des Lebens 394
- Mond 111
Paz: Das Labyrinth der Einsamkeit 404
Penzoldt: Patient 25
- Squirrel 46
Perse: Winde 122
Piaget: Weisheit und Illusionen der Philosophie 362
Plath: Ariel 380
- Glasglocke 208
Platonov: Baugrube 282
Ponge: Im Namen der Dinge 336
Portmann: Vom Lebendigen 346
Poulet: Marcel Proust 170
Pound: ABC des Lesens 40
- Wort und Weise 279
Proust: Briefwechsel mit der Mutter 239
- Pastiches 230
- Swann 267
- Tage der Freuden 164
- Tage des Lesens 400
Queneau: Stilübungen 148
- Zazie in der Metro 431
Radiguet: Der Ball 13
- Teufel im Leib 147
Ramuz: Erinnerungen an Strawinsky 17

Rilke: Ausgewählte Gedichte 184
- Das Testament 414
- Der Brief des jungen Arbeiters 372
- Duineser Elegien 468
- Malte 343
- Über Dichtung und Kunst 409
Ritter: Subjektivität 379
Roditi: Dialoge über Kunst 357
Roth, Joseph: Beichte 79
Rulfo: Pedro Páramo 434
Sachs, Nelly: Gedichte 161
- Verzauberung 276
Sarrauté: Martereau 145
- Tropismen 341
Sartre: Kindheit 175
Schadewaldt: Der Gott von Delphi 471
Schmidt, Arno: Leviathan 104
Scholem: Judaica 1 106
- Judaica 2 263
- Judaica 3 333
- Walter Benjamin 467
Scholem-Alejchem: Tewje 210
Schröder: Der Wanderer 3
Schulz: Die Zimtläden 377
Seghers: Aufstand 20
- Räuber Woynok 458
- Sklaverei 186
Sender: König und Königin 305
Shaw: Handbuch d. Revolutionärs 309
- Haus Herzenstod 108
- Heilige Johanna 295
- Helden 42
- Kaiser von Amerika 359
- Mensch und Übermensch 129
- Pygmalion 66
- Selbstbiographische Skizzen 86
- Vorwort für Politiker 154
- Wagner-Brevier 337
Simon, Claude: Seil 134
Šklovskij: Kindheit 218
- Sentimentale Reise 390
Solschenizyn: Matrjonas Hof 324
Stein: Erzählen 278
- Paris Frankreich 452

Suhrkamp: Briefe 100
- Der Leser 55
- Munderloh 37
Svevo: Ein Mann wird älter 301
- Vom alten Herrn 194
Synge: Der Held 195
- Die Aran-Inseln 319
Szaniawski: Der weiße Rabe 437
Szondi: Celan-Studien 330
- Satz und Gegensatz 479
Thoor: Gedichte 424
Tomasi di Lampedusa:
    Der Leopard 447
Trakl: Gedichte 420
Valéry: Die fixe Idee 155
- Eupalinos 370
- Herr Teste 162
- Über Kunst 53
- Windstriche 294
- Zur Theorie der Dichtkunst 474

Valle-Inclán: Tyrann Banderas 430
Vittorini: Die rote Nelke 136
Walser, Robert: Geschwister Tanner 450
- Prosa 57
Waugh, Wiedersehen mit Brideshead 466
Weiss: Hölderlin 297
- Trotzki im Exil 255
Wilde: Die romantische Renaissance 399
- Dorian Gray 314
Williams: Die Worte 76
Witkiewicz: Wasserhuhn 163
Wittgenstein: Gewißheit 250
Woolf: Die Wellen 128
- Granit 59
Yeats: Die geheime Rose 433
Zimmer: Kunstform und Yoga 482